𝕿𝖍𝖊 𝕮𝖆𝖓𝖙𝖊𝖗𝖇𝖚𝖗𝖞 𝖆𝖓𝖉 𝖄𝖔𝖗𝖐 𝕾𝖔𝖈𝖎𝖊𝖙𝖞

GENERAL EDITOR: A. K. McHARDY

M.A. D.Phil.

T0355578

DIOCESE OF YORK

CANTERBURY AND YORK SOCIETY VOL. LXXVI

The Register of

William Melton

ARCHBISHOP OF YORK

1317–1340

VOLUME III

EDITED BY

ROSALIND M. T. HILL, M.A., B.Litt., F.S.A.

Professor Emerita in the University of London

Privately Printed for
the Canterbury and York Society
by Maxiprint, York
1988

PART CXLIX   VOL. LXXVI

FIRST PUBLISHED 1988
© CANTERBURY AND YORK SOCIETY
ISSN. 0262 - 995X

This volume is published with
the help of a grant from
the late Miss Isobel Thornley's
bequest to the University of London

Details of previous volumes available from the
Hon. Treasurer of the Society, St. Anthony's Hall, York YO1 2PW

CONTENTS

ACKNOWLEDGEMENTS

I would like to express my gratitude to the Director and staff of the Borthwick Institute of Historical Research for allowing me to work on the Register of Archbishop Melton, and for their unfailing help and kindness. My debt to the Director, Dr. David Smith, for his revision of the text, is incalculable; without his eagle eye the work would have contained many errors for which I alone should have been responsible. I am also most grateful to the General Editor of the Canterbury and York Society, Dr. Alison McHardy, for her encouragement and for all the work which I have caused her. The Trustees of the Isabel Thornley Bequest have supported the publication with a most generous grant which I deeply appreciate. I should also like to thank Joan Nicholason for her kindness and patience in typing the manuscript. The General Editor would like to record her admiration of the typing skills of Mrs. Audrey Cornwall who produced the final version.

Rosalind Hill

ABBREVIATIONS

C & Y	Canterbury and York Society
L.R.S.	Lincoln Record Society
J. Raine, *N.R.*	Raine, J., *Letters from Northern Registers*, Rolls Series, 1873
Regesta Regum Scottorum II	*The Acts of William I King of Scots 1165-1214*, ed. G.W.S. Barrow (Edinburgh, 1971)
Rymer, *Foedera*	Rymer, T., *Foedera, Conventiones, Literae* 4 vols. (Record Commission, 1816-69)
Wilkins, *Concilia*	Wilkins, D., *Concilia, decreta, leges, constitutiones* 2 vols. (London, 1639-64)
Y.A.S.	Yorkshire Archaeological Society

DIVERSE LITTERE

(Fo. 495; N.F.623) QUATERNUS DE DIVERSIS LITTERIS CURIE ROMANE ET ALIIS DE ANNO PRIMO DOMINI W. DE MELTON' ARCHIEPISCOPI EBOR'

1 CERTIFICATIONES DE BENEFICIIS VACANTIBUS A VI IDUS DECEMBRIS ANNO GRACIE M.CCC DECIMO SEPTIMO IN DIOCESE EBOR'. To Rigaud de Asserio canon of Orleans, papal nuncio, acknowledging receipt of his letter dated 22 Dec.,1317, asking for a report on all bene-fices vacant in the diocese of York on 8 Dec., 1316 and their value. Melton encloses a list (not given) and refers the value to the Taxation of Norwich. Beverley 9 Jan. 1318.

2 CONSTITUTIO CONTRA PLURALES. Copy of the Bull *Execrabilis* of John XXII. Avignon 20 Oct. 1316. *Extra Jo. XXII, tit.III c.1.*

3 (Fo. 495v) LITTERA CARDINALIUM SUPER PUBLICATIONEM TREUGARUM PER BIENNIUM INTER DOMINUM REGEM ANGLIE ET ROBERTUM LE BRUS. Letters of Gaucelin cardinal-priest of SS Marcellinus and Peter and of Luke cardinal-deacon of S. Mary in Via Lata, papal nuncios, enclosing a bull of John XXII, dated at Avignon, 1 May 1317, declaring a two years' truce between Edward II and Robert Bruce, and ordering publication of the same. London 27 Nov. 1317.

Note that copies were sent to all the suffragans and to the official of York, and that one under the archbishop's seal was to be affixed to the main door of York Minster. 23 Jan. 1318.

Bull printed: Wilkins, *Concilia II*, p.474; Rymer, *Foedera II(1)*, p.308; *Reg. Stapeldon*, p.354.

4 (Fo. 496; N.F.624) EXECUTIO FACTA CATHEDRALE EBOR'. Mandate to the official of York, enclosing the above letter to be affixed, as above. Bishop Burton 23 Jan. 1318.

5 ITEM, ALIA EXECUTIO FACTA SUFFRAGANEIS OMNIBUS SUB ISTA FORMA. Note of similar mandates to all bishops of the province of York. Same place and date.

6 BULLA IMPOSITIONIS PRIMORUM FRUCTUUM. Bull of John XXII directed to Rigaud de Asserio canon of Orleans, papal nuncio, *Si gratanter advertitur qualiter Romana mater ecclesia.* Avignon 8 Dec. 1316.

Printed: *Reg. Halton, Carlisle II*, pp.157-61.

7 (Fo. 496v) LITTERA TESTIMONIALIS QUOD WILLELMUS DE MIDDELTON' FUIT FRATER ORDINIS QUONDAM TEMPLARIORUM. Testimonial to the fact that William de Midelton' was a former Templar, and was now leading a decent life in Roche Abbey. Cawood 4 Feb. 1318.

8 BULLA SUPER CONCESSIONE PROCURATIONUM CARDINALIBUS. Bull of John XXII, directed to Cardinals Gaucelin and Luke *Cum vos ad Anglie et Scotie regna,* granting them procurations of fourpence in the mark. Avignon 17 Mar. 1317.

> Printed: *Reg. Orleton, V,* pp.10-11.

9 ALIA BULLA SUPER EADEM. The same to the same, granting them authority to compel payment of the above procurations by ecclesiastical censure. Same place and date.

10 (Fo.497; N.F.625) Mandate for the collection of the above procurations. Under the archbishop's seal, York 12 Aug. 1317.

> Printed: *Reg. Orleton, V,* pp.11-14 with difference of diocese.

11 (Fo.497v) CONTRA SUBCOLLECTORES DECIME SEXANNALIS PRO PRIMO ANNO CORAM THESAURARIO ET BARONIBUS DE SCACCARIO IN XV° PASCHE. From Edward II to Archbishop Melton. Writ of *Venire facias* to compel the sub-collectors of the sexennial tenth imposed on the diocese of York by Clement V in the Council of Vienne, and granted by John XXII as a loan to the king, to appear before the Exchequer at Westminster on the quindene of Easter (8 May) and to make answer concerning the said payment and its arrears. Witnessed by W. de Norwyco, Westminster 25 Feb. 1318. Received at Cawood 18 Mar. 1318.

12 INHIBITIO DOMINI REGIS FACTA ARCHIEPISCOPO NE EXEQUATUR ALIQUAS BULLAS INSOLITAS ET PREJUDICIALES DOMINO REGI ET CORONE SUE. Edward II to Archbishop Melton, forbidding him to obey any unaccustomed and prejudicial papal bulls concerning lands, tenements, goods & chattels, except in matrimonial or testamentary cases. Sheen 16 Feb. 1318.

> Printed: Rymer, *Foedera II,* p.356.

13 SECUNDUM CERTIFICATORIUM FACTUM MAGISTRO RIGAUDO DE ASSERIO COLLECTORI PRIMORUM FRUCTUUM DE BENEFICIIS VACANTIBUS. Another letter to Rigaud de Asserio, canon of Orleans, papal nuncio, in reply to his request, dated at London 13 Apr. 1318, enclosing a list (not given) of benefices vacant in the diocese of York after 8 Dec. 1316. Cawood 25 Apr. 1318.

> Rigaud's letter printed: *Reg. Martival II(1),* pp.221-2.

14 ITEM, ALIUD CERTIFICATORIUM FACTUM ABBATI BEATI MARIE EBOR' SUPER EADEM. Notification to the Abbot of S. Mary's, York, that the archbishop has received and answered the above request. Cawood 25 Apr. 1318.

15 (Fo.498; N.F.626) CERTIFICATORIUM FACTUM ABBATI EBOR' ET MAGISTRO HUGONI MERLE SUPER BENEFICIIS DIMISSIS IN FORMA CONSTITUTIONIS. To the Abbot of S. Mary's, York and Master Hugh Merle, sub-collectors of the papal first-fruits of vacant benefices, enclosing a list (not given) of benefices vacated as a result of the papal decree against pluralists (*Execrabilis*). Bishop Wilton 27 May 1318.

16 AD TESTIFICANDUM WILLELMUM DE FENNE FUISSE DE ORDINE TEMPLARIORUM. Note of a testimonial to the fact that William de Fenne was a former Templar, and was now leading a decent life in Meaux Abbey. South Newbald 4 June 1318.

17 IMPOSITIO QUATUOR DENARIORUM DE MARCA PRO PROCURATIONIBUS CARDINALIUM PRO SECUNDO ANNO. ARchbishop Melton to the official of York or his commissary-general, enclosing letters from Cardinals Gaucelin and Luke, papal nuncios, dated at Northampton 8 July 1318. These in turn enclose a bull of John XXII (*No.8 above*). Mandate to order the specified procurations to be paid to Master Thomas de Cave, receiver of York, and to certify this before 1 Sept. Cawood 10 Aug. 1318.

18 (Fo.498v) COMMISSIO AT LEVANDUM PROCURATIONES CARDINALIUM PRO ANNO SECUNDO. Commission to Master Thomas de Cave, receiver of York, to receive, keep and pay over the procurations due to the papal nuncios as above. Cawood 11 Aug. 1318.

19 (Fo.499; N.F.627) BULLA PAPALIS SUPER MUTUO CONCESSO DOMINO REGI DE DECIMA SEXANNALI PRO PRIMO ANNO. Notarial transcript of a bull of John XXII granting a loan of the sexennial tenth to Edward II on account of his needs. Avignon 28 Mar. 1317.

Printed: Rymer, *Foedera II(1)*, p.320.

Et ego Johannes de Slyndona Conventr' et Lich' diocesis publicus apostolica et imperiali auctoritate notarius suprascriptam litteram apostolicam ut premittitur, bullatam, sanam et integram, omni suspicione sinistra carentem, vidi et tenui in palacio domini regis Anglie apud Westmonasterium juxta London' anno domini millesimo CCC° XVIII, indictione prima, mensis Julii die XXVI, pontificatus prefati domini Johannis pape XXII anno secundo, hocque instrumentum ad ipsam auctoriciam litteram diligenter auscultam cum testibus infrascriptis, cumque concordare inveni presens instrumentum cum ipsa littera originali me hiis subscripsi, que in hanc scripturam publicam redegi rogatus. Presentibus venerabilibus viris Magistro Jacobo de Yspania canonico ecclesie Sancti Pauli London' et camerario de Scaccario domini Regis Anglie prelibati, dominis Johanne Denery rectore ecclesie de Dodinghurst' London' diocesis et Johanne de Flete rectore ecclesie de Berkelawe Elien' diocesis et aliis testibus ad hoc vocatis et rogatis.

Attestation Westminster 26 Jul. 1318.

20 CONTRA COLLECTORES DECIME SEXANNALIS CORAM THESAURARIO ET BARONIBUS IN CRASTINO S. MICHAELIS. From Edward II to Archbishop Melton. Writ of *Venire facias*, sent as a covering letter to the above, to cause all the sub-collectors of the sexennial tenth (except for the Prior of Thurgarton in the Archdeaconry of Nottingham) to account at the Exchequer at Westminster on 1 Oct. Witnessed by Master J. Walwayn, Treasurer. Westminster 26 Jul. 1318.

A marginal note[1] adds that the Abbots of St. Mary's York and Selby have been cited to appear in answer to this summons.

1. Added later and marked by a cross in the lower margin.

21 (Fo.499v - 501v; N.F.628-9) EXCOMMUNICATIO CONTRA ROBERTUM DE BRUS AC FAUCTORES SUOS[1] ET SIBI ADHERENTES CONTRA DOMINUM REGEM ANGLIE. Letter from the papal nuncios Cardinals Gaucelin and Luke to all archbishops and clergy, secular and regular, throughout England, Scotland, Ireland and Wales, quoting two bulls of John XXII.

1. *Rex excelsus*, authorising the said cardinals to negotiate a treaty of peace between Edward II and Robert Bruce 'at present governing the kingdom of Scotland'. Avignon 17 Mar. 1317.

2. *Crescit facile in immensum*, relating how Robert Bruce has refused to receive papal commands sent to him from the said nuncios by the hands of Master Aymeric Gerard, Archdeacon of Ely, and Peter de Bologna, suffragan bishop *Corbaviensis*, has connived at the theft of letters publishing a truce, and has seized Berwick-upon-Tweed. The nuncios are instructed to publish against the said Robert and his supporters sentences of excommunication, interdict and deprivation, and to pronounce invalid any pact made between them. Avignon 29 May 1318.

The nuncios go on to say that Robert Bruce, supported by James Douglas and Alexander Seton, has refused to receive their letters, and that a subsequent messenger, Adam guardian of the Franciscans of Berwick, was mishandled by Douglas's men. They have therefore published the said sentences against Bruce and his supporters, and have ordered them to be published in all churches and ecclesiastical courts in England, Scotland,[2] Ireland and Wales. Nottingham 19 Aug. 1318.

Printed, wholly or in part: Rymer, *Foedera II(1)*, pp.317-18, 362-3; Wilkins, *Concilia II*, pp.471-3, 480-2; *Reg. Stapledon*, pp.351-3, 361-2.

1. Interlined.

2. Where in fact the clergy refused to publish them.

HIC INCIPIT ANNUS SECUNDUS.

22 MANDATUM APOSTOLICUM AD ROGANDUM PRO REGE CUM EXECUTIONE COMMISSA EPISCOPO DUNELM'. Archbishop Melton to Lewis de Beaumont, Bishop of Durham, enclosing letters from John XXII ordering prayers to be said for Edward II and for peace in the present time of war, dated at Avignon 25 May 1318 and received by the archbishop on 29 Sept. The bishop is ordered to arrange for prayers throughout his diocese. Bishopthorpe 29 Sept. 1318.

Willelmus etc., Ludovico etc., salutem et sinceram in Domino caritatem. Litteras sanctissimi in Christo patris et domini

4

nostri domini J. divina providencia pape XXII nobis et vobis
directas tertio kalendas Octobris recepimus tenorem qui sequitur
continentes, -

Johannes etc. venerabilibus fratribus ..(blank in MS.)
archiepiscopo Eborace' ejusque suffraganeis salutem et apostolicam
benedictionem. Quiescere videmus interdum commotiones fluctuum
circa marium tempestates et dissidentium fluctuationes nonnunquam
silere conspicimus in negotiis terrenorum illis aeris data temperie
istis animorum concordia restituta. Sed proch dolor statui
carissimi in Christo filii nostri Edwardi regis Anglie illustris
et regni Anglie guerrarum turbinibus ab olim exposito gravissimis
diu lacessito jacturis et varietate multiplicis turbationis
afflicto nondum advenit temporis expectari serenitas, nondum
tranquillitatis applausus arrisit quinimmo procellicis[1] adhuc
flatibus quiescitur et hostibus persecutionis angustias jugiter
experitur, per quod laudabilem devotionis ardorem, quem sicut
gratanter audivimus sit efficaciter conceptus ad terre sancte
subsidium et abolim affectu desideravit intenso vendicari sui
redemptionis injurias et ad transfretandum propterea ejus cotidie
desiderium intendat ut[2] in partum impeditur educere non absque
terre dispendio memorate. Et licet circa fluctuum hujusmodi
sedationem et flatuum ac dicti status reparationem sedis apostolice
solicitudo non se subtraxerat sed ipsorum regis et regni pressuras
ex compassionis affectu frequenter ad memoriam revocans, et ad eas
relevandas remediis excogitatis hanelans,[3] dilectos filios nostros
Gaucelinum titulo sanctorum Marcellini et Petri presbiterum et
Lucam sancte Marie in Via Lata diaconum cardinales, data eis ad
ipsa exequenda remedia plenaria potestate ad regnum predictum
propterea destinarit ipsis tamen cardinalibus commissa sibi
prosequentibus et exequentibus juxta posse. Nedum occulto forsan
Dei judicio quietis aplausit amenitas, nec reparatio sperata
successit, quod non sine amaritudine multa referimus, nec sine
stupore miramur in hiis ergo mentis oculos levantes ad montem unde
fiducialiter expectamus oportunum consilium proventurum,
discipulorum Christi salutaribus exemplis edocte pro tante
tempestatis turbinie sopiendo, ad eum qui mari et ventis imperat et
sic ex commotione tranquillitas, cui nichil est impossibile set
subest si posse cum velit, cui facile est res etiam desperatas
votivo fine concludere, et quos redemit sui sanguinis precio
potenter de tribulationum angustiis liberare deliberavimus
recurrendum, non tam de solicita (sic) quantumcumque adinventione
fidentes quam de humili fidelium supplicatione sperantes. Ea
igitur que ad pacem sunt ipsum pacis flagrantes auctorem eidem
contracto (sic, recte 'contrito') corde et humiliato spiritu
supplicamus ut regem ipsum et regnum ac ejus incolas de suo
habitaculo preparato oculo beningno (sic) respiciat, ipsos in suo
dirigat beneplacito, ab illis dissensiones amoveat, dissidentium
corda in concordie unitate conciliet, guerrarum fuget fremitus,

1. Stormy. From 'procella'.

2. Interlined.

3. *Sic*. Probably for 'anhelans' 'eagerly desiring'.

5

tribuat tranquillitatem et pacem ipsosque in illius soliditate
consolidet, ac regem ipsum circa dicte terre subsidium in tam
sancti propositi stabilitate conservet, tronum regalem reparet
qui sic utiliter presit ut prosit cujus regimen sic regat ut
dirigat et cedat subditos in salutem ac perpetuam quietem et
pacem. Quia vero ad ista vestra et fidelium aliorum suffragia
credimus et speramus multipliciter profutura, fraternitatem
vestram monemus, rogamus et hortamur attente per apostolica
vobis scripta mandantes et in remissionem peccaminum injungentes
quatinus nostris desideriis in hac parte conformantes ut nostra
apud ipsum regem pacificum cujus pax exuperat omnem sensum in sic
ad premissa devotis animis et precibus insistatis sic
efficaciter, subditos vobis clerum et populum ad insistendum
eisdem tam in sermonibus publicis quam alias ubi et quotiens
videritis expediri inducere studeatis quod de retributore
(Fo.502; N.F.630) bonorum omnium eterne retributionis graciam
exinde merito expectare possitis ac misericordiam nichilominus in
hiis utiliter rem agendo nostram et apostolice sedis
benevolenciam in nostris oportunitatibus favorabilem sentiatis.
Datum Avinon' VIII Kalendas Junii anno pontificatus nostri
secundo.

Fraternitatem igitur vestram monemus, rogamus et hortamur in
Domino quatinus juxta mandatum apostolicum supradictum subditos
vobis clerum et populum ad insistendum piis mentibus apud ipsum
pacis auctorem ad pie optinendum et misericorditer promerendum ea
que petenda prefatis litteris apostolicis salubriter exhortantur
juxta formam in eisdem contentam viis quibus poteritis
allectivis inducere studeatis. Paternitatem vestram conservet
altissimus ad ecclesie vestre regimen et honorem. Datum apud
Thorp' prope Ebor' III Kalendas Octobris anno gracie millesimo
CCC° decimo octavo et pontificatus nostri secundo.

23 Item, aliud de eodem Decano et Capitulo Ebor'. Similar letters
to the dean and chapter of York Minster. Same place and date.

24 Item, aliud Officiali Ebor'. Similar letters to the archbishop's
official-principal. Same place and date.

25 TERTIUM CERTIFICATORIUM FACTUM ABBATI MONASTERII BEATE MARIE
EBOR' SUPER VACATIONE BENEFICIORUM IN CIVITATE ET IN DIOCESE
NOSTRIS. To the Abbot of St. Mary's, York, commissary of Master
Rigaud de Asserio, enclosing a letter from the said Master
Rigaud, enquiring about benefices vacant in the city and diocese
of York on 25 Apr. 1318. The letter is dated at London 6 Sept.
and was received by the archbishop on 29 Sept. 1318. He encloses
a list of vacant benefices (not given). Bishopthorpe 5 Oct. 1318.

26 (Fo.502v - 503v; N.F.631) SECUNDUM MANDATUM CARDINALIUM CONTRA
SCOTOS. A letter from the papal nuncios Cardinals Gaucelin and
Luke, to all archbishops and clergy, secular and regular,
throughout England, Scotland, Ireland and Wales, quoting two
bulls of John XXII.

1. *Personam carissimi.* Order to pronounce sentence of excommunication upon anyone invading, or supporting the invasion of, Edward II's lands in England and Ireland, and to pronounce invalid any pact made for such a purpose. Avignon 29 Dec. 1317.

2. *Crescit facile in immensum* (see no. 21 above.) Avignon 29 May 1318.

The nuncios go on to say that they have pronounced sentences of excommunication and interdict upon Robert Bruce and all his supporters, and to order these sentences to be published throughout the said lands. Nottingham 19 Aug. 1318.

> Printed: Wilkins, *Concilia II(1)*, pp.480-2; *Reg. Stapeldon*, pp.361-2.

27 RENUNCIATIO CUJUSDAM INSTRUMENTI PUBLICI FACTA PER MAGISTRUM ROGERUM DE HESLARTON'. Public renunciation by Roger de Heslarton', rector of Whixley and lately canon of Howden, in the presence of the dean and chapter of York Minster, of a certain notarial act drawn up by Walter de Stretton' and attested by Gilbert de Wysbech'[1] and Richard Roberts de Helburn', since their status as notaries-public was in doubt. York 10 Feb. 1319.

> In Dei nomine amen. Quamvis ego Rogerus de Heslarton' clericus Rector ecclesie de Quixlay et nuper canonicus ecclesie Hoveden' coram venerabilibus viris et discretis dominis R. decano et capitulo ecclesie beati Petri Ebor' die sabbati proxime ante festum sancti Valentini anno domini M.CCC XVIII ut dominis et amicis non tamen ut judicibus comparuissem, ac unum instrumentum publicum ut unicuique intuenti apparere videbatur, super aliquibus ad serenationem status mei scriptum manu Walteri de Stretton' ac signis et subscriptionibus ejusdem necnon Gilberti de Wysebech' et Ricardi Roberti de Helburn' notariorum publicorum signatum et verum, ut per eorum signa et subscriptiones apparebat, quia tamen ipsi notarii de istis diocese vel provincia non sunt ut dicitur oriundi nec cognomina portant earum neque eorum plenam habeam noticiam. Ego dictus Rogerus coram vobis venerabilibus in Christo patre et domino domino W. Dei gracia Ebor' archiepiscopo Anglie primate meo judice ordinario, nolens in dubiis dicto intrumento seu contentis in eodem insistere cum eorum[2] vel eorum potestatis vel possessionis antique quamvis tales publice dicantur plenam noticiam non habeam, quoad prosecutionem dicti instrumenti desisto et abstineo ac eo uti nolo, sed ipsi et ejus effectui renuncio palam et publice, et hoc vobis et omnibus significo per presentes.

> 1. Robert son of Gilbert de Wisebeche appears as a notary public in 1305. C.R. Cheney, 'Notaries-Public in England' (1972), p.118.

> 2. A word seems to be missing.

28 CERTIFICATORIUM FACTUM DOMINO RIGAUDO DE ASSERIO DE BENEFICIIS VACANTIBUS AB AUTUMPNO PROXIME PRETERITO CITRA .. (blank in MS.). Archbishop Melton to Rigaud de Asserio, nuncio and collector of papal first-fruits, acknowledging the receipt, at Bishopthorpe on

9 Mar. 1319, of his letters, enclosing a list (not given) of vacant benefices, and saying that he has passed on the information to Rigaud's commissary, the Abbot of St. Mary's York. Bishopthorpe 18 Mar. 1319.

29 ALIUD CERTIFICATORIUM .. ABBATI BEATE MARIE EBOR' DE BENEFICIIS VACANTIBUS AB AUTUMPNO PROXIME PRETERITO CITRA ..(blank in MS.). The letter to the Abbot of St. Mary's York mentioned in No.28 above. The date of Rigaud's letter is given as London 16 Feb. 1319. Bishopthorpe 18 Mar. 1319.

30 QUINTUM CERTIFICATORIUM FACTUM DOMINO RIGAUDO DE BENEFICIIS VACANTIBUS ETC. Archbishop Melton to Rigaud de Asserio, acknowledging his letter dated at London 19 Mar. 1319, and saying that although he had already replied to Rigaud's letter of 16 Feb., he was sending another list of vacant benefices both to Rigaud himself and to the Abbot of St. Mary's York. Bishopthorpe 30 Apr. 1319.

31 QUINTUM CERTIFICATORIUM FACTUM ABBATI MONASTERII BEATE MARIE EBOR' DE BENEFICIIS VACANTIBUS ETC. To the Abbot of St. Mary's York, enclosing a list, as above. Cawood 2 May 1319,

32 (Fo.504; N.F.632) LITTERA DIRECTA SUMMO PONTIFICI PRO BENEFICIIS VACANTIBUS PER CONSTITUTIONEM. Archbishop Melton to Pope John XXII, complaining of the impoverishment of his church by excess of papal provisions and Scottish invasions, and asking that he may be allowed to fill those vacancies on the enclosed list (not given) which exist in his diocese as a result of the publication of the decree *Execrabilis*. Bishopthorpe 3 May 1319.

Sanctissimo etc. Willelmus etc. Pudet pater sanctissime me vestrum servulum et creaturam meis precibus aures circumstrepere tanti patris verumptamen ingentis mansuetudinis probitas vobis proculdubio desuper inspirata que me in honorem nuper constituit vestri gracia et creavit firmam confidenciam michi intrinsecus subministrat in adversis michi et ecclesie Ebor' mee imbecillitati commissa occurrentibus et pressuris vestrum pium suffragium invocandi. Hinc est, pater sanctissime et creator, quod licet ad cure molem meo officio incumbentem salubriter supportandam ac utiliter dirigendam multorum consiliis et adjutoriis egeam peritorum,[1] doctores tamen et clerici hujusmodi nationis et lingue multitudinem numerosam provisionum factarum per sedem apostolicam de beneficiis et prebendis mei patronatus cernentes in tantam desperationem inciderunt, aliquam per me promotionem ex suis michi impendendis laboribus consequendi[1] quod neminem ipsorum absque pecunario censu et excessivo eis constituto salario annuatim meo possum consortio aggregare. Quod nimirum cor meum diris torquit aculeis atque pungit presertim (presertim[2] cum

1. Interlined.

2. *Bis.*

manerium meum de H.[1] in quo tertia pars archiepiscopatus
consistit (illeg.) pre(illeg.) aliud meum (illeg.) de Ripon' jam
novo destruatur per (Sco)tos preter alia incommoda contra patri
(illeg.) hiis (illeg.) dominus J. de N.. presentium portitor vobis
novit exponere viva voce[2]) cum tertia pars mee substancie vel
amplius per invasiones Scotorum hiis temporibus destruatur ac
alias incommoditates varias sustineam in hiis meis primordiis
multipliciter fluctuantes. Vestra igitur munificencia paternalis
filium et creaturam vestram devotam in tante necessitatis articulo
ad sinum vestre gracie et patrocinii convolantem ne deserat si
libeat desolatam, quinimmo dignetur pietatis intuite predicta
desolamina et jacturas ad mentis vestre consistorium revocare, et
viscera graciosa more solito pretendere in succursum, ex
beneficiis in mea diocese per vestram constitutionum salubrem
dimissis et in cedula hiis inclusa[3] expressis, qui in suis juribus
et libertatibus multipliciter[3] eorum vocatione diutina[3] lacerantur[3]
aliquam graciam vestre liberalitatis arbitrio moderandam, michi
pro meis clericis concedendo ut vestro pio michi assistente
presidio in premissis de personis solidis et perfectis meum
consilium uberius fulciri valeat et augeri, per quod agenda mea ad
regis eterni utinam beneplacitum et vobis ad bravium[4] perpetuum,
devictis hiis mundialibus preliis, dirigantur, et ego quoad vixero
pro modulo meo pro vobis et onere vobis infixo in orationum
suffragia intimis precordiis immolabo. Ad exaltationem et decorem
ecclesie sue sancte in prosperitatis et gaudii habundanciam
continuam adaugeat altissimus dies vestros. Datum apud Thorp'
juxta Ebor' v nonas Maii anno gracie M.CCC decimo nono.

1. Hexham.

2. The whole passage enclosed in brackets is written in the
   margin and is very much rubbed and trimmed. It refers to
   the Scottish invasions which had reduced the value of
   northern benefices before and during 1318. See *Reg.
   Melton I*, nos. 7-12.

3. Interlined.

4. For 'brabeum', a prize.

33 CONSTITUTIO PAPALIS SUPER ELECTIONE FRUCTUUM BENEFICIORUM
VACANTIUM EDITA, SIVE AD QUEM PERTINERE DEBEAT ELECTIO POST MORTEM
RECTORIS. Bull of John XXII regulating the method of paying
first-fruits and annals upon benefices, and the rules for
responsibility in the case of vacancies. Avignon 25 Oct. 1317.

Johannes episcopus etc. ad perpetuam rei memoriam. Suscepti
regiminis nos causa sollicitat ut qui in ecclesiis non absque
dispendio ministrorum et cultus detrimento divini servari
viderimus per appositionem congrui moderaminis in melius
reformemus. Cum itaque in nonnullis ecclesiis observetur et a
longis retrotemporibus fuerit observatum quod fructus primi vel
secundi aut alicujus cujuscumque sequentis anni beneficiorum
vacantium in eisdem destruuntur vel fabrice aut ecclesiis vel

personis habentibus[1] annalia de consuetudine, privilegio vel
statuto applicantur in totum, ita quod illi qui hujusmodi
beneficia canonice obtinent et ad quos aliter de jure fructus
ipsi spectare deberent nichil inde percipiunt, unde istud
inconveniens sequitur quod comode (sic) nequeunt ad impendendum
servicium debitum residere in ecclesiis in quibus beneficiati
existunt, nos de illo super hiis remedium providere volentes per
quod hii et illi in fructuum predictorum perceptione participent,
et ecclesie debitis serviciis non fraudentur, presenti decreto
statuimus de fratrum nostrorum consilio quod illi qui fructus
predictos sibi hactenus integre vendicabant ex privilegio,
consuetudine vel statuto, nichil exinde ultra summam pro qua
unumquodque beneficiorum ipsorum consuevit in decime solutione
taxari pretextu cujusvis privilegii, consuetudinis vel statuti,
quovismodo percipiant, sed ipsius summe perceptione dumtaxat sint
omnino contenti, totali residuo predicta obtinentibus beneficia
remansuro, nisi forsan illi qui fructus eosdem soliti fuerant ut
prefertur cum integritate percipere pro se mallent ipsum habere
residuum et obtinentibus ipsa beneficia summam dimittere memoratam
quo canonice percipiendi quod maluerunt illis relinquimus
oppositionem, sic quod infra X dies postquam sciverint vacare ipsa
beneficia hii quibus annalia ipsa debuntur ex privilegio,
consuetudine vel statuto, vel ipsorum annalium collectores quem
partem habere voluerint an scilicet decime taxationem vel illa
dimissa residuum nulla subastatione[2] premissa eligere teneantur,
quam electione si infra dictos X dies non fecerint ut est dictum
extunc ad eum cujus est beneficium hujusmodi episcopo vel electo
transeat ipso jure. Et hec in ecclesiis et partibus illis in
quibus beneficia majora et alia quantum ad solutione decime sunt
taxata volumus observari. In illis vero ecclesiis et partibus in
quibus decimarum taxatio non est facta, servetur quod fructus et
obventiones beneficii vacantis quod in decima solvere consuevit
per medium dividantur, quorum medietatem habeat is cui annalis per
alterum de predictis modis perceptio est concessa, reliquam vero
medietatem percipiet ille cui beneficium est concessum pro
sustentatione sua et aliis ecclesiasticis oneribus supportandis,
quod si aliter de predictis prefata medietate noluerit esse
contentus altero contentari volente pars nolentis transeat ad
volentem, et volens fructus et obventiones illius beneficii
percipiet universos, eidem beneficio faciens congrue deserviri ac
ejus supportans onera consueta, et si quicquam aliquis predictorum
ultra premissa perciperint illud quod hiis ad quos pertinebat
infra mensem non restituerint cum effectu eo ipso si episcopus
vel superior prelatus fuerit a pontificalibus et ingressu ecclesie
se suspensus, si autem capitulum, universitas vel collegium,
interdictum se noverint donec predicta cum integritate subjacere,
si vero aliqua singularis persona ecclesiastica vel mundana id
fecerit excommunicationis mereat sentenciam ipso facto, a qua nisi
restitutione premissa preterquam in mortis articulo minime

1. Interlined.
2. *Sic*; apparently meaning 'assistance'.

absolvatur, non obstantibus quibuscumque privilegiis vel
indulgenciis aut contrariis consuetudinibus et statutis juramento,
confirmatione sedis apostolica ac alia quacumque firmitate vallatis,
que omnia quoad hec auctoritate apostolica revocamus, cassamus et
irritamus et nullius deinceps esse volumus firmitatis. Nulli etc.
Si quis etc. Datum Avinion' VIII kalendas Novembris pontificatus
nostri anno secundo.

34 DECLARATIO BULLE SUPER RESERVATIONE BENEFICIORUM IN ANGLIA
VACANTIUM EDITE ET DOMINO RIGAUDO DE ASSERIO MISSE. John XXII to
Rigaud de Asserio, complaining that his perfectly clear instructions have been misunderstood in the matter of the payment of
first-fruits and annals. Non-exempt religious houses and
benefices worth more than six marks a year are to be taxed, as
are clerical offices having profits of jurisdiction. The tax is
to be collected within ten days if possible, but Rigaud is given
discretionary powers in doubtful cases. The constitution is to
apply also to those payments which have been deferred for a year.
Avignon 21 July 1318.

Johannes etc. Rigaudo de Asserio etc. salutem et apostolicam
benedictionem. De dubiis que prelati et clerus Anglie tam circa
recollectionem fructuum primi anni omnium et singulorum
beneficiorum ecclesiasticorum cum cura vel sine cura, etiam
dignitatum, personatuum et officiorum quorumlibet ecclesiarum,
monasteriorum et aliorum locorum ecclesiasticorum tam secularium
quam regularium, exemptorum et non exemptorum, que in partibus
illis usque ad triennium qualitercumque vacare contigerit, certis
tamen ecclesiis, monasteriis, dignitatibus ac beneficiis expressim
exceptis, quod pro nostris et ecclesie Romane oneribus facilius
supportandis et in ejus agendorum subsidium duximus deputandos
obiciunt, non modicum admiramur cum series litterarum super
deputatione hujusmodi confectarum quam ad unguem servare volumus
evidenter dubia ipsa tollat. Etenim cum prioratus regulares etiam
conventuales ab ipsa dubitatione non inveniantur excepti nullum
dubium esse debet qui sunt sub generalitate ipsius deputationis
inclusi. Licet autem ad vicarias seu capellanias ut plurimum a
decendentibus institutas pro celebrandis missis certis constitutis
redditibus presbitero inibi celebranti, necnon ad beneficia illa
quorum fructus redditus et proventus annui non excedunt valorem
sex marcarum argenti deputationem nolumus extendi predictam,
vicarias tamen perpetuas curam animarum et certos redditus vel
magnas obventiones habentes pro quibus etiam taxantur in decima et
beneficia que valorem sex marcarum excedunt quamvis pro sex marcis
tantum taxentur in decimis nec volumus eximi a deputatione
predicta nec ipsa exceptio sane ponderato inde prout rationabiliter ad illa referri. De decanatibus vero ac archidiaconatibus
quorum redditus et proventus in solis visitationibus,
correctionibus et spirituali jurisdictione consistunt et beneficiis
aliis que certo modo taxata non inveniuntur in decima non vidimus
quare de proventibus saltem jurisdictionis et vero valore
ceterorum beneficiorum solventium decimam, licet de certa
taxatione non liqueat, non possit an debeat valoris medietas exigi

juxta formam constitutionis quam circa perceptionem annalium
duximus promulgandam per quam equidem confectionem tibi lex
int(er)poni non debet ut de beneficiis taxatis ad decimam
taxationem hujusmodi vel residuum infra X dies pro nobis eligere
tenearis. Licet enim in percipientibus annalia que valorem scire
beneficiorum probabiliter presumuntur artatio electionis
hujusmodi locum habere rationabiliter debeat, in te tamen qui
verisimiliter facultates beneficiorum ignoras periculosa esset
artatio pariter et dampnosa. Ipsam preterea constitutionum super
perceptionem annalium editam intelligimus ad illos fructus
extendi debere quorum perceptio est usque[1] ad annum sequentem
deputationis nostre pretextu delata ut videlicet juxta moderationem constitutionis istius et non aliter percipi debeant
fructus ipsi. Porro circa beneficia sine fructus beneficiorum
que ante consecrationem suam prelati tenebant nil aliud
volumus in presenti decidere, sed modo facias prout melius
poteris et videris expedire. Datum Avinion' XII kalendas Augusti
pontificatus nostri anno secundo.

    1. Interlined.

35 LICENCIA CONCESSA HUGONI DAUDELEY AD AUDIENDUM DIVINA SUI IN
HONESTO ORATORIO. Licence to Sir Hugh Daudeley, on account of
his zealous devotion, to have divine service celebrated in a
suitable and decent room containing a dedicated portable altar
wherever he might be staying, by a suitable chaplain, provided
that the parish church suffered no prejudice or loss thereby.
Bishopthorpe 16 May 1319.

36 PROCURATORIUM DOMINI AD PETENDUM ARRERAGIA ETC. Letters patent
under the archbishop's seal appointing Sir Nicholas Makerell'
bailiff of Churchdown (Chircheden') as his proctor to receive
arrears of pensions due from the Abbot of Winchcomb and the Prior
of Coventry and to quit-claim them. Bishopthorpe 27 May 1319.

37 (Fo.504v) DOMINO EPISCOPO[1] CANTUAR' PRO DEBITO EXIGENDO AB EODEM.
To the (Arch)bishop of Canterbury, apologising for not addressing
him as primate, and asking him very politely to return, by the
hand of Sir Nicholas Makerell' the bearer, the sum of two hundred
pounds which Archbishop Melton had lent to him, from which Master
Adam Mirymouth had despatched four hundred florins to the Curia,
together with a hundred marks sent in the name of Melton himself.
Bishopthorpe 28 May 1319.

    Printed: J. Raine, *Historical Papers and Letters from the
    Northern Registers (R.S.1873)*, p.287, where it is described
    as addressed to the Bishop of Whithorn (Candida Casa).

    1. *Sic.* A later hand has added 'Primas' in the margin.

38 LITTERA DIRECTA DOMINO PAPE PRO QUIBUSDAM BENEFICIIS PER
CONSTITUTIONEM VACANTIBUS DOMINO CONCEDENDIS. Archbishop Melton
to John XXII, thanking him for his efforts to make peace between
the English and the Scots, complaining that the Scots have

impoverished the diocese by devastating the archbishop's manors of
Hexham and Ripon, and asking for help in the shape of the right to
provide to benefices vacant as a result of the decree *Execrabilis*.
Bishopthorpe 4 June 1319.

   Printed: J. Raine, *op.cit.*, p.289.

39 BULLA AD ABSOLVENDUM SCOTOS DE PACE TRACTANTES VEL AD PACEM
VENIENTES AD REQUISITIONEM DOMINI REGIS. Notarial instrument drawn
up by Richard de Snoweshill, notary public and scribe of the
archbishóp, attested by his mark and sealed with the archbishop's
seal, of an inspeximus of two bulls of John XXII, witnessed by
Nicholas de Notingham, John de Sutton' and John de Guthmundham,
the archbishop's clerks. The bulls are as follows:-

1. To the Archbishop of York and the Bishops of Ely and Carlisle.
Mandate sent at the request of Edward II to prohibit anyone from
treating for peace with the Scots and especially with Robert
Bruce, without special licence from the King, and to enforce this
by excommunication and interdict. Avignon 24 Apr. 1319.

   Printed: Rymer, *Foedera II(1),* p.391.

(Fo.505; N.F.636)   2. To the Archbishop of York and the Bishops of
Ely and Carlisle, allowing them to grant absolution and
dispensations to people engaged in negotiations for peace with the
Scots, provided that a treaty were actually achieved.   Avignon
25 Apr. 1319.   Bishopthorpe 1 June 1319.

       In nomine Domini amen. Per presens, publicum instrumentum
cunctis appareat evidenter quod hec est copia, transcriptum sive
scriptum quarundam litterarum apostolicarum vera bulla plumbea
sanctissimi in Christo patris et domini nostri domini Johannis
digna Dei providencia pape vicesimi secundi cum cordula canapis
bullatarum, sanarum et integrarum, sed omni suspicione carentium
ut prima facie apparebat, quas venerabilis in Christo pater et
dominus dominus Willelmus Dei gracia Ebor' archiepiscopus Anglie
primas in presencia mei notarii publici subscripti et testium
infrascriptorum ad hoc specialiter vocatorum et rogatorum primo
die mensis Junii anno gracie millesimo CCCmo decimo nono,
indictione secunda, apud Thorp' prope Ebor' ostendit, quarum
tenor talis est:- Johannes etc.   Item:- Johannes etc.
venerabilibus fratribus ..(blank) archiepiscopo Eboracen' Elien'
et Carliolen' episcopis, salutem et apostolicam benedictionem.
Donum pacis quo in cunctis mortalibus nullum potest dulcius
inveniri, nullum delectabilius concupisci, sic ardenter nostris
adheret ..(blank)[1] quod prompto illa concedimus animo per que
putamus illud posse convenientius adipisci. Hinc est quod vobis
tenore presentium committimus et mandamus quatinus vos seu alter
vestrum illis ex hostibus et rebellibus carissimi in Christo
filii nostri Edwardi regis Anglie illustris qui super pace ineunda
cum eo per se vel alios habere voluerint cum eodem rege seu
deputandis ab ipso colloquium et tractatum si forsan
excommunicationis seu excommunicationum sentencia seu sentenciis

   1. Apparently 'affectibus', perhaps for 'affectionibus'.

13

promulgatis a canone vel homine quovis auctoritate etiam
apostolica sint ligati, ad prefati regis instanciam absolutionis
beneficium auctoritate apostolica juxta formam ecclesie impendatis,
et si inter ipsos faciente pacis actore pacis federa reformentur
volumus quod cum ipsis necnon et cum filiis et nepotibus eorundem
super quibuslibet penis privationis beneficiorum ecclesiasticorum
ac nihilitationis ad ipsa beneficia optinenda ac quibusvis aliis
auctoritate apostolica ipsis inflicits, seu si aliqui ex eis
irregularitatis notam incurrerint miscendo se sicut prius divinis
officiis sic ligati, possitis nichilominus dispensare ipsosque
habilitare ad quelibet beneficia ecclesiastica obtinenda et penas
alias quaslibet relaxare. Si vero tractatus quod absit hujusmodi
careret effectu nec ex eo pacis reformatio sequeretur, volumus
quod sic absoluti in pristinam sentenciam reinciderant ipso facto.
Datum Avinion' VII Kalendas Maii pontificatus nostri anno
tertio. - Acta sunt hec que supradixi anno, indictione, mense, die
et loco superius annotatis, presentibus dominis Nicholao de
Notingham, Johanne de Sutton' et Johanne de Guthmundham dicti
domini archiepiscopi clericis familaribus testibus ad premissa
vocatis specialiter et rogatis.

Et ego Ricardus de Snoweshill' clericus Wygorn' diocesis
apostolica et imperiali auctoritate notarius publicus et dicti
domini archiepiscopi scriba dictas litteras apostolicas ut
premittitur bullatas anno, indictione, mense, die et loco
prescriptis vidi, inspexi et legi, easque de mandato dicti domini
archiepiscopi fideliter transcripsi et copiam transcriptumque
earundem, nichil addito vel mutato quod substanciam irritet vel
viciet intellectum in hanc publicam formam redegi, signoque meo
consueto signavi rogatus. Et nos Willelmus, etc. huic instrumento
publico sigillum nostrum apponi fecimus in testimonium premissorum.

40 CERTIFICATORIUM SCRIPTUM DOMINO PAPE DE CAUSA QUARE HENRICUS
REGINALDI DICTI CATEL DE BALDOK' NON RECIPITUR IN MONACHUM ET
FRATREM IN MONASTERIO DE SELEBY. Archbishop Melton to John XXII,
quoting his letter dated at Avignon 10 Jan. 1319, in which he
ordered the archbishop to enforce the papal command to the abbot
and convent of Selby to receive Henry son of Reginald Catel of
Baldock as a monk. Melton replies that he has made inquiries,
and that the said abbot and convent claim never to have received
the papal mandate, and that moreover the said Henry had tried the
life of a novice at Selby, proved unsatisfactory and returned to
the world. Bishopthorpe 12 July 1319.

Sanctissimo etc. Vestre sanctitatis litteras pro Henrico
Reginaldi dicti Catel de Baldok' clerico mihi scriptas recepi cum
omnia reverencia sicut teneor, tenorem qui sequitur continentes. -
Johannes etc. Cum olim dilectis filiis ..(blank) abbati et
conventui monasterii sancti Germani de Seleby ordinis sancti
Benedicti tue diocesis nostris dederimus litteris in mandatis ut
dilectum filium Henricum Reginaldi dicti Catel de Baldok' clericum
cupientem una cum eis in dicto monasterio sub regulare habitu
Domino famulari in monachum receperent et in fratrem et in
sincera in Domino caritate tractarent, iidem ..(blank) abbas et

14

conventus mandatis hujusmodi obauditis id efficere hactenus non curarunt sicut ejusdem clerici labor indicat iteratus. Volentes igitur dictum clericum in hujusmodi suo laudabile proposito confovere fraternitati tue per apostolica scripta mandamus quatinus si est ita dictos ..(blank) abbatem et conventum ex parte nostra moneas et inducas ut eundem clericum in prelibato monasterio in monachum recipiant et in fratram, et sincera in Domino caritate pertractent juxta predictarum continentiam litterarum, alioquin rescribas nobis causam rationabilem si qua subsit quare id fieri non debeat vel non possit. Datum Avinion' IIII idus Januarii pontificatus nostri anno tertio. - Quas quidem litteras volens exequi obedienter ut decet, auctoritate earundem dictos ..(blank) abbatem et conventum monasterii sancti Germani de Seleby ordinis sancti Benedicti nostre diocesis ex parte vestra juxta vim, formam et effectum litterarum hujusmodi monui et induxi ut dictum clericum in dicto suo monasterio reciperent in monachum et in fratrem et sincera in Domino caritate tractarent, alioquin rescriberent mihi causam rationabilem si qua subsit quare id fieri non debeat vel non possit juxta ipsarum apostolicarum litterarum. Verumque iidem abbas et conventus mihi per suas litteras rescripserunt quod (cum) in dictis litteris apostolicis mihi directis pretendi videatur aliud mandatum apostolicum super receptione prefati clerici eis fuisse directum eosque mandato hujusmodi obaudito id quod mandabatur efficere non curasse, et mihi scribebatur quatinus si ita est quod verba conditionem inducunt quod tamen nunquam extitit, qua deficiente nulla mihi attribuebatur jurisdictio in hac parte cum in veritate nulla unquam talem mandatum receperant nec eis presentatum extitit ante datam apostolicarum litterarum que in hac serie rediguntur, et ideo prefate mihi littere presentate tanquam falsa suggestione impetrate non sunt aliqualiter exequende, sed merito dictus clericus carere debet omni comodo earundem. Preterea idem clericus nuper priusquam ad annos discretionis pervenerat habitum novicii in dicto monasterio suscepit, cupiens in eodem monasterio ut asseruit sub regulari habitu Domino deservire, et in habitu hujusmodi per aliqua tempora vitam probavit et ordinem monasterialem, iidemque religiosi ipsius mores et conversationem probaverunt, sed ipse demum ante lapsum anni probationis protestans firmiter et expresse quod professionem non faceret ad seculum remeavit sicque ex gestis suis, vita et conversatione eum dicto monasterio non esse utilem evidenter constabat eisdem, quod omnia pretacta si idem clericus in impetrando expressisset, litteras hujusmodi nullatenus obtinuisset, et sic prefate littere falsitate expressa et veritate suppressa fuerant impetrate, propter quod ad executionem ipsarum non esset ulterius procedendum, unde juxta mandatum vestrum hujusmodi reverendum eandem causam quam recepi vestre sanctitatis rescribo rationalem vel aliam juxta vestre proinde discretionis ac virtuosi (sic, recte virtuose) exaltationis indaginem inducandum. Ad regimen et exaltationem ecclesie sancte universalis dies vestros in prosperitate continua adaugeat altissimus sponsus ejus. Datum apud Thorp' juxta Ebor' IIII idus Julii anno gracie M.CCC decimo nono.

41 LITTERA DIRECTA EPISCOPO ELIENS' PRO LEVATIONE DECIME DOMINO REGI CONCESSE PRO MERCATORIBUS DE SOCIETATE BARDORUM. Archbishop Melton to John Hotham, Bishop of Ely and Chancellor, enclosing to him a letter (given in full) from Edward II, given at Westminster 18 July 1319 and witnessed by John Sandale Bishop of Winchester & Treasurer, ordering the archbishop to raise from his diocese the clerical tenth needed to repay loans made to the Wardrobe, for the expenses of the Scottish war, by the *societa* of the Bardi of Florence. Melton replies by asking Hotham to deal directly with the collectors for the diocese whom he has already appointed, and to obtain for him a letter under the great seal in which the king gave formal consent to the conditions under which the tenth was granted. Cawood 4 Aug. 1319.

Venerabili etc. J. etc. Willelmus etc. salutem et sincere caritatis in Domino continuum incrementum. Litteras ejusdem domini regis de scaccario cera viridi consignatas nos recepisse noveritis sub hac forma:- Edwardus etc. venerabili etc. principali collectori decime nobis a clero Ebor' diocesis ultimo concesse salutem. Cum dilecti mercatores nostri Rogerus Ardinguelli, Bonus Phillipi, Dinus Forcecti et Franciscus Baldouclie et socii sui mercatores de societate Bardorum de Florencia manuceperint mutuare et liberare in garderobam nostram pro expensis hospicii nostri et expeditione guerre nostre Scotie sex millia marcarum, videlicet in festo Nativitatis sancti Johannis Baptiste proxime preterito duo milia marcarum, et in festo beate Marie Magdalene proximo sequente duo milia marcarum, et in festo Assumptionis beate Marie Virginis proxime sequente mille marcarum et in festo (Fo.505v) Decollationis sancti Johannis Baptiste proxime sequente mille marcarum, ac pro bono servicio quod predicti mercatores nostri nobis in hac parte impenderint necnon et pro dampnis et expensis que sustinuerint ratione retardationis solutionem diversarum pecunie summarum nobis per ipsos prius mutuatarum concesserimus eis duo milia marcarum de dono nostro ultra pecunie summas eis per nos prius ex hujusmodi causa concessas, nos volentes eisdem mercatoribus de dictis octo milibus marcarum satisfieri vobis mandamus quod de premissis denariis quos vos seu subcollectores vestri ad collectionem dicte decime per vos deputati recepturi estis et levaturi de decima predicta habere faciatis prefatis mercatoribus vel uni eorum duo milia marcarum in partem solutionis octo miliarum marcarum predictarum, recipientes ab eisdem mercatoribus vel uno eorum litteras suas patentes receptionem dictarum duorum milium marcarum testificantes per quas et hujus brevis pretextu vobis in compoto vestro seu subcollectoribus vestris predictis ad scaccarium nostrum de decima predicta debitam inde allocationem habere faciemus. Teste venerabili patre J. Wynton' episcopo thesaurario nostro apud Westmonasterium XVIII die Julii anno regni nostri tertiodecimo. - Verum quia collectores dicte decime prius deputavimus, videlicet religiosos viros ..(blank in MS.) abbatem monasterii beate Marie in[1] Ebor' Rychemund' et Clivel' et abbatem

1. Interlined.

de Selby in Ebor' et Estriding' ac priorem de Thurgarton in
Notingh' archidiaconatibus ipsosque oneravimus ad reddendum
ratiocinium sue compotum ad predictum scaccarium* de collectione
decime memorate ac nobis esset prejudicium grave et onerosum esset
ad ipsum scaccarium de collectione hujusmodi*1 de factis alienis
reddere compotum, maxime cum nos simus circa alia ardua
prepediti, vos affectuose rogamus quatinus ad exonerationem
nostram breve regium de magno sigillo baronibus de dicto
scaccario dirigere velitis certificatorium deputationis
predictorum collectorum et ut litteras regias hujusmodi admodum
eorum sub cera viridi dirigant ipsis collectoribus pro memorate
pecunie summa ut premittitur solvenda tam ista vice quam alias
quotiens hujusmodi assignationes et solutiones de dicta decima
fieri oportuerit dictis mercatoribus aut aliis quibuscumque in
eventu oportuni temporis pro redditione compoti supradicti. Et
quia predicta decima est per clerum provincie nostre sub certis
et expressis conditionibus predicto domino nostro regi eisdem
conditionibus annuenti et expresse consentienti concessa, litteras
regias super dicto expresso consensu regio in hac parte adhibito
nobis concedere dignemini si poteritis sub magno sigillo. Et quid
super hiis facere vobis placint velitis nobis litteratorie
remandare. Ad ecclesie vestre regimen vos conservet altissimus
per tempora feliciter successiva. Datum apud Cawode II nonas
Augusti anno gracie millesimo CCC° decimonono et pontificatus
nostri secundo.

    1. *....* Interlined.

42 MANDATUM APOSTOLICUM PRO TEMPLARIIS RELIGIONEM INGRESSURIS.
Archbishop Melton to the official of York or his commissary-general,
enclosing a bull of John XXII (given in full) ordering all former
Templars to enter approved houses of religion within three months,
not more than two into any one house except those of the
Hospitallers, arranging for the payment of stipends to them, and
also ordering all houses not specifically exempted by the pope to
receive them. Avignon 17 Dec. 1319. Melton orders his official
to cite all former Templars from the city or diocese to appear
before him on the Thursday after Holy Cross Day, 20 Sept., so that
the bull may be enforced, and to certify. Cawood 1 Sept. 1319.

Note of a similar letter to the dean and chapter of York Minster.
Same date and place.

    Papal bull printed: *Reg. Hethe,* pp.345-7.

43 (Fo.506; N.F.634) CERTIFICATIO FACTA MAGISTRO RIGAUDO DE ASSERIO
DE FRUCTIBUS ET PROVENTIBUS ARCHIDIACONATUS ESTRIDING' VIDELICET
PRO QUO TEMPORE PERTINEBANT AD DOMINUM PAPAM ET PRO QUO AD
DOMINUM EBOR' RATIONE CONSTITUTIONIS EDITE CONTRA PLURALES QUOD
INCIPIT *EXECRABILIS*. Letter from Archbishop Melton to Master
Rigaud de Asserio, papal nuncio, in reply to a letter from the
said Master Rigaud, dated at London 2 Aug. 1319, in which he
requires the archbishop to pay to Master Robert de Sottewell'
rector of Garthorpe the sum of eight pounds twelve shillings and

fourpence in respect of fruits and profits due to the pope from
vacant benefices in the archdeaconry of East Riding, which Master
Thomas de Cave, official receiver, had paid into the archbishop's
treasury. Melton replies that the said Master Robert was not
speaking the truth, and offers to prove this by evidence, which
he cites at length, before the nuncio's commissary. Cawood
4 Sept. 1319.

Reverendo discretionis viro amico nostro karissimo Magistro
Rigaudo de Asserio canonico Aurelian', domini pape capellano et
ejusdem in Anglia nuncio, Willelmus etc. salutem et sinceram in
domino caritatem. Litteras vestras sub hac forma nos recenter
noveritis recepisse:- Willelmo etc. Rigaudus etc. salutem cum
omni reverencia et honore debitis tanto patri. Cum nos discreto
viro Magistro Roberto de Sottewell' rectori ecclesie de Garthorp'
fructus et proventus archidiaconatus Estriding' vestre diocesis
domino nostro pape ratione vacationis ejusdem debitos pro certa
summa pecunie vendidimus non est diu, idem insuper Magister
Robertus apud nos London' personaliter accedens, coram nos
constanter asseruit se dicte pecunie summam nobis minime solvere
posse[1] nec debere quousque de portione archidiaconali dominum
papam in hac parte[1] contingente, videlicet de octo libris XII
solidis et IIII denariis quos in scaccario nostro Ebor' per
Magistrum Thomam de Cave denariorum vestrorum inibi receptorem
recepistis necdum ut dicitur solvistis eosdem satisfactum ad
plenum sibi fuerit sicut decet quamvis ex adverso pro parte
vestra[1] per eundem Magistrum Thomam sibi dictum fuerat et
objectum dictum videlicet Magistrum Robertum quamdam pecunie
summam a tempore dimissionis dicti archidiaconatus vobis
conspectatur ut asserit de dictis fructibus et proventibus
recepisse, sub isto forte confingens colore, vobis ut credimus
premissa ignorantibus, dicte pecunie summam domino nostro pape
debitam ut premittitur ad opus vestrum se posse taliter retinere
cum non posset presertim cum hujusmodi perceptorum dicto anno
pape de quo nuper Ebor' prout scitis non dubitamus adinvicem
satis tractavimus et finaliter diffinivimus de eodem minime
completo ad vos nullo modo pertineat proprietas seu dispositio
aliqualis, vestram paternitatem reverendam sub ea qua decet
reverencia requirimus et rogamus vobis nihilominus in virtute
obediencie qua sedi apostolice tenemini firmiter injungentes
quatinus dicte pecunie summam dicto Magistro Roberto tanquam
nostro speciali nuncio jurato nobis deferendo absque difficultate
aliqua et more diffugio faciatis numerari totaliter atque
liberari, ne contra vos quod absit pro jure dicti domini nostri
pape juxta suarum effectum litterarum nobis in hac parte
specialiter directarum artius cogamur procedere, quod nollemus.
Certificantes nos distincte et aperte cum ex parte nostra per
dictum Magistrum Robertum congrue fueritis requisiti, cum in hoc
facto adhibebimus fidem plenam, quid in premissis facere
ordinandis per vestras patentes litteras harum seriem continentes.
Datum London' II die mensis Augusti anno domini M.CCC nonodecimo.
- Super quibus discretionem vestram reddimus certiorem videlicet

1. Interlined.

quod parati semper fuimus sumus et erimus mandatis apostolicis in omnibus quibus poterimus et tenemur humiliter obedire, et nichil in dicte sedis apostolice aut vestri officii prejudicium aliqualiter attemptare per nos nec per alium quoquomodo, quod in hiis scriptis protestamur expresse, verum quia predictus Robertus facti varians veritatem vobis seu clericis cancellarie vestre minus veraciter suggerere non veretur, tam ex veritatis stimulo et devotione quam erga dictam sedem gerimus excitati, quam virtute dictarum litterarum vestrarum ad instanciam et prosecutionem dicti Roberti nobis directarum, ad vestre discretionis noticiam totam seriem deducimus rei geste videlicet quod predicto Roberto de fructibus, obventionibus et proventionibus dicti primi anni ultime vacationis predicti archidiaconatus Estriding' quatenus nos, officiarios nostros et receptores quoscumque contingebant, prout per ratiocinia super dictis fructibus et proventibus habita cum eisdem accepimus, evidenter fuit et est ex parte nostra plenarie satisfactum, et quicquid sibi debebatur competenter solutum, supposita vacatione dicti archidiaconatus in capite Februarii anni domini millesimi CCC XVII per dimissionem vel amissione necessaria de jure juxta vim nove constitutionis que incipit *Execrabilis* inde edite et XIII kalendas Decembris pontificatus sanctissimi patris et domini nostri summi pontificis anno secundo (*19 Nov. 1317*) publicate, que quidem publicatio ipsum archidiaconum in Romana curia vel de prope tunc agentem verisimiliter non potuit latuisse. Nam ministri nostri singuli in spiritualibus tam ex proventibus et perquisitis archidiaconatuum nostre diocesis quam ex ceteris administrationibus suis et officiis quibuscumque annis singulis in festo Pentecostis consuerunt receptori nostro suas reddere rationes et ab eodem festo Pentecostis anno gracie M.CCC XVII (*22 May 1317*) usque ad[1] idem festum anno revoluto (*11 June 1318*) quo in anno dictum archidiaconatum Estriding' in capite mensis Februarii supponimus vacavisse, rata portionis proventuum et perquisitorum pertinentium ad archidiaconum si fuisset per compotum ad XVII libras VII solidos II denarios obolum tantummodo se extendit, de qua quidem pecunie quantitate dictus Robertus medietatem, videlicet octo libras XIII solidos VII denarios et quadrantem ad opus dicti archidiaconi et pro suo tempore et alias octo libras XIII solidos VII denarios et quadrantem ad opus dicti domini pape tempore vacationis recepit. Et ab illo festo Pentecostis anno gracie videlicet M.CCC.XVIII per totum annum integrum immediate sequentem de proventibus et perquisitis hujusmodi portio archidiaconi ad XXI libras IX solidos et quadrantem se per compotum extendebat de qua portione prefatus Robertus ad opus domini pape pro tempore recepit XII libras, videlicet a festo sancti Barnabe apostoli[2] in quo terminus Pentecostis accidit illo anno usque ad kalendas Februarii proxime sequentes, in quibus primus annus vacationis archidiaconatus hujusmodi expiravit. Per menses autem Augusti et Septembris illo anno nil provenit sicut nec quicquam provenire retroactis

1. Interlined.
2. June 11, which in this year fell on the Monday after the quindene of Whitsun.

temporibus in illis mensibus consuevit. Unde in optione vestra
ponimus utrum vos velitis vel[1] dictos duos annos pro primo anno
vacationis dimidiare et vos de duabus portionibus archidiaconi
per dictum Robertum receptis ut predicitur contentare vel
pigniorem annum eligere e duobus pro quo vobis plene satisfieri
faciemus, dum tamen idem Robertus de tempore vacationis anno
primo usque ad terminum Pentecostis quo dictus compotus
reddebatur nobiscum voluerit computare, et nobis de proventibus
et perquisitis ex dicto archidiaconatu per illud spacium
perceptis per ipsum rendere quod profecto fieri debet de jure cum
ad dimittentem vel ammittentem archidiaconatum hujusmodi virtute
constitutionis predicte fructus et proventus ex eo aliqui
competere minime debuerunt. Nec est verisimile quod idem dominus
papa ultra unum annum extra sue reservationis forma quicquam ex
eisdem proventibus voluerit vendicare. Ex jure enim et
consuetudine nostre Ebor' ecclesie approbata et hactenus
inconcusse servata fructus beneficiorum vacantium in nostra
diocese ad nos pro tempore vacationis pertinere notorie
dinoscuntur, preterea preter premissa idem Robertus possedit
pacifice et recepit fructus, redditus et proventus ecclesie de
Mapelton' *(Mappleton)* nostre diocesis dicto archidiaconatui
annexe a capite mensis Februarii anno domini M.CCC.XVII usque ad
festum Pentecostis in anno domini M.CCC.XIX *(27 May 1319)* cujus
valor annuus communi hominum estimatione XL marcas sterlingorum
excedit, et taxatur dicta ecclesia preter vicariam ad XX libras,
que omnia sunt publica et notoria ac manifesta in civitate
nostra Ebor' et in archidiaconatu Estrid' antedicto, et ea
parati sumus secundum qualitatem premissorum quatenus jura nos
artant seu astringunt in hoc canonice in forma juris probare pro
loco et tempore oportunis juri cum ordine qui ad dicti Roberti
instanciam requiritur primitus observato. Quocirca discretionem
vestram devote rogamus quatinus premissis consideratis[2] soli
suggestioni ipsius Roberti et inde immo verius assertionibus
carentibus substancia veritatis ut premittitur involute nolite
si placet sicut nec de jure debetis fidem adhibere, nisi quatenus
in eventum legalis constiterit documentis, contra quem et id quod
asseverat parati erimus coram commissario vestro si placet prout
in aliis causibus observatis ut parcatur laboribus et expensis
in nostra diocese seu provincia nos defendere et premissa
secundum eorum naturam detegere via juris, et quod premissis
indiscussis nichil in nostri prejudicium attemptetis. Conservet
vos in prosperis omnipotens per tempora feliciter successiva.
Datum apud Cawod' II nonas Septembris anno gracie M.CCC
nonodecimo et pontificatus nostri secundo.

    1. Uncertain.   2. Interlined.

(Fo.506v) HIC INCIPIT ANNUS PONTIFICATUS DOMINI TERTIUS.[1]

44 PRIORI HOSPITALIS SANCTI JOHANNIS JERUSALEM IN ANGLIA PRO
FRATRIBUS QUONDAM ORDINIS MILICIE TEMPLI UT SOLVATUR EISDEM ANNUA
PENSIO V MARCARUM PRO EORUM SUSTENTATIONE DEPUTATA. Archbishop

    1. Written in the upper margin.

Melton to the Prior of the Hospitallers in England, asking him to pay the statutory pension of five marks each to two ex-Templars, Ralph de Roston' who was unable to work because of old age, and Henry de Pagula who was acting as his proxy. Bishop Wilton 27 Sept. 1319.

45 LITTERA DIRECTA DOMINO RICARDO DE CORNUBIA PRO PREBENDA DE NEUBALD'. Archbishop Melton to Sir Richard de Cornubia, ordering him to submit to the papal mandate restoring the prebend of North Newbald to Sir Pandulf Savelli, and to remove the armed men who were occupying the prebendal church and manor on pain of excommunication and of being cited before the papal curia, while the archbishop appealed to the king for the clearing of the church and manor. Cawood 28 Sept. 1319.

Willelmus etc. Ricardo de Cornubia etc. Nuper mandatum apostolicum contra vos recepimus cujus copiam vobis mittimus hiis inclusam, ad quod juxta ipsius effectum et continentiam exequandum ad prebendam de[1] Neubald' cum debita reverencia ut nos oportuit accedentes, invenimus tam ecclesiam de Neubald' in qua corpus dicte prebende consistit quam manerium ejusdem laicorum armatorum potentia occupata, qui nobis januis preclusis et ostiis, paratisque nobis hostilibus insidiis effronti hastutia restiterunt nostrum in hac parte officium contemtibiliter declinantes, in contemptum sedis apostolice ac opprobrium ecclesiastice libertatis et perniciosum exemplum multorum cujus insolencie ac temeritatis nephande iidem inobediencie filii ac sancte ecclesie adversarii expresso ore judicant vos auctorem. Verum quia ad executionem ejusdem mandati plenarie faciendum sub pena excommunicationis majoris late artamur, sicut ex tenore ejusdem vobis liquere poterit evidenter, vos in virtute sancte obediencie qua sedi apostolice tenemini firmiter exhortamur sano vobis consilio suadentes quatinus periculum atque dampnum que vobis ac statui vestro ex resistencia et rebellione hujusmodi execrabili et prophana accidet si indignationem domini nostri pape, quam verisimiliter nisi citius et devotius suis mandatis parueritis in premissis formidare poteritis, ac jam latas contra vos sentencias indurato animo, incurratis, ad mentis vestre consistorium revocantes priusquam sancta matris[2] ecclesia vero mucrone sue ferat ultionis, jugum discipline ecclesiastice subeatis, mandatis apostolicis tanquam filius obediencie humiliter vos comportans et ab ecclesia sanca Dei cujus cultum decent pax et silentium faciatis omnem potentiam laicam amoveri, accedentes pariter ad has partes vel alium procuratorem sufficienter instructum cum sufficienti mandato mittentes, ad possessionem dicte prebende cum fructibus, rebus, redditibus et proventibus ejusdem domino Pandulpho de Savell' per sentenciam restituto ac reintegrato ad ipsam vel suis procuratoribus humiliter et integre, ita quod de obediencia vestra appareat liberandum, et ad tractandum cum eisdem de marcis et florenis in quibus sibi existitis condempnati, de

1. *Bis.*
2. *Sic.* Interlined over 'mater' which has been crossed out.

quibus vos credimus, dum tamen vestra protervia non obsistat, eos
vobis favorabiles inventuros, nosque ad hoc gratanter obtentu
vestri volumus assistere et procurare omne quod poterimus
moderamine. Alioquin dicta nos necessitate artante ad executionem
dicti mandati sentencias et censuras contra vos latas fulminando
et ad citationem vestram personalem ad curiam Romanam oportebit
vos procedere vel invitos, ac dominum nostrum regem qui alias vos
eam dimittere voluit sicut dixit requirere intendimus quod dictam
faciat amovere laicam potestatem. Super hiis igitur que facere
decreveritis in premissis vestra distincte per harum bajulum nos
certificet remissiva. Valete. Datum apud Cawod' IIII kalendas
Octobris, pontificatus nostri anno tertio.

46 ABBATI DE SELEBY PRO FRATRE HENRICO DE KERBY QUONDAM TEMPLARIO
MONASTERIO DE SELEBY INGREDIENDO. Archbishop Melton to the Abbot
of Selby, in virtue of a bull of Pope John XXII (not given, but
probably that in No. 42 above) which he had received at
Burghwallis on 30 Aug. 1319. He asks the abbot to receive into
his monastery Henry de Kerby, a former Templar, who had appeared
before the archbishop on 29 Sept. and chosen Selby as his place of
retirement, and to certify within twelve days of receiving the
letter. Cawood 29 Sept. 1319.

Note of similar letters to the Abbot of Whitby on behalf of
William de la Fenne, to the Prior of Kirkham on behalf of Henry
de Pagula, and to the Prior of Bridlington on behalf of Ralph de
Roston' and William de Middelton'. Bishopthorpe 18/9 Oct. 1319.
Also of similar letters to the Abbot of Selby on behalf of Henry
de Rouclyf', and to the Prior of Shelford on behalf of Walter de
Clifton'. Cawood 30 Nov. 1319. Also of similar letters to the
Prior of St. Oswald's, Nostell, on behalf of Thomas Strech'. Also
of similar letters to the Abbot of Fountains on behalf of Richard
de Kesewyk'. Cawood 2 Dec. 1319.

47 ARCHIEPISCOPO CANTUAR' PRO RICARDO DE KILLINGWYK'. Archbishop
Melton to the Archbishop of Canterbury. Letter of recommendation
for the bearer, Richard de Killingwyk', rector of Miningsby in
the diocese of Lincoln. Bishopthorpe 19 Oct. 1319.

48 SEXTUM CERTIFICATORIUM FACTUM RIGAUDO DE ASSERIO DE BENEFICIIS
VACANTIBUS A XV APRILIS ANNO ETC. XVIII CITRA. Archbishop Melton
to Rigaud de Asserio, acknowledging the receipt on 15 Nov. 1319
at Cawood of his letters (given in full and dated London 4 Nov.)
asking that a list of all benefices not yet reported which had
fallen vacant since 18 March 1318 be sent to him and to the Abbot
of St. Mary's, York, before 8 Dec., and that their fruits be
sequestrated. The archbishop in reply encloses a list (not given)
of all vacancies except those in the archdeaconry of Richmond,
which had not yet been sent in. Cawood 4 Dec. 1319.[1]

   1. In lower margin: 'Velitis exhibere et fieri facere graciam
      cum fa(vore).'
      Frater Thomas Strech'.

49 (Fo.507, N.F.635) SEXTUM CERTIFICATORIUM FACTUM ABBATI MONASTERII
BEATE MARIE EBOR' DE BENEFICIIS VACANTIBUS A XV KALENDIS APRILIS
ANNO GRACIE M.CCC.XVIII. The like to the Abbot of St. Mary's,
York, enclosing a list which is not given. Cawood 6 Dec. 1319.

50 INDULGENCIA CONCESSA OMNIBUS CONFERENTIBUS ELEMOSINAM QUESTORIBUS
SANCTI THOME DE ACON'. Indulgence of forty days granted to all
those of the diocese of York, and others whose diocesan bishops
approve, giving alms to the collectors sent out by the Hospital
of St. Thomas the Martyr at Acre. Bishopthorpe 31 Jan. 1320.

51 AD REVOCANDUM QUESTORES ET EORUM POTESTATEM ET AD CITANDUM
EOSDEM. To the keeper of the spiritualities of Howdenshire,
ordering him to tell all the abbots, priors and parish clergy
within his jurisdiction that they were to take no notice of
unauthorised pardoners, except those bearing sealed letters from
the archbishop and the collectors on behalf of the Minster and the
Hospital of St. Thomas the Martyr at Acre. The money collected by
such people was to be sequestrated, and they were to be cited to
appear before the archbishop on 17 Feb. He was to certify, with a
list of names. Bishopthorpe 3 Feb. 1320.

Note that on the same day similar letters were sent to the
officials of the Archdeacons of York, Nottingham, Cleveland and
East Riding, to the provost of Beverley and the keeper of the
spiritualities of Allertonshire.

Willelmus etc. dilecto filio custodi spiritualitatis de
Houdenshire etc. Ad aures nostras pervenit quod quidam tam
litterati qui se dicunt clericos quam laici in nostra diocese ad
monasteria, ecclesias, hospitalia et alia diversa loca questores
in ecclesiis, capellis popularibus et aliis subditorum nostrorum
congregationibus publice predicationis officium usurpant, quorum
aliqui per imperitiam, alii vero lucri causa sub colore quarundam
indulgenciarum, quibus nedum abutantur contra intentionem eas
concedentium sed earum vires et formam penitus excedentes
potestatem quam non habent se habere pretendentes, ea predicant
quandoque que forte quibusdam parochianis nostris indoctis non ad
edificationem et animarum suarum salutem cedere possent sed potius
quibusdam aliquotiens incentivum tribuerent deliquendi, quod
absit. Quocirca volentes, tales ineruditos a predicationis officio
extirpere ac in premissis et ea contingentibus medelem quantam
possumus congruam adhibere, vobis mandamus firmiter injungentes in
virtute obediencie qua nobis tenemini quatinus inhibeatis publice
omnibus et singulis abbatibus, prioribus, rectoribus, vicariis et[1]
capellanis parochialibus vestre jurisdictionis ubilibet
constitutis ne quemquam questorem cujuscumque status aut
conditionis extiterit ad predicandum neque ad querendum nec ad sua
negotia per se nec per alios quomodolibet exponenda in ecclesiis,
capellis aut quibuscumque congregationibus ubicumque faciendis
qualitercumque admittant, nec eis pareant aut intendant, nec vos
eis quomodolibet pareatis nisi illis dumtaxat quos decetero nos

1. Interlined.

23

contigerit per nostras litteras speciales, sigillo nostro et non
alicujus alterius signandas, approbare, ac litteras nostras tam
personarum quam questus hujusmodi approbatorias et speciales ac
expresse nostre licencie super hiis vobis dirigere pro eisdem,
questoribus ecclesie nostre beati Petri Ebor' et sancti Thome de
Acon' dumtaxat exceptis, injungentes insuper vobis in fidelitate
et obediencia quibus nobis tenemini quatinus omnia et singula
perquisita sub nomine cujuscumque questus predicti in manibus
quorumcumque subditorum nostrorum ubicumque existentia que exnunc
sequestramus, de quorum alienatione et consumptione timemus et ex
aliis certis causis et legitimis pro loco et tempore declarandis
que et per vos mandamus sequestrari artius vice nostra et sub
arto sequestro fideliter custodiri donec aliud super hoc a nobis
habueritis in mandatis. Citatis etiam omnes et singulos questores
infra archidiaconatum seu jurisdictionem vestram ubicumque et
qualitercumque existentes seu accedentes, necnon et quoscumque qui
de hujusmodi questu qualitercumque ex quibuscumque causis per se
vel per alios quandocumque se intromiserint infra biennium
proxime retrolapsum seu intromittunt quomodolibet in presenti quod
compareant coram nobis die Lune proxime ante festum beati Petri
quod dicitur *In Cathedra* ubicumque tunc fuerimus in nostra
diocese super quibusdam articulis premissa tangentibus ad
correctionem et salutem animarum suarum ex officio nostro eis
obiciendis, super quibus pre ceteris melius noverint veritatem
personaliter responsuri, facturi ulterius et recepturi quod
secundum qualitatem premissorum justicia suadebit, terminum vero
et personalem comparitionem de quibus premittitur cum facti
qualitas id exposcat sic duximus moderandum. Et certificetis nos
super presentis executione mandati ac de hiis scilicet et quanta
sequestraveritis, ac de nominibus eorum quos ob premissa
citaveritis, necnon de omnibus et singulis premissis, distincte
et aperte ad singulos respondendum articulos per vestras patentes
litteras harum seriem et citatorum nomina continentes. Valete.
Datum apud Thorp' prope Ebor' III nonas Februarii anno gracie
M.CCC^{mo} decimonono et pontificatus nostri tertio. Memorandum
quod eisdem die et loco emanarunt consimiles littere ..
officialibus archidiaconorum Ebor', Notinghamie, Clyvel',
Estriding', preposito Beverl'. Item custodi spiritualitatis de
Alvertonshire.

52 LITTERA TESTIMONIALIS QUOD EPISCOPUS GLASCUENSIS NICHIL POTEST
PERCIPERE DE EJUS EPISCOPATU PROPTER GUERRAM SCOTORUM. To G. de
Monte Favencio,[1] cardinal-deacon of St. Mary in Aquiro, asking him
to tell the pope, at a suitable opportunity, that John Bishop of
Glasgow could neither enter his see nor receive anything from it
on account of the Scottish wars, but was forced to stay in
England at the expense of his friends. Bishopthorpe 1 Feb. 1320.

Printed, J. Raine, N.R. p.287.

1. *Sic*. Printed as 'Avenceo'.

(Fo.507v) COMISSIO AUCTORITATE SEDIS APOSTOLICE INTER RECTOREM SANCTE CRUCIS EBOR' ET FRATRES DE MONTE CAR' EBOR' SUPER DECIMIS ET ALIIS REBUS.[1]

    1. This entry is crossed out and marked 'Vacat hic quia registratur in quaterno archidiaconatus Ebor'.'

53 INDULGENCIA CONCESSA OMNIBUS CONFERENTIBUS HOSPITALI SANCTI SPIRITUS IN SAXIA. To all bishops, abbots, priors, heads of collegiate churches, archdeacons, rural deans, rectors, vicars and parochial priests in the province and diocese of York, commending to them Stephen de Codintone and John de Bristollia, the official collectors on behalf of the Hospital of San Spirito in Saxia, and telling them to facilitate the work of the said collectors. Valid for two years from Lady Day (25 March). Under the archbishop's seal, Bishop Burton 1 Mar. 1320.

Note of similar letters on behalf of the said Stephen and John as collectors on behalf of the Hospital of St. Antony. Same place and date.

54 NOTUM DE CONDUCTU R. DE BRUS ET QUORUNDAM EPISCOPORUM SCOTIE.[1]

Note that the following letter (next entry) was received at Bishop Burton 7 Mar. 1320, and at once sent on to the Bishop of Durham by Robert de Harpham, special messenger. Witnessed by Sir Richard de Otringham, Richard de Melton' and William de la Mare.

    1. Marked 'R.R. Snou' not' (R. Snoueshill notary?).

55 BULLA PRO SECURO CONDUCTU ROBERTI DE BRUS VERSUS CURIAM ROMANAM. Bull of Pope John XXII granting safe-conduct to Robert Bruce, who had been summoned to appear before the Curia before 1 May next ensuing. Avignon 8 Jan. 1320.

    Printed, J. Raine, N.R. p.296.

56 BULLA SUPER SECURO CONDUCTU QUORUNDAM EPISCOPORUM SCOTIE AD CURIAM ROMANAM CITATORUM. Similar bull granting safe-conduct to William, Bishop of St. Andrew's, William, Bishop of Dunkeld, Henry, Bishop of Aberdeen and David, Bishop of Moray. Same place and date.

57 EPISCOPO DUNELM' PRO EISDEM LITTERIS TRANSMITTENDIS DICTO ROBERTO DE BRUS. Mandate to the Bishop of Durham to forward the above safe-conducts, which have been sent to Archbishop Melton by the Bishop of Hereford on behalf of the King and his council, to Robert Bruce and at least one of the said bishops, by the hand of some Franciscans or other suitable messengers, and to report back to the archbishop by the bearer, in whom he has full confidence. Bishop Burton 7 Mar. 1320.

58 (Fo.508; N.F.636) PRO STIPENDIIS QUORUNDAM TEMPLARIORUM. Note of a letter sent to the Prior of the Hospitallers in England reminding him to pay the allowances of Sir Ralph de Roston'

chaplain and William de Midelton', former Templars. Bishop
Burton 20 Mar. 1320.

59 CERTIFICATORIUM FACTUM MAGISTRO RIGAUDO DE ASSERIO CANONICO
AURIL' SUPER ECCLESIIS VACANTIBUS A VI IDIBUS DECEMBRIS ANNO
GRACIE M.CCC XVI USQUE VI IDUS DECEMBRIS ANNO GRACIE M.CCC
DECIMO NONO, DISTINGUENDO ARCHIDIACONATUS DECANATUS ET ANNOS
VACATIONUM.[1] To Rigaud de Asserio, papal nuncio and collector of
first-fruits in reserved benefices, or his *locum tenens*,
acknowledging the receipt at Bishop Burton on 4 Mar. 1320 of his
letter, dated at London 27 Feb. 1320, asking the archbishop to
supply, before Easter, a list of all such benefices in the
diocese (with details) which fell vacant between 8 Dec. 1316 and
8 Dec. 1319. The list is returned. Cawood 6 Apr. 1320.

Printed (except for the section dealing with Nottingham) by
W. Brown in *YAS Record Series* 61 (1920) pp.136-48.

(Fo.509; N.F.637) ..... In Archidiaconatu Notingham sunt quatuor
decanatus, videlicet Retforth', Neuwerk', Notingham et Bingham.

In decanatu de Retforth' *(Retford)* anno primo reservationis
vacarunt beneficia subscripta:-

Item ecclesia de Misne *(Misson)* incepit vacare primo die mensis
Martii anno gracie millesimo CCC XVI per resignationem Magistri
Ade de Pykering' et taxatur ad XII libras.

Item ecclesia de Ewesby *(Elkesley)* incepit vacare XXIII die
mensis Julii anno gracie millesimo CCC XVII per resignationem
domini Thome de Segrave et taxatur ad XXXVIII marcas.

Item vicaria ecclesie de Edenestowe *(Edwinstowe)* incepit vacare
die Sabbati proxime post festum Nativitatis Beate Marie *(10
Sept.)* anno gracie M.CCC XVII per mortem domini Willelmi ultimi
vicarii ejusdem et taxatur ad X libras.

Item vicaria ecclesie de Estretforth *(East Retford)* incepit
vacare die lune proxime post festum translationis Sancti Johannis
Beverl' *(31 Oct.)* anno gracie millesimo CCC XVII per mortem
domini Roberti ultimi vicarii ejusdem et taxatur ad C solidos.

Anno secundo dicte reservationis.

Item ecclesia de Claworth' *(Clayworth)* vacavit a die Jovis in
crastino conversionis Sancti Pauli *(26 Jan.)* anno gracie
millesimo CCC XVII per mortem domini Henrici de Brunne et
taxatur ad XXXV marcas.

Item ecclesia de Tuxforth *(Tuxford)* vacavit a XVIII die mensis
Februarii anno gracie M.CCC XVII per resignationem domini
Willelmi de Bevercotes et taxatur ad XXX marcas.

Anno tertio post dictam reservationem.

Item ecclesia de Warsop *(Worksop)* iterum[2] incepit vacare XV

1. The section concerning the archdeaconry of Nottingham has
   been omitted from the printed text and is given here.

1. *Sic.* Not previously mentioned.

26

kalendas Augusti anno gracie M.CCC XIX per resignationem domini Johannis Burdon' ex causa permutationis et taxatur ad XXXV marcas.

In decanatu de Neuwerk' (*Newark*) anno primo dicte reservationis vacarunt beneficia subscripta:-

Medietas ecclesie de Aykering (*Eakring*) incepit vacare die lune proxime ante festum Sancti Andree apostoli (*29 Nov.*) anno gracie millesimo CCC XVII per mortem domini Roberti tunc rectoris ejusdem et taxatur ad C solidos.

Anno secundo reservationis.

Item ecclesia de Kilmington (*Kilvington*) incepit vacare die dominica proxime post festum Sancti Nicholai (*10 Dec.*) episcopi anno gracie millesimo CCC XVIII per resignationem Roberti de Kelum tunc rectoris ejusdem et taxatur ad X libras.

Item ecclesia de Marnham (*Marnham*) que fuit quondam Templariorum vacavit a tempore infirmationis ordinis eorum et adhuc vacat, et taxatur ad XLV marcas.

Item ecclesia de Fledburgh (*Fledborough*) incepit vacare die dominica proxime ante festum Sancti Edmundi Regis (*19 Nov.*) anno gracie millesimo CCC XVIII per mortem domini Hugonis ultimi rectoris ejusdem et taxatur ad XX marcas.

Anno tertio ejusdem decanatus.

Item vicaria ecclesie de Marnham vacavit a quinto die mensis Junii anno gracie millesimo CCC XIX per resignationem domini Willelmi vicarii ejusdem et taxatur ad XII marcas.

In decanatu de Notingham (*Nottingham*) anno primo dicte reservationis. Ecclesia de Nutehale (*Nuthall*) incepit vacare die Sancti Nicholai (*6 Dec.*) anno domini millesimo CCC XVI per mortem domini Petri ultimi rectoris ejusdem et taxatur ad C solidos.

Item vicaria ecclesie de Baseforth (*Basford*) incepit vacare die dominica proxima ante dominicam in Ramis Palmarum (*28 Mar.*) anno domini millesimo CCC XVI per mortem domini Hugonis ultimi vicarii ejusdem et taxatur ad VIII marcas.

Item, vicaria Beate Marie Notingham (*Nottingham*) incepit vacare XIIII kalendas Octobris anno gracie millesimo CCC XVII per resignationem domini Henrici ultimi vicarii ejusdem causa permutationis et taxatur ad C solidos.

Item ecclesia Beati Nicholai Notingham (*Nottingham*) incepit vacare VI kalendas Julii anno gracie millesimo CCC XVI per resignationem domini Johannis de Ludham et taxatur ad VI marcas.

Item ecclesia de Greseley (*Greasley*) incepit vacare die Jovis proxima post festum Sancti Martini (*17 Nov.*) anno gracie millesimo XVII per mortem (Fo.509v) domini Hugonis de Crescy tunc rectoris ejusdem et taxatur ad XXXV marcas.

Anno secundo in eodem decanatu.

Item ecclesia de Birton' super Trentam (*Burton Joyce*) incepit vacare circa festum Purificationis Beate Marie (*2 Feb.*) anno gracie millesimo CCC XVII per dimissionem domini Roberti de Bluntesdon' dudum rectoris ejusdem virtute constitutionis papalis edite contra plurales et taxatur ad XVIII marcas, de certo die dimissionis non constat nobis quia illam non dimiserat coram nobis.

Memorandum quod tertio anno nullum beneficium vacavit in eodem decanatu quod dicitur.

In decanatu de Bingham (*Bingham*). Anno primo reservationis vacarunt beneficia subscripta.

Medietas ecclesie de Cotegrave (*Cotgrave*) incepit vacare die Jovis in crastino Sancte Fidis Virginis (*7 Oct.*) anno gracie millesimo CCC XVI per admissionem et institutionem domini Henrici de Hale ad quamdam aliam ecclesiam in provincia Cantuarien' et taxatur ipsa medietas ad X marcas.

Item ecclesia de Radeclyve super Sore (*Ratcliffe-on-Soar*) incepit vacare in vigilia Omnium Sanctorum (*31 Oct.*) anno gracie M.CCC XVI per consecrationem domini Johannis de Sandale in episcopum Wynton' et taxatur ad LXX marcas.

Item ecclesia de Wylghby super Waldam (*Willoughby-on-the-Wolds*) incepit vacare die Beati Petri in Cathedra (*22 Feb.*) anno gracie millesimo CCC XVI per mortem domini Johannis de Cortlingstak' et taxatur ad XX libras.

Anno secundo in eodem decanatu.

Item ecclesia de Kneveton' (*Kneeton*) vacavit a die sabbati proxima post festum Ascensionis (*3 June*) anno gracie millesimo CCC XVIII per mortem Magistri Roberti de Bolum et taxatur ad X libras.

Item ecclesia de Wylleforth' (*Wilford*) vacavit a die Sabbati proxima ante festum Beati Petri in Cathedra (*18 Feb.*) anno gracie millesimo CCC XVII per mortem rectoris ejusdem et taxatur ad XX marcas.

Item ecclesia de Elton (*Elton-on-the-Hill*) vacavit a IX kalendas Februarii anno gracie millesimo CCC XVIII per resignationem domini Thome de Barneby causa permutationis et taxatur ad XII marcas.

Anno tertio in eodem decanatu.

Item ecclesia de Hykeling' (*Hickling*) vacavit a die Penthecostis (*30 May*) anno gracie millesimo CCC XIX per mortem Henrici ultimi rectoris ejusdem et taxatur ad XX libras.

Item ecclesia de Boneye (*Bunny*) vacavit a XI die mensis Novembris anno gracie millesimo CCC XIX per resignationem domini Roberti de Wodehous ultimi rectoris ejusdem et taxatur ad XL marcas.

Item medietas ecclesie de Cotegrave (*Cotgrave*) de qua supra fit mentio iterum incepit vacare quinto die Januarii anno gracie

M.CCC XVIII causa permutationis et taxatur ad x marcas.

(Fo.510; N.F.638)

60 BULLA AD CITANDUM WALTERUM DE ALMINSLOND' POSSESSIONI ECCLESIE DE RADECLYVE SUPER SORAM INCUMBENTEM.

Archbishop Melton as judge-delegate of the papacy together with the Bishop of Hereford and Master Rigaud de Asserio, Bishop-elect of Winchester, to Master John de Nassington', official of the Archdeacon of Nottingham, and the rector of Kirton, enclosing a bull (given in full and dated Avignon 23 Jan. 1320) in which John XXII orders the said judges-delegate to cite Walter of Alminslond' *de facto* incumbent of Ratcliffe-upon-Soar, to appear before him in answer to a charge made by Bertrand, cardinal-priest of St. Marcellus, that the said Walter had unlawfully intruded himself into the said church with the help of lay power. The official and rector are ordered to cite Walter to appear before the pope, bringing with him all relevant documents, within the space of three months. They are to report to the archbishop by sealed letters patent. Tadcaster 11 Apr. 1320.

Willelmus etc. ad infrascripta una cum venerabili patre episcopo Herford' et Magistro Rigaldo de Asserio electo Wynton' a sede apostolica deputatus dilectis filiis Magistris Johanni de Nassington .. (blank in MS.) officiali archidiaconi Notingham ac rectori ecclesie de Kyrketon' nostre[1] diocesis salutem et mandatis apostolicis firmiter obedire. Litteras sanctissimi in Christo patris etc. Johannis etc. nos recepisse noveritis in hac verba:- Johannes etc. venerabilibus fratribus .. (blank in MS.) archiepiscopo Eboracen' et .. (blank in MS.) episcopo Herforden' ac dilecto filio Magistro Rigaldo de Asserio electo Wyntonien' salutem et apostolicam beneficionem. Quanto venerabiles fratres nostros sancte Romane ecclesie cardinales quos in ecclesia Dei prerogative sublimavit honoris sincerius germinis in visceribus caritatis, tanto vehementius oppressiones ipsorum qui partes nostri corporis esse censentur mentem nostram opprimunt et molestant, et ad relevationem ipsarum quarum expertes esse non possumus exhibemus libenter auxilii nostri partes. Sane dilecto filio nostro Bertrando tituli sancti Marcelli presbitero cardinale non sine querela referente didicimus quod licet nos dudum sibi de parochiale ecclesia de Radeclyve super Soram Ebor' diocesis tunc vacante et ad collationem nostram per certas reservationes nostras spectante legitime duxerimus per nostras certi tenoris litteras providendum, certis sibi super hoc per alias litteras executoribus deputatis, ipseque hujusmodi litteras cum processibus per eas habitis ad partes illas per procuratorem ydoneum destinasset, quia tamen Walterus de Alminslond' clericus in prefata ecclesia se intrusit per potenciam laicalem et possessioni ipsius ecclesie de facto incumbens eam armata manu datinet occupatam, prefatus procurator prefate ecclesie possessionem corporalem habere nec ad ipsam accedere potuit propter metum et potenciam clerici supradicti,

1. *Bis.*

in nostrum et apostolice sedis contemptum ac cardinalis ipsius
prejudicium et injuriam manifestam, quare prefatus cardinalis
humiliter postulavit a nobis ut cum ipse non speret in partibus
illis cum prefato intruso propter ipsius et suorum fautorem
potenciam assequi posse justicie complementum providere sibi
super hoc de oportuno remedio dignaremur. Nos itaque pati
nolentes quod provisio nostra hujusmodi facta cardinali
prefato de supradicta ecclesia debitum non sortiatur effectum
sibique in suo jura deesse qui sumus omnibus in justicia
debitores discretioni vestre per apostolica scripta mandamus
quatinus vos vel duo aut unus vestrum per vos vel alium seu
alios eundem Walterum ex parte nostra peremptoris citare curetis
ut infra trium mensium spacium post citationem hujusmodi cum
munimentis omnibus quibus se juvare voluerit apostolico se
conspectui personaliter representent[1] super jure si quod in
dicta ecclesia se habere pretendit cum cardinale predicto
legittime (*sic*) processurus, et pro hujusmodi per eum commissis
reportaturus penam condignem vel se legittime (*sic*) excusaturus
si poterit, et alias facturus et recepturus quod justicia
suadebit, diem vero hujusmodi citationis et formam et quicquid
super hiis duxeritis faciendum nobis per vestras litteras harum
seriem continentes fideliter intimare curetis. Datum Avinion'
X kalendas Februarii pontificatus nostri anno quarto. – Nos
itaque volentes dictas litteras, quas originales propter viarum
discrimina et earum pericula evitanda in salve custodia reponi
facimus, humiliter et devote exequi ut tenemur vobis firmiter
injungendo mandamus in virtute sancte obediencie qua sedi
apostolice tenemini quatinus citetis peremptoris predictum
Walterum de quo in memoratis litteris fit mentio ut infra trium
mensium spacium post citationem hujusmodi cum munimentis omnibus
quibus se juvare voluerit apostolico conspectui personaliter[2] se
presentet, super jure si quod in (Fo.510v) dicta ecclesia se
habere pretendit cum cardinale predicto legitime processurus ac
pro hujusmodi per eum commissis reportaturus penam condignam vel
se legitime excusaturus si poterit et alias facturus et
recepturis quod justicia suadebit, diem vero hujusmodi citationis
et formam et quicquid super hiis duxeritis faciendum nobis per
vestras patentes litteras harum seriem continentes et impressione
sigilli officii vestri pendente signatas fideliter intimare
curetis. Valete. Datum apud Tadecastr' XI die mensis[2] Aprilis
anno gracie millesimo CCC XX et pontificatus nostri tertio.[3]

61 CITATIO PRIORIS DE LENTON' AD CURIAM ROMANAM PRO ECCLESIA DE
RADECLYVE SUPER SORAM. From the same to the same, enclosing a
bull (given in full and dated Avignon 23 Jan. 1320) in which
John XXII orders the said judges-delegate to cite Geoffrey, Prior
of Lenton, to appear before him in answer to a charge made by
Bertrand, cardinal-priest of St. Marcellus, that the said prior

1. *Sic, recte* 'representet'.

2. Interlined.

3. *Bis.*

had refused to accept the lawful proctor of the said cardinal as
incumbent, by papal provision, of the church of Ratcliffe-upon-
Soar. The official and rector are ordered to cite the said prior
to appear before the pope within the space of three months. They
are to report to the archbishop by sealed letters patent.
Tadcaster 11 Apr. 1320.

   Willelmus etc. (*as above*) Johannes etc. Cum ad obediencie
bonum que prout sacre scripture docemur exemplis melior est quam
sacrificia multa superioribus inferiores singuli teneantur
provocamur et merito cum inferiores ipsos religiosos maxime qui ad
eam sunt voto professionis astricti ab ipsa per contemptum
exorbitare sentimus, propter quod ad corigendum (*sic*) contemptus
hujusmodi illos presertim qui in nostram et apostolice sedis
injuriam commissi videntur tanto ferventius instare nos convenit
quanto per eos peccatur gravius et peccandi materia tribuitur
aliis per exemplum. Sane dilecto filio nostro Bertrando tituli
Sancti Marcelli presbitero cardinale non sine querela referente
didicimus quod licet nos dudum sibi de parochiale ecclesia de
Radeclyve super Soram Ebor' diocesis tunc vacante et ad
collationem nostram per speciales reservationes nostras spectante
legitime duxerimus providendum certis sibi super hoc per nostras
sub certa forma litteras executoribus deputatis, ac dilectus
filius Raymondus Cluniacen' tunc Psalmodien' (*Psalmody*) Nemausen'
(*Nimes*) et Matisconen' (*Macon*) diocesium monasteriorum abbas unus
de executoribus supradictis per processus suos litterarum
nostrarum predictarum auctoritate habitos .. (*blank in MS.*) priori
prioratus de Lenton' Cluniacen' ordinis Ebor' diocesis mandavisset
sub excommunicationis pena, quam extunc ferebat in eum si mandatis
suis in hac parte immo verius apostolicis effectualiter non
pareret, quod procuratorem ad hoc cardinalis ejusdem in corporalem
possessionem ejusdem ecclesie poneret et quantum in eo esset
tueretur inductum, dictosque processus et sentencias contentas in
eis in locis in quibus foret expediens publicaret, Gaufridus
tamen prior prioratus ejusdem per procurationem ipsius cardinalis
pluries cum eisdem litteris et processibus lectis etiam in ipsius
presencia requisitus quod ea que sibi mandabantur per eos sub
penis contentis in ipsis effectualiter adimpleret, mandatis ipsis
in nostrum et apostolice sedis contemptum contumaciter renuit
obedire, nullam allegans causam rationabilem quare id non deberet
facere vel non posset, propter que non solum inobediencie vitium
quod divina et humana jura gravius persecuntur mandatis apostolicis
obedire contempnens incurrit verum etiam excommunicationis
sentenciam supradictam dinoscitur incurrisse. Quare prefatus
cardinalis humiliter postulavit a nobis ut cum ipse propterea
possessionem ipsius ecclesie remanserit destitutus hucusque
providere sibi super hoc de oportuno remedio dignaremur. Nos itaque
diligentius attendentes quod si contemptum hujusmodi prioris
ipsius non sequeretur pena condigna ecclesiastica censura
vilesceret, multorum sic jura perirent, essetque in aliis similis
contemptus exemplum. Volentes quoque de tali super hoc remedio
providere quod non solum cardinali prefato verum etiam
inferioribus aliis in quos per consequens non est dubium pejora

committi frequenter fieri similia timeantur, discretioni vestra
per apostolica scripta mandamus quatinus vos vel duo aut unus
vestrum per vos vel alium seu alios prefatum priorem ex parte
nostra peremptorie citare curetis ut infra trium mensium
spacium post citationem vestram hujusmodi apostolico se
conspectui personaliter representet pro hujusmodi contemptu
recepturus penam condignam vel se excusaturus legitime si
poterit, et alias facturus et recepturus quod justicia
suadebit, diem vero citationis et formam et quicquid in premissis duxeritis faciendum nobis per vestras litteras harum
seriem continentes fideliter intimare curetis. Datum Avinion'
X kalendas Februarii pontificatus nostri anno quarto. - Nos
itaque volentes predictas litteras et contenta in eis juxta
formam earundem reverenter exequi ut tenemur vobis ea
auctoritate qua fungimur mandamus, vobis in virtute obediencie
qua sedi apostolice tenemini firmiter injungentes quatinus
quam cito poteritis absque more dispendio prefatum priorem
peremptorie citetis ut infra trium mensium spacium post
citationem vestram hujusmodi apostolico se conspectui
personaliter representet pro hujusmodi contemptu recepturus
penam condignam vel se excusaturus legitime si poterit et
alias facturus et recepturus quod justicia suadebit, diem vero
citationis et formam et quicquid in premissis duxeritis
faciendum nobis per vestras litteras patentes harum seriem
continentes impressione sigilli officii vestri pendente
signatas fideliter intimare curetis. Valete. Datum apud
Tadecastr' XI die mensis Aprilis anno gracie M.CCC XX et
pontificatus nostri tertio.

62 INDULGENCIA PRO CONFERENTIBUS AD FABRICAM ECCLESIE DE
TORKESAY. Indulgence, granted under the archbishop's seal, of
forty days to all those in the diocese of York, and others
whose diocesans should ratify the grant, who should contribute
to the rebuilding of the ruined church of St. Leonard of Torksey
in the diocese of Lincoln and to the restoration of its belfry.
Laneham 23 Jul. 1320.

63 (FO.511; N.F.639) PRIMUM CERTIFICATORIUM SUPER CONDUCTU ROBERTI
DE BRUS ET QUORUNDAM PRELATORUM SCOTIE, NORWYC' EPISCOPO
TRANSMISSUM. To the Bishop of Norwich, chancellor of the king,
acknowledging the receipt, on March 7, enclosing a letter from
the Bishop of Hereford, two papal bulls and a letter from the
Bishop of Durham (not given in full) on the subject of the safe
conduct issued to Robert Bruce and the Scottish bishops.
Cawood 2 Apr. 1320.

Printed: J. Raine, N.R. p.300.

64 ALIUD CERTIFICATORIUM EPISCOPO HERFORDEN' SUPER EODEM. To the
Bishop of Hereford, acknowledging the receipt, on March 7, of
his letters and the bulls mentioned above, and saying that he has
sent them on to the Bishop of Durham, who reported in sealed
letter patent that he had passed them to Alexander of Carlisle,

guardian of the Franciscans in Newcastle upon Tyne, for transmission to Robert Bruce. Melton reports that he has forwarded all these letters, on April 2, to the Bishop of Norwich, asking him to return them to the Bishop of Hereford. Wakefield 24 Apr. 1320.

Venerabili in Christo patri domino A. Dei gracia Herforden' episcopo, W. etc. Salutem et fraterne dilectionis in domino mutuum incrementum. Litteras vestras VII die mensis Martii recepimus inter cetera continentes quod dominus noster summus pontifex die dominica in Septuagesima (*26 Jan. 1320*) tradidit vobis duas bullas super conductu Roberti de Bruys procuratorum seu nunciorum suorum ac quorundam prelatorum regni Scotie ad Romanam Curiam personaliter citatorum quas eidem Roberto et alicui de dictis prelatis per aliquem vicinum prelatum dicto regno voluit destinari, quas nobis misistis ut eis diligenter inspectis nostra mediante providencia per aliquos religiosos de ordine mendicantium vel alium nuncium ydoneum predictis Roberto et alicui prelatorum de quibus premittitur celeriter destinarentur, nec hoc neglecto occasionem haberent subterfugiendi et proponendi excusationes aliquas in peccatis, una cum duabus litteris apostolicis ad modum Curie Romane bullatis quarum tenores sunt tales:- J. etc. ut supra. Quibus diligenter inspectis, volentes executionem congruam fieri in premissis juxta formam et sensum predictarum litterarum vestrarum memoratarum, adhibitis circumspectione et providencia quas scivimus et potuimus predictas litteras apostolicas predicto VII die mensis Martii direximus per nuncium nostrum juratum venerabili fratri nostro Ludovico Dei gracia Dunelm' episcopo qui est prelatus proximior finibus predicte terre Scotie et vicinus, cui per nostras litteras dedimus in mandatis firmiter injungendo ut ipse easdem litteras apostolicas predicto Roberto et alicui prelatorum de quibus premittitur celeriter destinaret, quibus litteris tam apostolicis quam nostris per ipsum Dunelm' episcopum receptis, de ipsarum litterarum apostolicarum et nostrarum receptione ac subsequenter de predicti negotii sibi injuncti executione idem episcopus per litteras suas patentes sigilli sui impressione pendente signatas nos reddidit certiores videlicet quod predictum mandatum nostrum per fratrem Alexandrum de Carl' gardianum fratrum minorum Novi Castri super Tynam cum celeritate et diligencia quibus poterat exequi fecit prout per litteras certificatorias[1] dicti gardiani patentes ipsius sigillo signatas prefatus episcopus certificatus fuerat in hac parte, et de quibus idem episcopus Dunelm' nos per suas litteras tenorem litterarum certificatoriarum ejusdem gardiani sibi directarum annexum in quadam cedula continentes: sigillo ipsius episcopi pendente signatas plenius continetur, quas una cum predictis litteris apostolicis domino Norwycen' episcopo IIII nonas Aprilis transmisimus, vobis celeriter destinandas, et quas vos credimus recepisse, ut ulterius super hiis faciatis quod vestra discretio viderit expedire. Ad ecclesie sue regimen altissimus vos conservet. Datum apud Wakefeld' VIII kalendas Maii anno gracie M.CCC XX et pontificatus nostri tertio.

1. Interlined.

65 SECUNDUM CERTIFICATORIUM EPISCOPO NORWYC' SUPER EADEM CONDUCTU. Another letter to the Bishop of Norwich concerning the letters forwarded to him, as above. Wakefield 24 Apr. 1320.

Printed: J. Raine, N.R. p.303.

66 ABSOLUTIO COMMUNICANTIUM CUM SCOTIS. Absolution of Simon le Candeler, Clement called End of Depe, Richard de Donecastr' and Julian his wife of Ravenser Odd from sentences of excommunication incurred unwittingly by dealings with the Scots. Cawood 11 May 1321.

67 Similar absolution of William de Brauncewell' ('Wrauncewell'' in MS.) clerk. Bishopthorpe 22 June 1327.[1]

Printed: J. Raine, N.R. p.309.

1. Nos. 66 and 67, which are out of chronological sequence, have been written into a space at the end of the page.

68 (Fo.511v) COMMISSIO SUPER PERSONIS JURIBUS ET ALIIS REBUS MAGISTRI ET FRATRUM HOSPITALIS SANCTI JOHANNIS JERUSALEM. Archbishop Melton, acting together with the Bishop of Durham and the Abbot of St. Mary's, York, as papal judges-delegate, to the official-principal of York, enclosing a bull of John XXII, (given in full and dated Avignon 25 Sept. 1319) ordering the said judges to proceed against all persons lay or ecclesiastical who should infringe the rights and possessions of the Hospitallers, using ecclesiastical censure and if need be calling in the secular arm. The official-principal is ordered to execute this mandate. Welbeck 29 May 1320.

Marginal note to the effect that the above bull was received by the archbishop at Worksop, 28 May, in the presence of Sir J. de Gothemunham, W. de Cliff' and W Yoel.

W. etc. conservator et judex una cum venerabile fratre nostro episcopo Dunelm' et dilecto[1] filio[1] abbate monasterii Beate Marie Ebor' cum illa clausula 'quatinus vos vel duo aut unus vestrum per vos vel alium seu alios' etc. ad infrascripta a sede apostolica deputatus, dilecto filio .. (*blank in MS.*) officiali curie nostre Ebor' salutem, graciam et benedictionem. Litteras apostolicas nos recepisse noveritis sub hac forma:- Johannes etc. (*to the archbishop, the Bishop of Durham and the Abbot of St. Mary's*). Ad hoc nos dominus pertulit in familia domus sue ut oportuna singulis provisionis auxilia fidelis servitutis injuncte prudencia pro tempore dispensantes eorum presertim necessitatibus intendamus, occuramus dispendiis ipsosque ab oppressionibus relevemus qui tanquam atheleto (*Sic, for 'athlete'*) domini pro defensione catholice fidei sanguinem proprium effundere non formidant. Sane dilectorum filiorum magistri et fratrum hospitalis Sancti Johannis Jerusalem conquestione percepimus quod nonnulli archiepiscopi et episcopi,

1. Interlined.

clerici et ecclesiastice persone tam religiose quam seculares,
necnon marchiones, duces, comites, barones, nobiles, milites et
universitates civitatum, castrorum, villarum ac alii laici
civitatum et diocesium ac partium vicinarum in quibus bona ipsius
hospitalis consistere dinoscuntur, occuparunt et occupari
fecerunt, dominia, terras, villas, possessiones, redditus et
proventus, jura, jurisdictiones et nonnulla alia bona immobilia
et mobilia ad dictum hospitale spectantia et ea detinent occupata
seu detinentibus illa prestant auxilium et favorem, quodque
vassallos, homines et personas ipsius hospitalis invadere,
interficere, capere et carceri mancipare ac etiam detinere
presumunt, equos et oves et boves aliaque animalia et nonnulla
alia bona ipsius hospitalis, fratrum, hominum, vassallorum et
personarum ejus in predam adducere, ac domos ipsorum incendio
concremare ac diruere presumpserunt hactenus et presumunt,
nonnulla quoque alie persone ecclesiastice, seculares et
regulares, marchiones, duces, comites, barones et nobiles,
universitates et singulares persone civitatum, diocesium et
partium predictarum de redditibus, proventibus, censibus et rebus
aliis ad dictum hospitale spectantibus eisdem magistro et
fratribus seu procuratoribus suis nolunt aliqualiter rendere,
nonnulli quoque civitatuum, diocesium et partium earundem qui
nomen domini in vacuum recipere non formidant, eisdem magistro et
fratribus in dominiis, villis, terris, possesionibus, redditibus,
proventibus, juribus, jurisdictionibus et rebus aliis ad dictum
hospitale spectantibus multiplices molestias inferunt et jacturas.
Quare dicti magister et fratres nobis humiliter supplicarunt ut cum
valde difficile reddatur eisdem pro singulis querelis ad
apostolicam sedem habere recursum providere sibi super hoc paterna
diligencia dignaremur. Nos igitur adversus occupatores,
presumptores, molestatores et injuriatores hujusmodi illo volentes
eisdem magistro et fratribus remedio subvenire per quod ipsorum
compescatur temeritas et aliis aditus committendi similia
precludatur, devotioni vestre per apostolica scripta[1] mandamus
quatinus vos vel duo aut unus vestrum per vos vel alium seu alios
etiam si sint extra loca in quibus deputati estis conservatores et
judices prefatis magistro et fratribus efficacis defensionis
presidio assistentes non permittatis eos[1] super premissis omnibus
et eorum singulis ab eisdem vel quibuscumque aliis occupatoribus,
detentoribus, molestatoribus, presumptoribus et injuriatoribus
indebite molestari vel sibi gravamina seu dampne vel injurias
irrogari, facturi dictis magistro et fratribus cum ab eis seu
procuratoribus suis vel eorum aliquo fueritis requisiti de
predictis, et aliis personis quibuscumque super restitutione
dominiorum, villarum, terrarum, possessionum, reddituum,
proventuum, jurium et jurisdictionum ac bonorum immobilium et
mobilium ac proventuum, censuum et aliorum quorumcumque bonorum
predictorum, necnon et de quibus molestiis, injuriis atque dampnis
presentibus et futuris sibi tam in personis quam bonis predictis
illatis et etiam inferendis in illis que judicialem requirunt
indaginem de plano sine strepitu et figura judicii, in aliis vero

1. Interlined.

35

prout qualitas ipsorum exegerit justicie complementum, occupatores seu detentores, malefactores, presumptores et injuriatores hujusmodi necnon contradictores quoslibet et rebelles cujuscumque dignitatis, status, ordinis vel conditionis extiterint, quandocumque et quotienscumque expedierit, per censuram ecclesiasticam appellatione postposita compescendo, invocato ad hoc si opus fuerit auxilium brachii secularis, non obstante felicis recordationis Bonifacii pape VIII predecessoris nostri qua cavetur ne judices et conservatores a sede deputati predicta extra civitatem et diocesim in quibus deputati fuerunt contra quoscumque procedere sive alii (*sic, recte* 'alio') vel aliis vices suas committere, aut aliquos ultra unam dietam[1] a fine diocesium eorundem trahere presumant seu quod de aliis quasi de manifestis injuriis et molestiis ac aliis que judicialem indaginem exigunt penis in eos si secus egerint et in id procurantes adjectis conservatores se nullatenus intromittant, et tam de duabus dietis in concilio generali, dummodo ultra tertiam vel quartam dietam aliquis extra suam civitatem et diocesim auctoritate presentium non trahatur, quam aliis quibuscumque constitutionibus a predecessoribus nostris Romanis pontificibus, tam de judicibus delegatis quam conservatoribus et aliis editis que vestro possent in hac parte jurisdictioni atque potestati ejusque libero exercitio quomodolibet obviare, seu si aliquibus conjuntim vel divisim a predicta sede indultum quod excommunicari, suspendi vel interdici, seu extra vel ultra certa loca ad judicium evocari non possunt per litteras apostolicas non facientes plenam et expressam ac de verbo ad verbum de indulto hujusmodi et eorum personis et locis, ordinibus ac nominibus propriis mentionem, et qualibet alia indulgencia dicte sedis generali vel speciali cujuscumque tenoris existat per quam presentibus non expressam vel totaliter (............. *interlined and illegible*) infrascriptam vestre jurisdictionis explicatio in hac parte valeat quomodolibet impediri, et de (qua) cujusque toto tenore de verbo ad verbum in nostris litteris habenda sit mentio specialis. Ceterum volumus et auctoritate apostolica decrevimus quod quilibet vestrum prosequi valeat articulum etiam per alium inchoatum quavis id inchoans nullo fuerit impedimento canonico impeditus, quodque a data presentium sit vobis et unicuique vestrum in premissis omnibus et eorum singulis, ceptis et non ceptis, presentibus et futuris perpetuata potestas et jurisdictio attributa ut in eo vigore eaque firmitate possitis in premissis omnibus, ceptis et non ceptis, presentibus et futuris et pro predictis procedere ac super predicta omnia et singula coram vobis cepta fuissent, et jurisdictio vestra et cujuslibet vestrum in predictis omnibus et singulis per citationem vel modum alium perpetuata legitimum extitisset, constitutione predicta super conservatoribus et aliqualibet in contrarium edita non obstante. Datum Avinion' VII idus Octobris pontificatus nostri anno quarto. - Nos igitur mandatis apostolicis ut tenemur parere volentes, ac de vestris circumspectione et industria plenius confidentes, ad

1. One day's journey.

pro(ced)endum, (cognoscendum), decernendum, pronunciandum,
diffiniendum et exercendum secundum formam dictarum litterarum
apostolicarum, necnon ad faciendum omnia et singula de quibus in
ipsis litteris apostolicis fit mentio, secundum qualitatem
contentorum in eis et cujuslibet de eisdem, vobis vices nostras
committimus cum cohercionis canonice potestate donec eas ad nos
duxerimus revocandas. Valete. Datum apud Welbek' IIII kalendas
Junii anno gracie M.CCC XX et pontificatus nostri tertio.

69 RECOMMENDATIO HOSPITALIS DE ALTO PASSU. To all clergy, secular and
regular, throughout the city, diocese and province of York. Letter
of recommendation for the authorised collectors of alms for the
hospital of Altopascio. Kirkby-in-Ashfield 11 June 1320.

70 (Fo.512; N.F.640) INDULGENCIA CONFERENTIBUS ELEMOSINAS FABRICE
ECCLESIE SANCTI LEONARDI DE TORKESAY LINC' DIOCESIS. To the
Archdeacon and clergy of Nottingham. Letter of recommendation for
Robert de Kekfeld' and Geoffrey de Blitheburgh, canons of St.
Leonard's priory at Torksey, who were authorised collectors on
behalf of the fabric and belfry of the church thereof. Valid for
one year. Under the archbishop's seal. Stretton 24 July 1320.

71 LITTERA PRO SIMILI SUBSIDIO UNIVERSITATIS OXON'. To Master John
de Insula, vicar-general of the Bishop of Durham. Letter of
recommendation for the authorised collectors on behalf of the
university of Oxford, at which the archbishop had himself studied.
Note of similar letters to the Bishop of Carlisle. Cawood 9 Aug.
1320.

Willelmus etc. discreto viro Magistro Johanni de Insula,
venerabilis fratris nostri domini L. Dei gracia Dunelm' episcopi
in spiritualibus vicario generali salutem cum benedictione et
gracia salvatoris. Negotia universitatis Oxon'. cujus ubera
suximus dum etas tenera nos regebat cupientes ex nature et
gratitudinis debito exposcente efficaciter promoveri, ea vobis
omni instancia qua sufficimus commendamus, vestram devotionem quam
dicte universitati non credimus alienam requirentes precordialiter
et rogantes vosque nihilominus in virtute sancte obediencie
exhortantes quatinus nuncios ad procuratores dicte universitatis
cum ad vos venerint pro caritatis subsidiis ad felicem expeditionem
universitatis ejusdem que vobis aperient oraculo vive vocis
petendis, ex affectu benivolo admittentes, eadem negotia velitis
favorabiliter pertractare et distincte facere exponi populo dicte
diocesis atque clero, ut vestris monitis salutaribus ac nunciis
devotis inducti de bonis sibi a Deo collatis ad dicta negotia grata
conferant subsidia caritatis. Et quicquid collectum fuerit pro
eisdem certo procuratori et nuncio universitatis ejusdem integre
et fideliter liberetur, ex quo nostro judicio grande comparabitis
vobis premium apud Deum et crescetis apud homines in honorem.
Datum apud Cawode V idus Augusti anno gracie M CCC XX et
pontificatus nostri tertio. Memorandum[1] quod eisdem die et loco
fuit consimilis littera destinata domino J. Karl' episcopo.

1. This sentence is added in the margin.

72 MANDATUM REGIUM AD FACIENDA BENEFICIA MAGISTRI ET FRATRUM HOSPITALIS SANCTI JOHANNIS JERUSALEM' TAXARI. To the Archdeacon of York, enclosing a royal mandate (given in full and dated Westminster 2 June 1320) ordering the taxation of the ecclesiastical possessions of the Hospitallers for the royal tenth, since the pope had not granted them exemption. The archdeacon[1] is ordered to execute this mandate in his archdeaconry, and to pay the money raised to the Archbishop of Canterbury and the Bishop of London, official collectors. Cawood 15/16 Aug. 1320.[2]

Note that similar letters were sent to the dean and chapter of York, the official of the archdeacon of Nottingham and Master Thomas de Sancto Leonardo, rector of Egmanton, in respect of the archdeaconry of Nottingham, the official of the archdeacon of York and Roger rector of the moiety of the church of Rotherham in respect of the archdeaconry of York, the Prior of St. Agatha's Easby in respect of the archdeaconry of Richmund, the sequestrators of the archdeaconry of East Riding and the provostship of Beverley in respect of their districts, the dean of Cleveland in respect of his deanery, the custodian of the spiritualities and the vicar of Felixkirk in respect of Allertonshire, the rector of North Cave and the Vicar of Eastrington in respect of Howdenshire, and the Prior of Drax in respect of Snaith.

Royal mandate printed: *Reg. Martival*, C. & Y. Soc. vol. LIX, pp.62-3.

1. Marginal note 'Executio ejusdem'.

2. *XVIII kalendas Septembris.*

73 CONTRARIUM MANDATUM REGIUM VIDELICET NE TAXANTUR BENEFICIA MAGISTRI ET FRATRUM SANCTI JOHANNIS JERUSALEM IN ANGLIA. Another royal mandate, revoking the previous one. Canterbury 17 June 1320.

Note that all persons mentioned in the previous letter were notified of this. Bishop Burton 1320 (exact date not given).

74 (Fo.512v) APPROBATIO REDDITIONIS COMPOTI EXECUTORUM TESTAMENTI BONE MEMORIE DOMINI OLIVERI QUONDAM LINCOLN' EPISCOPI DE BONIS INFRA PROVINCIAM ET JURISDICTIONEM EBOR' EXISTENTIBUS ET PER IPSOS INVENTIS. Inspeximus under the archbishop's seal of letters of Master Giles de Redemere and John de Scalleby, canons of Lincoln, his commissaries appointed to deal with the executors of the late Oliver Sutton, Bishop of Lincoln, concerning those of his possessions which lay in the jurisdiction and province of York. They reported that these amounted to four hundred and two pounds, four shillings and sevenpence farthing, and had been faithfully bestowed by Master Jocelyn de Kyrnington', one of the executors, who was thereupon discharged. Appointment of commissaries dated Fledborough 21 July 1320.

Letters of the commissaries sealed and dated Lincoln 29 Aug. 1320.

The archbishop's inspeximus dated Willerby 19 Oct. 1320.

Universis quorum interest pateat per presentes quod nos
Willelmus etc. quasdam litteras sigillis discretorum virorum
Magistri Egidii de Redemere ac domini Johannis de Scalby
ecclesie Linc' canonicorum nostrorum que secundum formam
commissionis cujus tenor infrascribitur commissariorum, signatas
inspexisse *(sic, recte* 'inspeximus') continentes infrascriptum
tenorem: – Universis pateat per presentes quod nos Egidius de
Redemere et Johannes de Scalby canonici Linc' reverendi patris
domini Willelmi Dei gracia Ebor' archiepiscopi Anglie primatis
commissarii ad audiendum ratiocinia administrationis executorum
testamenti bone memorie domini Oliveri Linc' episcopi in bonis que
idem dominus Oliverus in provincia Ebor' obtinuit dum vivebat
juxta formam commissionis dicti patris infrascripte specialiter
deputati, visis et exhibitis coram nobis testamento dicti
defuncti, inventario super bonis ejusdem confecto et ceteris
instrumentis testamentum tangentibus antedictum, ratiocinia
eorundem executorem nobis reddita per Magistrum Gocelinum de
Kirnyngton' unum de executoribus supradictis, ceteris
executoribus dicti testamenti qui administrarunt defunctis, vocatis
vocandis ac cessantibus causis, negotiis, articulis, querelis
quibuscumque ad partium instanciam quarumcumque audivimus
diligenter, comparimus quod post objectiones quas ex officio nostro
facere scivimus, bona dicta defuncti in provincia Ebor' reperta ad
quadringentas duas libras, quatuor solidos, septem denarios et
quadrantem se extendere sterlingorum, dictos etiam executores
prefatam pecunie summam in usus voluntati dicti defuncti consonos
prout per suum testamentum apparet fideliter convertisse, nichilque
de hujusmodi pecunia sive bonis in eorundem executorum manibus
remanere, unde nos commissarii antedicti ipsorum executorum
administrationem et ratiocinia laudantes et etiam approbantes, eos
in bonis prefati defuncti fideliter administrasse auctoritate
nobis tradita pronunciamus, dictum Magistrum Gocelinum et
executores ipsius ab onere administrationis in bonis pretactis et
ulteriori redditione ratiociniorum de eisdem finaliter exuentes,
liberantes et etiam absolventes. Sequitur commissio:- Willelmus
etc. discretis viris Magistro Egidio de Redemere ac domino Johanni
de Scalby, canonicis ecclesie Linc', salutem cum benedictione et
gracia salvatoris. De vestris fidelitate ac circumspectione
providis confidentes, ad audiendum et recipiendum compotum et
ratiocinium Magistri Gocelini de Kirnington' thesaurarii ecclesie
Linc' executoris testamenti bone memorie domini Oliveri quondam
Linc' episcopi ac coexecutorum suorum super administratione bonorum
ejusdem defuncti infra nostram jurisdictionem et diocesim
inventorum per ipsos, necnon ad allocandum ea eisdem executoribus
que rationabiliter fuerint allocanda, debitamque acquietanciam
faciendam, ac omnia alia et singula que ad auditionem ejusdem
compoti pertinent de consuetudine et de jure, necnon in omnibus et
singulis causis, negotiis, articulis et querelis sive ex officio
nostro sive ad partium instancias quarumcumque qualitercumque et
quandocumque motis ac movendis dictum testamentum ac administrationem bonorum de quibus supra fit mentio qualitercumque

contingentibus, ad cognoscendum, procedendum, determinendum, pronunciandum, diffiniendum et exercendum, et in eventu finalis discussionis, administrationis et terminationis premissorum ipsos executores ab onere administrationis et ulterioris redditionis ratiocinii hujusmodi finaliter exuendum, liberandum et absolvendum, quatenus in nos actet et in nobis est, vobis conjunctim et utrique vestrum divisim cum potestate cohercionis canonice committimus vices nostras. Valete. Datum apud Fledburgh' XII kalendas Augusti anno gracie millesimo XXX vicesimo et pontificatus nostri tertio. - In quarum omnium testimonium nos .. commissarii supradicti sigilla nostra presentibus apposuimus. Datum apud Linc' IIII kalendas Septembris anno domino supradicto. - Et nos Willelmus archiepiscopus antedictus factum dictorum commissariorum nostrorum quoad redditionem compoti seu ratiocinii memorati de bonis infra nostram jurisdictionem existentibus quatenus ad merum officium nostrum in hoc casu pertinere dinoscitur, si et quatenus juste, rite et recte processerant et fiebat (sic) et quatenus de jure nobis secundum premissorum qualitatem absque nostra causarum cognitione permittitur approbamus omni jure partium quarumcumque quas dictus processus qualitercumque contingit seu contingere poterit in omnibus et per omnia semper salvo quibus aut juri earum per presentes prejudicare non intendimus quoquomodo. In quarum inspectionis et approbationis nostrarum testimonium presentes sigilli nostri impressione mandavimus communiri. Datum apud Willardeby XIIII kalendas Novembris anno gracie millesimo CCC vicesimo et pontificatus nostri quarto.

75. PROHIBITIONES REGIS PRO BONIS QUONDAM TEMPLARIORUM. The king to the archbishop or his official-principal or their commissaries, forbidding them to hold in the ecclesiastical court a case brought by the Prior of the Hospitallers in England concerning the lay fee of Eleanor formerly wife of Henry de Percy in Wetherby, since this case belonged to the royal court. Westminster 28 Oct. 1320. Lang'.[1] Note[2] that the letter was received at Bishop Monkton 20 Nov. 1320.

   1. *Sic.* Possibly the name of the issuing clerk.

   2. Inserted later.

76 The like concerning a case between John de Moubray and the Prior of the Hospitallers concerning lands in Flaxflet' *(Flaxfleet)*, Wytheley *(Whitley)*, Suthcave *(South Cave)*, Alwarthorp' *(Alverthorpe)*, Growelthorp' *(Grewelthorpe)*, Flanflour *(Flanshaw)*, Couton' *(Cowton)* and Brampton. Westminster 28 Oct. 1320 Lang'. Received Bishopthorpe 24 Nov. 1320.

77 The like concerning a case between Thomas Earl of Lancaster and the Prior of the Hospitallers concerning lands in Temple Neusam *(Temple Newsom)*. Westminster 28 Oct. 1320. Hegh'. Received Bishopthorpe 4 Dec. 1320.

78 The like concerning a case between Roger de Clifford and the Prior of the Hospitallers concerning land in Temple Soureby *(Temple Sowerby)*. Shene 1 Nov. 1320. Hegh'. Received Bishopthorpe 8 Dec. 1320.

79 The like concerning a case between John de Crumbewell' and Idonia his wife and the Prior of the Hospitallers concerning land in Cysterfeld *(Chesterfield[1])*. Westminster 5 Nov. 1320. Bywell'. Received Cawood 23 Dec. 1320.

> 1. Probably a mistake, since Chesterfield is in the diocese of Lichfield.

80 The like concerning a case between Thomas Earl of Lancaster and the Prior of the Hospitallers concerning chattels and debts, unless this arose from testament or marriage-portion. Shene 8 Dec. 1320. Received by Master William de Skipton', Bishopthorpe 13 Feb. 1321.

81 The like concerning a case between Nicholas de Segrave and the Prior of the Hospitallers concerning lands in Temple Newsom. Windsor 12 Mar. 1321. No date of reception.

82 (Fo.513; N.F.641) CONDUCTIO PRO JOHANNE DE MAR' AD PARTES NOVI CASTRI SUPER TYNAM. Letters of safe-conduct and recommendation for John de Mar', the archbishop's harbinger in his journey to Newcastle upon Tyne. Under the archbishop's seal. Bishopthorpe 12 Jan. 1321.

Universis Christi, fidelibus ad quos presentes littere pervenerint, Willelmus etc. salutem in eo qui est omnium vera salus. Cum ad partes boreales videlicet apud Novum Castrum Super Tynam causa rei publice, videlicet pro negotiis arduis domini regis et regni Anglie, intendamus per Dei graciam dirigere gressus nostros, ac dilectum et fidelem valettum nostrum Johannem de Mar' pro hospitiis nostris itinerando et ibidem capiendis, ac fano, litera,[1] focalibus, avenis et aliis necessariis providenciis circa adventum nostrum et pro mora nostra inibi facienda destinemus, universitatem vestram vestrumque singulos requirimus affectuosius et rogamus quatinus cum predictus Johannes per vos transitum fecerit aut apud vos accessit ex causis predictis aut aliqua earundem velitis eidem impendere auxilium, consilium et favorem, non permittentes quantum in vobis est sibi inferri impedimentum seu molestiam aliquam aut gravamen. In cujus rei testimonium litteras nostras sibi fieri fecimus has patentes, sigilli nostri impressione pendente signatas. Valete. Datum apud Thorp' prope Ebor' II idus Januarii anno gracie M.CCC vicesimo et pontificatus nostri quarto.

> 1. Litter or bedding.

83 MAJORI VILLE NOVI CASTRI SUPER TYNAM PRO DICTO JOHANNE DE MAR' The archbishop to his very dear friend in Christ Richard de Emeldon', mayor of Newcastle upon Tyne, asking him to provide

suitable lodgings for the archbishop and his household, and to
give every assistance to John de Mar' in making arrangements for
the visit. Bishopthorpe 12 Jan. 1321.

Printed: J. Raine, *N.R.* p.308.

84 INDULGENCIA PRO CONFERENTIBUS ELIMOSINAM *(sic)* MONASTERIO
MONIALIUM SANCTI PATRICII DE LAMBELEY DUNELM' DIOCESIS.
Indulgence of twenty days to all contrite and confessed persons
contributing to the relief of the nunnery of St. Patrick,
Lambley, ravaged by the Scots. Under the archbishop's seal.
Cawood 28 May 1321.

Universis etc. Willelmus etc. salutem in sinceris
amplexibus salvatoris. Inter ceteras sollicitudines quibus ex
suscepti regiminis onere astringimur, illam cernimus quoque piam
quam religiose contemplationi deditis in hiis presertim
prospicimus que necessariam subventionem exigunt ut Deo quietum
et placidum exhibeant famulatum. Convertentes igitur intuitem
ad pauperes moniales monasterii Sancti Patricii de Lambeley
Dunelm' diocesis quarum monasterium cum libris et ornamentis
necnon et ceteris edificiis cum bonorum aliorum gravi dispendio
hostilis Scotorum intrusus consumpsit adeo quod pretextu tanti
disciminis ad ultimam quasi inopiam sunt redacte, eisdem in tam
miserabili depressione in compassionis visceribus subvenire
censuimus, ad relevationem comodam *(sic)* utinam placato
altissimo predictorum, universitatem vestram requirimus et
rogamus quatinus cum aliqua dictarum monialium vel earum nuncii
ad vos accesserint pro vestris elemosinis in suarum subsidium
colligendis, ipsos in mansuetudinis spiritu benigne admittatis,
ceteros Christi fideles suas eis conferre excitando. Nos autem
de omnipotentis Dei misericordia et gloriose Virginis Marie
matris sue, bonorum apostolorum Petri et Pauli necnon
sanctissimi confessoris Willelmi omniumque sanctorum meritis
confidentes, omnibus parochianis nostris et aliis quorum
diocesani hanc nostram indulgenciam ratam habuerint, de peccatis
suis vere contritis, penitentibus et confessis, qui ad
sustentationem seu relevationem dicti monasterii aut monialium
ibidem Deo servientium manus porrexerint adjutrices, aut in
extremis laborantes quotam partem bonorum suorum donaverint,
legaverint sive procuraverint monasterio prelibato, viginti
dies de injuncta sibi penitencia Deo propitio misericorditer
relaxamus. In cujus rei testimonium sigillum nostrum presentibus
est appensum. Datum apud Cawode V kalendas Junii anno gracie
M.CCC XXI et pontificatus nostri quarto.

85 PRO FRATRE RADULFO DE ROSTON' QUONDAM TEMPLARIO UT SIBI
SATISFIAT DE ORDINATA SIBI PORTIONE PER CONCILIUM PROVINCIALE.
The Archbishop to the Prior of the Hospitallers in England,
saying that he has heard with surprise and grief the news that
the said prior has disregarded two injunctions to pay to brother
Ralph de Roston', formerly a Templar, the annual pension of five
marks allotted to him by the provincial council, and ordering him
to pay the said pension and arrears without delay, on pain of

ecclesiastical censure, and to report back before the feast of the Nativity of St. John Baptist *(June 24)*. Cawood 6 June 1321.

86 EPISCOPO WYNT' PRO JOHANNE DE CLYFTON' UT CREAT EUM IN NOTARIUM PUBLICUM AD NOMINATIONEM DOMINI AUCTORITATE APOSTOLICA DICTO EPISCOPO INDULTA. To R. Bishop of Winchester, asking him to make John son of Thomas de Clifton' *(sic)* a notary-public, by the apostolic authority delegated to him in this matter. Cawood 25 June 1321.

87 LICENCIA AUDIENDI CONFESSIONES PRO DOMINA JOHANNA DE LACY. Licence to Joan de Lacy, countess of Lincoln and lady of Audley, to employ John chaplain of Melchbourne as confessor for herself and her household while she was staying in the diocese of York. York 7 Feb. 1322.

88 (Fo.513v) EPISCOPO WYNT' AD CREANDUM WILLELMUM PYDEFER' DE EBOR' IN NOTARIUM AD NOMINATIONEM DOMINI QUIA PRIMA NOMINATIO[1] NON HABUIT EFFECTUM SICUT TANTA ISTA LITTERA. To Rigaud Bishop of Winchester, asking him to make William Pedefer *(sic)* a notary public in place of John son of Thomas de Clyfton', who was reliably reported to have been a married man at the time of his appointment. Bishopthorpe 18 Nov. 1321.

    1. See No.86.

89 RESPONSIO WYNT' EPISCOPO DE DENARIIS SANCTI PETRI. To Rigaud Bishop of Winchester and papal nuncio, acknowledging his letter (given in full and dated London 14 Dec. 1321) asking for arrears of Peter's Pence due for the years 1314-21 inclusive to be paid before Candlemas *(2 Feb.)*. Melton replies that this shall be done, and he will see that his predecessor's debts, if any, shall be paid, but that the dean and chapter of York Minster have already paid and been quit-claimed. Cawood 24 Dec. 1321. (Date wrongly given as 23 Nov.)

    Quibus igitur litteris visis ac plenius intellectis de denariis beati Petri ecclesie Romane de tempore nostro debitis citra diem in dictis litteris vestris ad hoc assignatum vobis vel locum vestrum tenenti in domo decani Sancti Pauli London' satisfaciemus seu satisfieri faciemus ut convenit competenter. Pro tempore ultime vacationis ecclesie nostre beati Petri Ebor' per decanum et capitulum ejusdem de dictis denariis vobis totaliter est satisfactum prout per litteras suas acquietancias apparere poterit cuilibet intuenti. De tempore vero predecessoris nostri executores suos faciemus ea occasione celerius quo poterimus coram nobis evocari, et si aliqui denariorum dictorum inventi fuerint residui et non soluti ad vobis satisfaciendum de eis viis et modis licitis quibus poterimus inducere eosdem nullatenus omittemus. Conservet vos altissimus ad aecclesie sue regimen et munimen. Datum apud Cawode IX kalendas Decembris anno gracie millesimo CCC XXI et pontificatus nostri quinto.

90 BALLIVO DE CHIRCHEDON' AD SATISFACIENDUM DE DICTIS DENARIIS APUD LONDON'. Mandate to Nicholas Makerel, bailiff of Churchdown, to remit by way of Peter's Pence forty-six pounds sterling to Rigaud bishop of Winchester in London before Candlemas, and to get letters of quitclaim from the bishop or his proxy. He is also to send word, by the bearer, of news of the king and his magnates. Cawood 28 Dec. 1321.

91 ADQUIETANCIA DECANI ET CAPITULI ECCLESIE EBOR' DE DENARIIS BEATI PETRI. Quitclaim issued by William de Balseto, Archdeacon of Fréjus and papal nuncio, to the dean and chapter of York Minster for the sum of thirty-four pounds ten shillings, being Peter's Pence for the years 1314, 1315 and 1316. Under his seal. London 9 June 1317.

92 ALIA ACQUIETANCIA PRO EISDEM. Quitclaim issued by Alan, Abbot of St. Mary's York, and Hugh Merle, deputies of Rigaud de Asserio, papal nuncio, to the dean and chapter of York Minster for the sum of eleven pounds ten shillings, being Peter's Pence for the year 1317, paid in response to a letter addressed to the archbishop (given in full and dated London 10 May 1318) from the said nuncio. Under their seals. York 26 May 1318.

93 (Interleaved. N.F.642) (NO HEADING)
Writ of Edward II addressed to the archbishop, his official-principal or his commissaries, concerning a dispute in the archbishop's court over the church of Elkesley, between Master John Lambok of Nottingham, presented by the A. and C. of Welbeck, and Hugh Gernon, incumbent. John and Hugh had appealed to the Chancery against the imposition of a claim of forty shillings by the court for expenses. A writ of prohibition had been issued, but the King now declares that this need not prevent the archbishop from collecting his just dues. Chertsey 28 May 1325.

Edwardus etc. Willelmo etc. et ejus officiali ac eorum commissariis salutem. Ex parte Magistri Johannis Lambok de Notyngham nobis est ostensum quod cum ipse ad ecclesiam de Elkesleye vestre diocesis prefate Archiepiscope vacantem per religiosos viros ... Abbatem et Conventum de Welbek' veros patronos ejusdem presentatus existat, ac inter ipsum Johannem et Hugonem Gernon possessioni dicte ecclesie de facto incumbentem et eam occupatam detinentem, necnon admissioni et institutioni de eodem Johanne ad ecclesiam illam indebite se opponentem, placitum inde coram vobis in curia vestra, dicte archiepiscope, per aliquod tempus penderit et adhuc pendeat indecisum, et vos pro eo quod idem Hugo quasdam exceptiones contra prefatum Johannem in retardationem juris sui in hac parte quas in formis quibus proponebantur non admisistis, partem proponentem easdem in quadraginta solidis pro expensis circa defensionem earundem exceptionum factis taxatis et juratis condempnaveritis, quidam ex parte ipsius Hugonis executionem condempnationis illius impedire machinantes suggerentesque in cancellaria nostra placitum esse jure, ipsos Johannem et Hugonem coram vobis in

curia Christianitatis de catallis et debitis que non sunt de testimonio vel matrimonio quamdam prohibitionem nostram inde in eadem
cancellaria impetrarunt, et vobis eam porrigi procurarunt, quo
pretextu vos executioni condempnationis predicte quoad expensas
illas faciende hucusque supersedistis, in ipsius Johannis dispen-
dium non modicum et gravamen. Et quia nolumus cognitionem que ad
forum ecclesiasticum in hac parte pertinet per hujusmodi prohibitionem nostram impediri, vobis significamus quod in executione
condempnationis illius quoad expensas supradictas que est accessoria
ad principale in eadem curia facere poteritis quod ad forum ecclesiasticum noveritis pertinere dicta prohibitione nostra non obstante.
Teste meipso apud Certeseye XXVIII die Maii anno regni nostri XVIII.

94 (Fo.514; N.F.642) ACQUIETANCIA DE DENARIIS SANCTI PETRI PRO
DOMINO ARCHIEPISCOPO.[1] Letters patent of Gerald de Assericio[2]
Prior of Peyrusse *(Petrucia)* in the diocese of Rodez, collector
on behalf of Rigaud de Asserio, appointed by letters of the said
Rigaud (given in full and dated Dover 18 Jan. 1322) acknowledging
the receipt from the archbishop by the hand of Nicholas de Hugate
provost of Beverley, of forty-six pounds sterling, being Peter's
Pence for the years 1314-21 inclusive. Under Rigaud's seal as
papal nuncio. London 22 Jan. 1322.[3]

> 1. Marginal note in a later hand 'summa debita pape pro
>   denariis Sancti Petri'.
>
> 2. Later in the document called 'de Asserio'.
>
> 3. The following document, a bull of John XXII concerning a
>   loan made to Edward II, is marked 'vacat quia registratur
>   intrinseca camere'.

95 UT CELEBRETUR FESTUM DE CORPORE CHRISTI DE NOVO ORDINATUM QUINTA
FERIA POST OCTABAS PENTECOSTIS. The archbishop to the dean and
chapter of York Minster, ordering them to ensure that the feast
of Corpus Christi be duly celebrated throughout their jurisdiction
on the Thursday after the octave of Whitsun, and to certify by
letters patent before the Nativity of St. John Baptist *(24 June)*.
Bishopthorpe 3 June 1322.

Note of similar letters to the official-principal of York. Same
place and date.

> Printed: J.A. Brown, *History of the Metropolitan Church of
> St. Peter, York* (London 1847), pp.121-2.

96 (NO HEADING) Bull of John XXII to the Archbishops of Canterbury
and York and to Roger Bishop-elect of Lichfield and Coventry,
issued at the King's request, ordering them to pronounce null and
void all oaths of conspiracy sworn against the elder and younger
Despencers. Avignon 5 May 1322.

> Printed: Rymer, *Foedera II*, p.484.

97 (Fo.514v) CASUS IN QUIBUS HABET LOCUM REGIA PROHIBITIO ET IN
QUIBUS NON. Letters patent of Edward II containing a list of

cases, defined in the Lincoln parliament of 1316, in which the King had or had not the right of prohibition. York 24 Nov. 1316.

Printed: Wilkins, *Concilia II*, pp.460-2.

98 (Fo.515; N.F.644) LITTERA CREDENCIE DOMINO PAPE DIRECTA. To John XXII from the archbishop, who is having trouble with the Scottish invasions. Testimonial for Master John de Stretford', archdeacon of Lincoln, who is going to Avignon on the archbishop's business. Bishopthorpe 18 Jul. 1322.

Sanctissimo etc. W. etc. cum recommendatione suplici *(sic)* ac subjectione omnimoda devotissima pedum oscula beatorum. Pudet, pater sanctissime, me vestrum servulum et creaturam meis precibus aures circumstrepere tanti patris, verum mansuetudinis suavitas columbine vobis procul dubio desuper inspirata, que me ad gradum honorificum dudum provexerat et vestri gracia constituit in honorem intrepidam mihi fiduciam intrinsecus subministrat in adversis mihi et ecclesie Ebor' mee imbecillitati commisse multipliciter occurrentibus et pressuris vestrum pium suffragium invocandi. Hinc est, pater sanctissime, quod licet tempora solito duriora me suis pungant aculeis nimis dire, invasio tamen Scotorum qui partes Anglie boreales in quibus me prefecistis vestre ministrum sanctitatis miserabiliter consumpsit ac indies consumere non desistit, et presertim magnam partem Archidiaconatus Rych' nimis excessive, quod plaunctu *(sic)* lamentabili graviter ingemisco, ecclesiastica pleraque edificia, villas et maneria reducens immaniter in cinerem et favillam. Vestram igitur sanctitatem gemibus provolutis humilime *(sic)* deprecor et exoro quatinus mee ariditatis indigenciam solita graciarum munificentia dignetur eadem vestra sanctitas irrigare, Magistro Johanni de Stretford', viro utique provido et discreto, Linc' ecclesie archidiacono, qui pro meis et ecclesie mee indigenciis vestre pie paternitati brevius intimandis necnon pro aliquibus graciis de vestre pietatis exuberantia mihi creature vestre humilime *(sic)* petendis vestre insigna presencie accedit, eminus, pie pater, aures audiencie beatissimas si placet mellitus inclinantes ut per intuitum vestre sanctitatis mei de sacrosancto sinu vestro prodientis imbecillitas debite creata pro statu vestro universalis ecclesie dispositonem fortiter amplexante ejus magestati *(sic)* qui supereminet universis non cesset fundere juges preces ad exaltationem et decorem ecclesie sue, sancte prosperitatis et gaudii habundanciam. In altissimo vobis pariant dies laeti. Datum apud Thorp' juxta Ebor' XV kalendas Augusti anno domini M.CCC vicesimo secundo.

99 DOMINO CARDINALI AD ASSISTENDUM AMBASSATORI *(sic)* DOMINI. The archbishop to Peter, Cardinal-bishop of Palestrina, asking his help and protection for Master John de Stretford'. Bishopthorpe 18 July 1322.

100 COMMISSIO GARDIANO FRATRUM MINORUM STAFFORD' AD ABSOLVENDUM EXCOMMUNICATUM. Commission to the guardian of the Franciscans of Stafford to absolve David de Pulesdon' from a sentence of excommunication incurred by a violent attack on the Franciscans' house there. Bishopthorpe 3 Nov. 1322.

101 (Fo.515v) PREFECTIO ROGERI DE NASSINGTON' CLERICI IN NOTARIUM PUBLICUM. Appointment of Roger, son of Richard de Nassyngton' clerk, of the diocese of Lincoln, as notary-public, at the request of the King, and with investiture by parchment, pen-case *(calamarium)* and pen. Witnessed and sealed by Richard de Snoweshull', notary-public. Bishopthorpe 22 Nov. 1322.

102 COMMISSIO AD AUDIENDUM COMPOTUM EXECUTORUM TESTAMENTI DOMINI JOHANNIS NUPER EPISCOPI LINCOLN' SUPER ADMINISTRATIONE EORUNDEM IN BONIS EXISTENTIBUS ET INFRA DIOCESEM. Commission to Master Giles de Redemere canon of Lincoln to receive the accounts of Master John de Stretford', Archdeacon of Lincoln, & Thomas de Luda, Treasurer of Lincoln, executors of the late John (Dalderby) Bishop of Lincoln, for property in the diocese of York. Cawood 18 Feb. 1323.

103 EXECUTIO AUCTORITATE APOSTOLICA CONTRA OCCUPANTES ET DETRAHENTES JURA SIVE BONA AD PREBENDAM DE SUTTON' IN ECCLESIA LINC' SPECTANTIA, QUAM PREBENDA EST DOMINI NEOPOL' DIACONI CARDINALIS. The archbishop as papal judge-delegate, together with the Abbot of St. Blaise in Cantusgunto in Rome and the dean of Lincoln, to the Abbot of Biddlesden and the Priors of Bicester and Wroxton. Mandate to excommunicate, solemnly and publicly, all those, both clerical and lay, who were infringing the rights, and destroying or usurping the goods, of Napoleon Orsini, Cardinal-deacon of St. Adrian, prebendary of Sutton-cum-Buckingham, in the prebendal church of Sutton and the chapels of Buckingham, Horley and Horton. A report was to be made of the names of all persons implicated, by letters patent. Cawood 28 Feb. 1323.

Permissione divina Ebor' archiepiscopus Anglie primas, venerabilis in Christo patris et domini, domini Neapolionis Sancti Adriani diaconi cardinalis contra quasdamque personas ecclesiasticas et seculares dicto domino cardinali super dignitatibus, personatibus, canonicatibus et prebendis, ecclesiis et aliis ecclesiasticis beneficiis que idem dominus cardinalis in regno Anglie vel alibi extra regnum Francie obtinet, aut rebus ad ipsos spectantibus, injuriam, molestiam seu jacturam qualitercumque inferentes conservator et judex, una cum religioso viro .. abbate monasterii Sancti Blasii in Cantusegunto de Urbe, ac discreto viro decano ecclesie Linc', cum illa clausula *quatinus vos vel duo aut unus vestrum* etc. a sede apostolica deputatus religiosis viris .. abbati de Biclisden' ordinis Cist', prioribus de Burncestr' et de Wrokeston' Linc' diocesis salutem, et mandatis apostolicis firmiter obedire. Querelam procuratoris predicti domini cardinalis recepimus continentem, quam etiam tenor mandati apostolici nobis in hac parte directi explicat evidentem, quod

nonnulli iniquitatis filii tam clerici quam laici contra statum,
jura et libertates ecclesie prebendalis de Sutthone ejusdem
domini cardinalis quam in ecclesia Linc' obtinere dinoscitur,
et capellarum de Bukyngham, Hornle et Horton' eidem annexarum et
antiquam possessionem quem habuit in eisdem indebite mollientes
decimas garbarum, bladi, feni, molendinorum, pasturarum infra
parochiam dicte sue ecclesie prebendalis et capellarum
predictarum provenientes, necnon census, prestationes, res,
redditus, fructus et proventus non modicos, terras, possessiones
et jura ad easdem ecclesias et capellas et ipsum dominum
cardinalem nomine earundem pertinentes et pertinentia, queque ad
cantarias, luminaria et alia pia et divina obsequia in eisdem
exhibenda devotione fidelium fuerunt collata, quod dolenter
referimus, graviter usurparunt et contra justiciam occuparunt,
asportarunt et detinuerunt, pasturam, prata, blada, decimas et
herbas pecoribus ad hoc imiscis calcarunt, depascebant et
callide consumpserunt, jurisdictionem etiam ecclesiasticam quam
in personis clericorum et secularium obtinet infra prebendam et
capellas memoratas quominus excerceri valeat libere per
officialem ejusdem ac quominus ministrare de fructibus, bonis,
rebus ac officiis ad easdem spectantibus prout justum fuerit
disponere per mines graves, terrores et injurias multipliciter
impedierunt ac etiam in presenti usurpant, detinent, occupant,
consumant et impediunt. Nolentes igitur tante presumptionis
audaciam conniventibus oculis pertransire, sed potius mandatum
apostolicum nobis in hac parte directum reverenter exequi ut
tenemur, auctoritate qua in hac parte fungimur quam vobis
mittimus, inspiciendum illicoque per latorem presentium
remittendum vobis conjunctim et divisim mandamus firmiter
injungentes sub excommunicationis pena quatinus omnes et
singulos occupatores, presumptores et injuriatores supradictos,
necnon eorundem consiliarios, fautores et complices universos
quos constat ex hiis et eorum quolibet suo jure maliciose
privare presumpsisse, ac per maliciam libertates earundem
infrigisse ac perturbare contendisse, in excommunicationis
majoris sentenciam si et quatenus a sanctis patribus lata
fuerit in hoc casu incidisse et excommunicatos esse, per dies
dominicos et festivos publice et solempniter intra missarum
solempnia, pulsatis campanis, candelis accensis et in terram
extinctis et cruce erecta, locis et horis quibus per partem
prefati domini cardinalis aut procuratoris seu vicarii ejusdem
fueritis requisiti, assumptis vobiscum si videatur expedire
duodecim rectoribus, vicariis et capellanis vicinis, in
genere nuncietis et nunciari faciatis. De nominibus etiam
sepedictorum presumptorum, occupatorum et injuriatorum
diligenter inquiratis, et super hiis que feceritis et
inveneritis in hac parte ac de nominibus culpabilium in
premissis nos aut alterum de collegis nostris predictis cum
partem predictam *(sic, perhaps for* 'a parte predicta'*)* congrue
fueritis requisiti certificetis distincte et aperte seu
certificet alter vestrum per vestras litteras patentes harum
et facti vestri seriem per omnia continentes. Datum apud

Cawode II kalendas Martii anno gracie millesimo CCC vicesimo secundo et pontificatus nostri sexto.

104 CREATIO MAGISTRI JOHANNIS DE NORTON' IN NOTARIUM PUBLICUM. Note of the appointment of Master John de Norton as a notary-public, at the request of the Bishop of Durham, in the same form as that of Roger de Nassington'. Bishopthorpe 22 Oct. 1323.

(See No.101.)

105 (Fo.516; N.F.645) COMMISSIO AUCTORITATE APOSTOLICA IN CAUSA MATRIMONII INTER CHRISTIANAM DE KYNES PROVINCIE CANTUAR' ET JOHANNEM DICTUM BARBA. The archbishop, as judge-delegate of John XXII (in a letter given in full and dated Avignon 30 Apr. 1321) in the matrimonial case between Christina de Keynes and John called Beard, delegates his powers in the matter to Master Denis Avenel, official-principal, and Richard de Cestr', canon of York Minster. Bishop Wilton 24 Sept. 1322.

Willelmus etc. inter partes infrascriptas sub conditione et forma inferius contentis judex unicus a sede apostolica delegatus, dilectis filiis Magistris Dionisio Avenel officiali curie nostre Ebor' et Ricardo de Cestr' canonico ecclesie nostre Ebor' salutem et mandatis apostolicis firmiter obedire. Litteras sanctissimi etc. J. etc. recepimus in hec verba:- Johannes etc. Sua nobis Cristiana de Keynes mulier Lincoln' diocesis petitione monstravit quod cum inter ipsam et Johannem dictum Barba laicum ejusdem diocesis de Cantuar' provincia existentes coram venerabili fratre nostro .. archiepiscopo Cantuar' auctoritate sue legationis matrimonii questio verteretur, dictus .. archiepiscopus licet aliquamdiu in causa hujusmodi processisset, eandem tamen tenens diutius in suspenso in ea ulterius procedere non curavit, anno et amplius jam elapso, in ipsius mulieris prejudicium et gravamen, quamquam per eam non steterit, a qua fuit super hoc pluries legitimis temporibus humiliter requisitus. Finem igitur litibus cupientes imponi eidem .. archiepiscopo per alias nostras litteras in mandatis ut si est ita infra tres menses post receptionem earum in causa ipsa previa ratione procedat. Quocirca fraternitati tue per apostolica scripta mandamus quatinus si dictus .. archiepiscopus hujusmodi mandatum nostrum infra prescriptum tempus neglexerit adimplere, tu ex tunc legitimo coram eodem .. archiepiscopo in causa hujusmodi habito servato processu causam eandem audias, et appellatione remota debito fine decidas, faciens quod decreveris per censuram ecclesiasticam firmiter observari. Datum Avinion' II kalendas Maii pontificatus nostri anno quinto. - Quarum auctoritate litterarum quas vobis mittimus inspiciendes, de vestris circumspectione et industria plenius confidentes, ad cognoscendum, procedendum juxta formam litterarum de quibus premittitur, statuendum, diffiniendum et exequendum in questione seu causa predicta inter partes suprascriptas, si prout et quatenus jurisdictio et cognitio auctoritate predicta nobis est attributa, vobis et cuilibet vestrum insolidum, ita tamen ut quod unus vestrum inchoavit alius valeat terminare, vices nostras conjunctim et divisim committimus

cum cohercionis canonice potestate. Valete. Datum apud Wylton'
VIII kalendas Octobris anno gracie millesimo CCC vicesimo
secundo et pontificatus nostri quinto.

106 LITTERA DIRECTA PRESIDENTIBUS AC CETERIS PRIORIBUS ORDINIS SANCTI
AUGUSTINI UT UTANTUR OMNES UNICO USU AC UNA OBSERVANCIA REGULARI.
The archbiship to the heads of the general chapters, heads of
houses or their proctors in the Augustinian order, throughout the
diocese and province of York, instructing them to follow one
standard rule and set of customs, and to report to him within two
months the steps which they had taken to ensure that this was
done. Cawood 10 Apr. 1323.

> Printed: J. Raine, *Priory of Hexham* vol.I app.LXIX (Surtees
> Soc.).

107 INTERDICTIO ET REVOCATIO OFFICII NOTARII IN MAGISTRO JOHANNI
BUSSH' SACRISTE CAPELLE EBOR'. The archbishop to Master John
Bussh', sacristan of the chapel of St. Mary and the Holy Angels,
York, depriving him of the office of notary-public, since he was
in holy orders and sufficiently provided with a benefice under
the decree *Sicut te recepimus*, and invalidating all instruments
which he should henceforth draw up, except for those relating to
the King's business. Under his seal. Bishopthorpe 10 Apr. 1324.

108 DICTO MAGISTRO JOHANNI AD DELIBERANDUM SUPER NEGOTIO INTER
DOMINUM NOSTRUM ET IPSUM INITO.[1] To the same, saying that since
the business between them depended upon a constitution of
Ottobono, formerly papal legate, the archbishop thought that
both parties should have a further period of deliberation.
Bishopthorpe 10 Apr. 1324.

> Willelmus etc. Magistro Johanni Bussh' etc. ut supra.
> Litteras vestras recepimus inter cetera continentes quod quoad
> materiam inter nos alias tactam motivistis occasione cujusdam
> constitutionis domini Ottoboni sedis apostolice legati dudum
> in Anglia missi, que videbatur nostris in hac parte intentionibus
> obviare, nos nolentes cum scrupulo consciencie seu in vestri
> prejudicium aliquid attemptare in vestram deducimus ....[2]
> quod antequam ulterius in ipso negotio procedamus volumus
> deliberare qualiter dictum negotium absque nostri ac vestri
> prejudicio poterit expediri. Et super hoc vobis etiam
> deliberare expedit nec sit in tuto si fieri debeat et poterit
> ad effectum deducatur negotium prelibatum. Valete. Datum die
> et loco proxime supradictis.

> 1. The edge of the folio is much worn and some words are
>   illegible except under ultra-violet light.

> 2. Interlined and illegible.

109 (Fo.516v) OFFICIALI AD CITANDUM CLERUM PRO CONCILIO GENERALI
CELEBRANDO. Mandate to the official-principal to summon the
clergy of the diocese and province to a general council to be

held in York Minster on 4 May and the following days. Marginal note to the effect that this council was to consider the maintenance of former Templars, by apostolic authority. Bishopthorpe 4 Apr. 1324.

110 DECANO ET CAPITULO SUPER EODEM. Similar mandate to the dean and chapter of York Minster. Same place and day.

111 EPISCOPO DUNELM' SUPER EODEM. Similar mandate to the Bishop of Durham. Same place and day.

112 EPISCOPO KARL' SUPER EODEM. Similar mandate to the Bishop of Carlisle. Same place and day.

113 EPISCOPO CANDIDIC' SUPER EODEM CUM PROTESTATIONE. Similar mandate to T. Bishop of Whithorn, with the provision that if the said bishop had incurred sentence of excommunication by support of Robert Bruce, which the archbishop believed not to be the case, this mandate was not to be taken as a personal communication from the archbishop, but simply as a means to preserve the rights of the church of York. Same place and date.

W etc. venerabili fratri domino T. Dei gracia episcopo Candidicase, quem domino Roberto de Brus cum suis complicibus, auctoribus, fautoribus, valitoribus seu qualitercumque adherentibus auctoritate sedis apostolice sentenciam excommunicationis majoris propter suas contumacias, offensas et contemptus, ad instanciam ejusdem sedis communiter notorie involuto, non credimus adhesisse, nec unquam ad nostram pervenit noticiam quod predicto Roberto adhesit seu eidem consensit in hiis propter quod dictam incurrit sentenciam, salutem, et fraterne caritatis continue incrementum. *(The mandate follows.)* Protestamur insuper palam et publice in hiis scriptis quod si vos frater predicte sentenciam excommunicationis predicte occasione communionis inter vos et dictum dominum Robertum habite seu inite quovismodo dampnabiliter incurristis, non intendimus per presentem scripturam seu alio modo vobiscum communicare, sed presens mandatum nostrum ad conservationem juris nostri et ecclesie nostre Ebor' et non aliter vobis dirigimus in hoc casu quod palam ut prius in hiis scriptis et publice protestamur. Datum ut supra.

114 PRIORI DE HEXT' SUPER EODEM. Similar mandate to the Prior of Hexham. Same place and day.

115 CITATIO PRIORIS ET FRATRUM HOSPITALIS SANCTI JOHANNIS JERUSALEM' IN ANGLIA NECNON FRATRES ORDINIS TEMPLI QUOD INTERSINT CONCILIO. To the official-principal or his commissary. Mandate to cite, in accordance with instructions sent in a bull of John XXII (not quoted) the Prior and brethren of the Hospitallers in England, to whom Clement V had given the possessions of the Templars, and also any former Templars to be found in the diocese and province of York, to attend a council to be held in York Minster on 4 May 1324.

He was to certify by letters patent that he had done this. Bishopthorpe 4 Apr. 1324.

Willelmus etc. dilecto filio officiali etc. vel ejus commissario generali etc. Litteras sanctissimi in Christo patris et domini nostri domini Johannis divina providencia pape XXII vera bulla plumbea cum filo canapis pendente modo curie Romane bullatas, non cancellatas, non rasas, non abolitas nec in aliqua sui parte corruptas seu vitiatas, de quibus nobis constat ad plenum, cum ea quam decuit reverencia recepimus ut est justum. Quarum auctoritate litterarum vobis committimus et mandamus quod priorem et fratres domus hospitalis Sancti Johannis Jerusalem in Anglia quibus sanctissimus in Christo pater dominus Clemens dudum papa V omnia bona mobilia et immobilia ordinis quondam Templi et fratrum dudum ejusdem donavit, incorporavit, annexit et univit, citetis seu citari faciatis peremptorie quod compareant coram nobis in concilio nostro provinciali in ecclesia nostra Beati Petri Ebor' die veneris videlicet IIII die mensis Maii proxime futuro celebrando, ordinationem nostram secundum formam mandati apostolici ac juxta concilii nostri ordinationem tunc inibi pro sustentatione dictorum fratrum quondam Templi favente domino debite facienda, visuri, audituri ac ipsam nostram ordinationem quantum ad eos pertinet recepturi, ulteriusque facturi in premissis et circa ea prout ad eos dinoscitur pertinere, quod dictarum litterarum apostolicarum tenor et effectus exigunt et requirunt. Premuniatis etiam et citetis seu citari faciatis peremptorie fratres quondam ordinis Templi predicti quotquot in nostris diocese et provincia fuerint commorantes, quod compareant coram nobis dictis die et loco, ordinationem predictam ac etiam alia si que in dicto concilio nostro (*illeg.*) de ipsis et eorum statu juxta vim, formam et effectum litterarum apostolicarum de quibus predicitur expedienda, visuri, audituri et quantum ad eos pertinet habituri, admissuri, facturi ulterius in premissis et circa ea quod ipsorum qualitas exigit et natura ac dictarum effectus postulat litterarum. Et de omni eo quod in premissis et circa ea feceritis ac qualiter presens mandatum nostrum fueritis executi, qualeque responsum de dictis priore et fratribus habueritis, nos dictis die et loco certificetis distincte et aperte per vestras patentes litteras harum seriem continentes. Valete. Datum apud Thorp' prope Ebor' II nonas Aprilis anno gracie M.CCC XXIIII et pontificatus nostri VII.

116 CERTIFICATORIUM SUPER CITATIONE FACTA. Certificate from the official-principal that the above citation had been duly issued. York 2 May 1324.

117 (Interleaved. Fo.646) (NO HEADING.) From Walter, Archbishop of Canterbury, to Archbishop Melton, asking him to look favourably upon the request of the Hospitallers to be allowed to appropriate the church of Normanton to their *mensa*, and also upon the request of William Graas, rector of the mediety of Laughton-en-le-Morthen, for one or two years' leave of

absence for study.[1] Mortlake 11 July 1324. Note that the letter was received from the hands of Sir John Graas, knight, at Bishop Monkton 6 Aug. 1324.[2]

Printed: J. Raine, *N.R.* p.326.

1. Endorsed 'Venerabili in Christo patri domino W. Dei gracia Ebor' archiepiscopo. Per archiepiscopum Cantuar' '.

2. In another hand 'Snowshill'.

118 (Interleaved. Fo.647) (NO HEADING.) From the same to the same, asking for details of the Scottish invasions. Lesnes Abbey 6 Dec. (year not given).

Venerabili in Christo patri domino W.Dei gracia Ebor' Archiepiscopo Anglie primati, Walterus ejusdem permissione Cantuar' Archiepiscopus totius Anglie primas salutem et fraternam in Domino caritatem. Apud vestram paternitatem modum adventus ad partes vestras Scotorum modumque apud vos gestus eorundem, quidque inter vos actum fuerit et quem exitum exibebit eorum adventus, funditus vobis notum esse recognoscimus. Quapropter vestram sinceram paternitatem affectuose requirimus et rogamus quatinus ad alleviationem mentis nostre cura premissa anxiam de hiis que contigerant in ea parte necnon et de exitu sperato eorundem, nos si libeat per vestras litteras plenius dignemini reddere certiores. Nos enim de hiis que apud nos contingunt consimiliter vicissitudinis gratitudine cum vobis placuerit rependere sumus parati, ac consimilia vobis facere vel majora, que ad vestrum beneplacitum cedere speraremus et honorem. In mentis et corporis prosperitate et salute altissimus vos conservet. Datum in abbathia de Lesnes, VIII idus Decembris.[1]

1. Endorsed 'Venerabili in Christo patri domino W Dei gracia Ebor' Archiepiscopo Anglie primati. Per Archiepiscopum Cantuarie'.

119 (Fo.517; N.F.648) PRO MAGISTRIS ET SCOLARIBUS UNIVERSITATIS OXON' VIDELICET QUOD DOMINUS SUSCIPIT EOS ET EORUM BONA SUB PROTECTIONE SUA. The archbishop to the masters and scholars of Oxford, agreeing to their request that he should take them under his protection, and promising to enforce in his dioceses sentences of suspension and excommunication upon offending clerks who have fled thither, and to sequestrate benefices which they have, and prevent them from acquiring others until they make proper amends for their misdeeds. He will ask the Bishops of Durham, Carlisle and Whithorn to do likewise. The archbishop's house, "London near Westminster", 5 Mar. 1323.

Printed: J. Raine, *N.R.* p.346 note.

120 OFFICIALI .. EPISCOPI DUNLEM' AD CITANDUM AGNETEM FILIAM RANULPHI AUCTORITATE APOSTOLICA. The archbishop, as papal judge-delegate, to the official-principal of Durham. Mandate to cite Agnes daughter of Ranulph called Le Taillour to appear in York Minster on 12 July to answer in a matrimonial dispute against Robert de Colewell' clerk. A bull of John XXII (given in full and dated at Avignon 3 Oct. 1323) says that an earlier attempt to settle the case in the diocese of Durham had failed and that Robert had appealed to the pope, since he was afraid of the power of the said Agnes. A report of the execution of this mandate was to be made by letters patent. Hunmanby 17 June 1324.

Willelmus etc. ad infrascripta a sede apostolica delegatus domini Dunolm' episcopi .... officiali salutem, graciam et benedictionem. Litteras apostolicas recepimus in hec verba:- Johannes etc. venerabili etc. Sua nobis Robertus de Colewell' clericus in minoribus ordinibus constitutus Dunolm' diocesis petitione monstravit quod cum Agnes filia Ranulphi dicti Le Taillour laici dicte diocesis falso asserens quod dictus clericus matrimonium cum ea contraxerat per verba legitime de presenti, ipsum super hoc petendo, eum sibi adjudicari in virum, coram Nicholao de Stocton' et Waltero dicto de Houghton' de Novo Castro presbiteris dicte diocesis, quibus Magister Ricardus de Cotes officialis deputatus per venerabilem fratrem nostrum episcopum et dilectos filios capitulum Dunolm' in archidiaconatu Northumbri' in ecclesia Dunolm' tunc et nunc carente archidiacono, ad quem siquidem archidiaconum Dunolm' de antiqua et approbata et hactenus pacifice observata consuetudine hujusmodi causarum cognitio in eodem archidiaconatu ubi partes ipse consistunt pertinet, ad quos quidem episcopum et capitulum deputatio hujusmodi cum dictus archidiaconatus caret archidiacono de premissa consuetudine communiter pertinet causam hujusmodi non ex delegatione apostolica audiendam commiserat et fine debito terminandam traxisset in causam, iidem presbiteri perperam in causa hujusmodi procedentes, diffinitivam contra dictum clericum sentenciam promulgarunt iniquam, a qua ipse ad sedem apostolicam appellavit. Cum autem dictus clericus propter potenciam dicte Agnetis ut asserit presenciam dicti episcopi cui esset in hoc casu scribendum tute adire non possit fraternitati tue per apostolica scripta mandamus quatinus de sentencia ipsa cognoscans legitime quod canonicum fuerit appellatione remota decrevas, faciens quod decreveritis per censuram ecclesiasticam firmiter observari. Datum Avinion' V nonas Octobris pontificatus nostri anno VIII. - Quarum auctoritate litterarum apostolicarum, factis nobis fide per proprium juratis predicti Roberti de Colewell' de perhorretencia de qua inibi fit mentio vobis firmiter injungendo mandamus in virtute obediencie qua sacrosancte sedi apostlice tenemini quatinus citetis seu citari faciatis peremptorie dictam Agnetem filiam Ranulphi dicti Le Taillour quod compareat coram nobis vel nostris subdelegatis uno vel pluribus in ecclesia nostra Beati Petri Ebor' XII die mensis Julii si sit dies juridicus alioquin proximo die juridico proxime tunc sequente in dicte appellationis causa secundum vim, formam et effectum dictarum litterarum apostolicarum processura, factura ulterius et receptura quod justicia suadebit. Et certificetis nos, subdelegatum seu subdelegatos nostros plures

ac unum super presentis executione mandati ad dictos diem et
locum distincte et aperte per vestras patentes litteras harum
seriem continentes. Valete. Datum apud Hundmanby XV Kalendas
Julii anno gracie M CCC XXIIII et pontificatus nostri septimo.

1121 COMMISSIO SUPER CONTENTIS IN DICTIS LITTERIS APOSTOLICIS.
Commission to the Official of York and Master Robert de
Ripplingham chancellor and Walter de Jarwell' canon of York to
act for the archbishop in the above case. Selby 11 July 1324.

1122 PRO LANIS DOMINI CARIENDIS ET VENDENDIS. The archbishop to John
de Mar', gentleman of his household *(domicello nostro)*, ordering
him by no means to cross the sea unless the passage were
pronounced safe. Otherwise he was to sell the archbishop's wool
to Godescalk', with whom the archbishop will make a provisional
arrangement at Bishop Burton on 27 Aug. Ripon 14 Aug. 1324.

    Printed: J. Raine, *N.R.* p.328.

123 PREFECTIO MAGISTRI ALANI DE SETRINGTON' IN NOTARIUM PUBLICUM
AUCTORITATE APOSTOLICA. Appointment of Master Alan de Setrington'
as a notary-public, in virtue of papal letters in similar form to
those granted on behalf of Roger de Nassington'.[1] Notarial
instrument drawn up and attested by Master John de Thoresby,
notary-public, and witnessed by Masters John de Nassington', Adam
de Haselbech', Richard de Snoweshull' notary-public and Richard
de Melton', clerks of the archbishop's household. Bishopthorpe
18 Mar. 1324.

    1. See no.101.

124 (Fo.517v) LITTERA AD LEVANDUM SINGULOS QUADRANTES DE SINGULIS
MARCIS PRO PROCURATIONE QUORUNDAM LEGATORUM SEDIS APOSTOLICE IN
ANGLIA. The Archbishop to the official-principal or his
commissary, enclosing letters (given in full under their seals and
dated London 20 Nov. 1324) from William Archbishop of Vienne and
Hugh Bishop of Orange, papal legates to the Kings of France and
England. These in turn enclose a bull of John XXII (given in full
and dated Avignon 30 Aug. 1323) empowering them to raise
procurations at the rate of fourteen golden florins daily for the
archbishop and ten for the bishop. They ask the archbishop to
raise these in the province of York at the rate of one farthing
in the mark on ecclesiastical goods, and to pay them to the
legates' commissary, the Prior of St Mary's, Southwark, within
six days after the feast of St Hilary *(13 Jan.)*. Melton orders
the official-principal to raise the money, certifying by letters
patent before the feast of St Hilary that he has done so, and to
hand it over to Sir Richard de Grimeston' the official receiver
before the said day. Bishopthorpe 13 Dec. 1324.

Note of similar letters to the dean and chapter of York Minster.
Same place and date.

125 CERTIFICATORIUM SUPER COLLECTIONE DICTORUM QUADRANTUM. The archbishop to the Prior of St Mary's, Southwark, reporting the collection of the money described in the last letter. He adds that he has collected the contributions from the diocese of Carlisle, which is vacant (except for those from the temporalities of the bishop, which are in the King's hands during vacancy), but that because of the depredations of the Scots these amount only to fifteen pounds sterling, for which he asks for a quit-claim. He has passed on the legates' request to the Bishop of Durham, but can do nothing about the Bishop of Whithorn, since this bishopric is occupied by the Scots. Cawood 13 Jan. 1325.

.....Cujus auctoritate mandati de bonis et beneficiis nostris ecclesiasticis ac de bonis et beneficiis ecclesiasticis aliarum personarum ecclesiasticarum nostra diocesis pro singulis marcis singulos quadrantes, necnon de hujusmodi quadrantes de diocese Karl' cujus spiritualis jurisdictio episcopalis occasione vacationis sedis episcopalis ejusdem ad presens in manibus nostris existit cum omni diligencia qua potuimus attenta temporis brevitate, et rectorum ac vicariorum dicte nostre diocesis quorum ecclesie et parochie in magna parte combusti sunt et destructi, *(sic, recte* 'combuste' *et* 'destructe'*)* eorumque possessiones per Scotos partim depredate sunt et partim per eosdem redacte in cinerem et favillam adeo quod quidam eorum instant penes nos quatinus resignationem beneficiorum suorum premuniam eorum anxia inopia in manibus nostris admittamus colligi et levari fecimus cum effectu, exceptis quadrantibus de bonis temporalibus episcopi Karl' levandis que pretextu vacationis predicte in manibus domini nostri regis existunt, a quibus nichil levare possumus sicut nostris, qui quidem quadrantes omnes per nos collecti et levati se extendunt ad quindecim libros sterlingorum quos vobis transmittimus presentium per latorem, rogantes quatinus super receptione eorundem nobis faciatis acquietanciam sufficientem, eidem si placet ad opus nostrum promptus liberandam, fecimus etiam suffraganeum nostrum Episcopum Dunolm' legitime premuniri quod de diocese sua dictos quadrantes juxta vim, formam et tenorem dictarum litterarum levare faciat et vobis solvere cum effectu. Episcopum vero Candidicase suffraganeum nostrum cujus episcopatus infra regnum Scotie notorie existit super premissis nullatenus fecimus premuniri, eo quod non est de regno Anglie nec nobis seu alicui de nostris patet tutus accessus procul dubio ad eundem prout est in partibus illis omnibus manifestum ..... Cawood 13 Jan. 1325.

126 (NO HEADING) Melton to his official-principal, enclosing the letters from the papal legates.[1] London 9 May 1325, Note that the clause about the execution of the above mandate was in this case dated Bingham 16 May 1325.

1. See no.124.

127. (Interleaved. Fo.649) PRIMUM BREVE CONTRA ALIENIGENAS
BENEFICIATOS. Writ of Edward II, directing that all resident
beneficed persons who are of the allegiance of the King of France
(except Flemings) should be deported from places near the sea or
navigable rivers to remote parts, and given an allowance of
eighteen pence a week for food and forty shillings a year for
clothes and shoes. The rest of their revenues, together with
those of respectable non-residents who served their benefices
well, were to be paid into the Exchequer for the duration of the
war or during the King's pleasure. The archbishop was to supply
to the Treasurer and barons of the Exchequer a list of names and
benefices of all such persons, and their proctors, together with
the places to which they were deported. Amfleet *(recte,*
'Byfleet'*)* 13 Oct. 1324.

   Printed: Rymer, *Foedera II,* p.575 with date Byfleet 12 Oct.

128.[1] SECUNDUM BREVE. A second writ on the same subject. This includes
the clergy of cathedral or collegiate churches as well as rectors
and vicars. The King adds that he is very angry at not having
received a reply to his previous writ. Langley 26 Jan. 1325.

   Printed: *Reg. Hethe* (C and Y Soc. 48), pp.271-2.

The archbishop replies that since he does not know whether any of
his clergy are of the allegiance of the King of France, and can
therefore not deport any without serious risk of error, he begs
the King to have him excused. No place or date.

   .....Returnum istius secundi brevis. Cum vero ignoraverimus
et adhuc etiam ignoremus an alique persone seculares alienigene
canonici seu rectores ecclesiarum aut alii beneficiati in
quibusdam ecclesiis cathedrali vel collegiatis nostre diocesis
sint de potestate dicti regis Francie et sibi adherentium
existentes vel de affinitate et amicitia eorum aut eis alio modo
qualitercumque astricti, mandatum in dicto brevi vestro contentum
no potuimus nec ut premittitur premissa ignorantes possumus
absque gravi erroris periculo exequi ut mandatur, super quibus
vestra regia celsitudo nos habere dignetur favorabiliter
excusatos.

   1. This entry is endorsed.

129 (Fo.518; N.F.650) MEMORANDA ROTULORUM SCACCARII DOMINI REGIS
QUALITER VIDELICET ARCHIEPISCOPUS SOLVERE DEBET PRO DECIMIS ET
ALIIS IMPOSITIONIBUS DECETERO FACIENDIS.

Marginal note: the writ and assessment mentioned in this entry
are recorded in the quire for the Archdeaconry of York, the first
year of the pontificate.

Note that because of Scottish invasions and devastations the
clerical tenth granted by John XXII to Edward II could not be
raised in the diocese of York to its full amount, with details.
The Treasurer and barons of the Exchequer therefore credit the
archbishop with the sum of two hundred and twenty pounds,

eighteen shillings and eightpence, which had been demanded from him in addition to the thousand marks which he had already paid.

Memorandum quod cum nuper datum fuisse intelligi domino regi quod plura beneficia ecclesiastica et temporalia spiritualibus annexa in diocese Ebor' per hostiles aggressus Scotorum inimicorum et rebellium regis vastata fuerunt et destructa, per quod decima clero Anglie imposita per dominum Johannem nunc papam XXII anno regni regis nunc XI et ipsi regi per dictum papam Johannem concessa, in diocese Ebor' levari non potuit juxta taxationem primitus factam de beneficiis et temporalibus predictis, mandatum fuit Willelmo archiepiscopo Ebor' per breve de Magno Sigillo cujus datum est apud Westmonasterium XII die Junii dicto anno XI quod super vero valore hujusmodi beneficiorum et temporalium quid videlicet et quantum tunc valebant per annum inquireret, et beneficia et temporalia illa prout per hujusmodi inquisitiones reperiri contigerit taxari faceret et subsollectores dicte decime in diocese predicta de taxatione per ipsum in hec parte facta, ut ipsi juxta taxationem illam predictam decimam levare possent, constare faceret et taxationem illam nihilominus Thesaurario et baronibus mitteret et dictum breve. Et predictus archiepiscopus[1] videlicet W.de Melton'[1] misit dictum breve et mandatum Thesaurario et baronibus quod ipse pretextu brevis predicti quedam beneficia ecclesiastica et temporalia spiritualibus annexa in archidiaconatibus Ebor' et Clyvel', libertate Rypon' et spiritualitate de Alvertonshire per predictos Scotos sic destructa per viros fidedignos tam clericos quam laicos de archidiaconatibus libertate et spiritualitate predictis taxari fecit juxta verum valorem eorundem beneficiorum et temporalium prout plenius continetur in certificatione ipsius archiepiscopi inde facta ...
Thesaurario et baronibus hic que est inter alias particulares taxationes bonorum cleri diocesis predicte que sunt hic in thesaurio. In qua quidem taxatione inter cetera continetur quod bona... archiepiscopi Ebor' solita ad duo milia marcas taxari propter maneria de Hextild' et Rypon' eidem annexa in quibus satis plus quam medietas valoris ejusdem archiepiscopatus consistere consuevit, cum eorundem maneriorum tenentibus et pertinenciis per hostiles aggresssus Scotorum destructa penitus et vastata, ad mille marcas taxantur. Et modo venit hic predictus archiepiscopus et queritur se graviter districtum esse pro CCXX libris XVI solidis VIII denariis, videlicet pro C marcis de quibus executores testamenti Johannis de Sandale nuper Wynton' episcopi principalis collectoris decime predicte et pro C marcis de quibus Abbas de Seleby collector decime regi a clero Ebor' provincie anno XII concesse in archidiaconatibus Ebor' et Estrid'. Et de C marcis de quibus Abbas Beate Marie Ebor' sub-collector decime clero Anglie per dictum papam Johannem anno XIII imposite et regi concesse in diocese Ebor'. Et de XX libris XVI solidis et VIII denariis de quibus dictus ... Abbas Beate Marie collector

1...1 These four words are enclosed in a cartouche.

subsidii quinque denariorum de marca regi a clero anno XII
concessi in parte diocesis Ebor' super compotos suos, hic
redditis de decimis et subsidio predictis ipsum ...
archiepiscopum particulariter onerarunt ultra id quod ipsum
contingit in solutione decimarum et subsidii predictorum juxta
taxationem mille marcarum ad quas bona sua taxantur de novo ut
predictum est, et petit inde exonerari. Et scrutatis rotulis
compertum est quod dicti collectores super compotos suos de
decimis et subsidio predictis onerarunt ipsum ... archiepiscopum
ad decimas et subsidium predictas juxta taxationem MM marcarum.
Et predicti CCXX libri XVI solidi VIII denarii exiguntur a
prefato ... archiepiscopo, videlicet C marcas de decimo clero
Anglie anno predicto XI imposita per J. papam nunc sicut
continetur in magno rotulo de anno XV, in *Item, Ebor'* in rotulis
compoti executorum testamenti predicti Johannis de Sandale
Wynton' episcopi principalis collectoris predicte decime de eadem
decima. Et C marcas de dicta decima Regi a clero Ebor' provincie
concessa anno XII sicut continetur in dicto magno rotulo in *Item,*
Ebor', et in rotulis compoti ipsius abbatis de Seleby collectoris
decime predicte in dictis archidiaconatibus Ebor' et Rych'. Et
de C marcis de dicta decima anno XIII per dictum papam J. imposita
sicut continetur in dicto magno rotulo in *Item, Ebor'*, et in
rotulo compoti Abbatis Beate Marie Ebor' subcollectoris ejusdem
decime in parte diocesis Ebor'. Et XX libros XVI solidos VIII
denarios de subsidio quinque denariorum de marca Regi a clero
concessi *(sic, recte* 'concesso'*)* sicut continetur in dicto magno
rotulo in *Item, Ebor'* et in rotulo compoti dicti Abbatis Beate
Marie Ebor' collectoris dicti subsidii in parte diocesis Ebor'
ultra id quod ipsum contingit in solutione decimarum et subsidii
predictarum juxta taxationem mille marcarum, ad quas dicta bona
sua taxantur de novo ut predictum est. Et ideo consideratum est
per ... Thesaurarium et barones quod predictus archiepiscopus
exoneretur de eisdem CC XX libris XVI solidis VIII denariis sic
ab eo exactis nomine decimarum et subsidii predictarum ultra
predictam taxationem M marcarum de novo factam ut premittitur,
ita tamen quod idem .. archiepiscopus exnunc tam de decima
biennali per dominum J. papam XXII clero Anglie imposita et
domino Regi concessa quam de aliis impositionibus papalibus et
aliis contributionibus et[1] auxiliis per clerum Anglie domino Regi
imposterum faciendis oneretur juxta taxationem MM marcarum
primitus factam, etc.

    1. Interlined.

130 BREVE PRO ARCHIEPISCOPO DE CCXX LIBRIS XVI SOLIDIS VIII DENARIIS
DE QUIBUS EST PROUT CONTINETUR IN EODEM. Writ of Edward II
quitclaiming the archbishop of the debt of £220.16.8 owed to the
Exchequer, as in the last letter. Witnessed by William de
Norwyco. Westminster 14 Oct. 1323.

131 BREVE REGIA AD CITANDUM BENEFICIATOS IN ISTA DIOCESE, ILLOS QUI
SUNT DE REGNO SEU POTESTATE REGIS FRANCIE. To the Treasurer and
the rest of the King's Council, acknowledging the receipt of a

royal writ (given in full and dated Westminster 10 Nov. 1324) ordering him to send all alien clergy owing allegiance to the King of France to Westminster on days to be determined by him, there to give sufficient surety of their loyalty to the King of England, and to send a list of their names.

Printed: *Reg. Hethe* (C and Y Soc. 48), p.267.

The archbishop appoints 14 Jan. 1325 as the day, and encloses a list of names. Cawood 6-12 Jan. 1325 (MS. torn at this point.)

Unde nos premissis diligenter consideratis partibus infrascriptis quartum decimum diem mensis Januarii duximus assignandum, ad quam diem ipsas personas, videlicet Eliam Taylerandi archidiaconum Rych', Theobaldum de Troys persona ecclesie de Cotyngham *(Cottingham)*, fratrem Hugonem de Sancto Lupo procuratorem Abbatis et conventus Cisterc' personarum ecclesie parochialis de Scardeburgh' *(Scarborough)*, fratrem Ricardum de Barento procuratorem Abbatis et conventus Albemarl' personarum ecclesiarum de Pagula *(Paull)*, et de Skekelyng *(Skekling)*, Aldeburgh' *(Aldbrough)*, Outehorn' *(Owthorne)*, Wyhthornse *(Wihhernsea)*, Kylnse *(Kilnsea)*, et Skeftlyng' *(Skeffling)*, Priorem de Pontefracto, personam ecclesiarum de Pontefracto, Sylkeston' *(Silkstone)* et Derhyngton' *(Darrington)*, Priorem Sancte Trinitatis Ebor' personam ecclesiarum de Ledes *(Leeds)* et de Bylburgh *(Bilbrough)*, Priorem de Leus *(Lewes)* personam ecclesiarum de Conyngesburgh' *(Conisbrough)*, Halyfax *(Halifax)* et Braythewell' *(Braithwell)*, Priorem seu vicarium de Eclesfeld' *(Ecclesfield)*, Petrum de Vernon personam ecclesie de Stokesley, Petrum de Toge personam ecclesie de Weston' *(Weston in Nottinghamshire)* et Michaelem de Tewnyll' personam ecclesie de Lyndeby *(Linby)* citari fecimus quod sint coram vobis apud Westmonasterium ad diem predictum ad faciendum per omnia que qualitas et natura dicti mandati regii exigit et requirit, verumptamen an dicte persone de dominio, potestate, affinitate seu confederatione Regis Francie existant necne penitus ignoramus.[1] Diu in domino feliciter valeatis. Datum apud Cawode...[2] idus Januarii anno etc. M.CCC vicesimo quarto.

1. Presumably they were French in name and origin but their political sympathies were uncertain.

2. MS. torn at this point.

132 (Fo.518v) AD SEQUESTRANDUM COLLECTAM QUESTORUM. The Archbishop to the dean of Harthill, ordering him to tell his parish clergy to sequestrate all the money collected in their parishes by pardoners who had notoriously exceeded their authority, and to hand it over to the said dean at the next ruridecanal chapter after Christmas. He was to report to the archbishop within four days after this chapter, with a list of the names of the said pardoners. Bishopthorpe 16 Dec. 1324.

Note of similar mandates to the other rural deans of the diocese of York.

133 NE ADMITTANTUR DICTI QUESTORES AD COLLIGENDUM SEU PREDICANDUM NISI SUB CERTA FORMA INTERIUS CONTENTA. To the dean of Nottingham, mandate to warn his parochial clergy, on pain of suspension and forfeiture of the fruits of their benefices for a year, and unbeneficed chaplains on pain of perpetual suspension in the diocese, not to admit any pardoners, except those collecting for the fabric-fund of York Minster, unless they could produce letters of credence from the archbishop. Inquiry was to be made in ruridecanal chapters as to the names of false pardoners, and they were to be reported to the archbishop by letters patent. Bishopthorpe 29 Jan. 1325.

Note of similar letters to all deans throughout the diocese. Same place and date.

Willelmus etc. decano nostro Notyngh' etc. Cum nuper questores per diocesem nostram nostrorum elemosinas parochianorum querentes quotquot nostre citationis edicto apprehendere potuimus propter enormes excessus suas quibus eorum opinio multipliciter *(illeg.)* eo quod errores in populo multipliciter seminarunt, falsis suis figmentis homines seducendo, mendacia publice predicando ac alia illicita perpetrando in Dei et ecclesie contulmeliam ac in nostre jurisdictionis contemptum, populi scandalum ac quamgrave periculum animarum, ab officiis suis auctoritate nostra merito sint suspensi, nos tot devia totque facinora nepharia ac ausus sacrilegos pro viribus compescere meditantes, tibi in virtute obediencie nobis jurate firmiter injungimus et mandamus quatinus presentes litteras nostras omnibus et singulis rectoribus, vicariis et capellanis parochialibus ac aliis infra decanatum tuum qualitercumque celebrantibus legas in publice ac legi facias manifeste, injungens eisdem et eorum singulis vice nostra, in virtute obediencie qua Deo et nobis tenentur, rectoribus etiam et vicariis sub pena suspensionis a perceptione fructuum beneficiorum suorum per annum, ac ceteris capellanis sub pena suspensionis eorum a celebratione divinorum infra nostra diocese suo perpetuo faciende, ne decetero aliquem questorem in suis ecclesiis seu capellis aut aliis locis parochiarum suarum ad predicandum seu questoris officium quomodolibet exercendum, aut aliquam pecuniam de elemosinis Christi fidelium colligendum admittant seu tolerent quovismodo, procuratore fabrice ecclesie nostre Ebor' quam honore pre ceteris prosequi intendimus ut tenemur dumtaxat excepto, nisi nostras ostendat litteras speciales veras, non falsas, non simulatas[1] post datum presentis confectas etiam et concessas quibus eorum potestas in quamdam cedulam redacta cujus formam et tenorem ipsum questorem tu ac dicti viri ecclesiastici sub penis supradictis egredi minime permittatis consuta fuerint vel annexa vel forsitan inserta totaliter in eisdem, volumus etiam et mandamus quatinus in singulis capitulis tuis quandocumque et ubilibet celebrandis de nominibus venientium in contrarium si qui fuerint inquiras diligenter, et si quos culpabiles inveneris in hac parte nos de eisdem distincte et aperte certifices per tuas

1. Marginal note 'hujusmodi procuratorum questionis nomina continentes'.

litteras patentes harum seriem continentes. Vale. Datum
apud Thorp' juxta Ebor' IIII kalendas Februarii anno gracie
millesimo CCC XXIIII et pontificatus nostri octavo.
Memorandum quod eodem die emanarunt consimiles littere singulis
decanis totius diocesis.

134 PRO QUESTU FABRICE ECCLESIE BEATI PETRI EBOR'. The archbishop
to his fellow-bishops and to all clergy of the city, diocese
and province of York. Letters testimonial for William de
Wiverthorp' chaplain, official collector on behalf of the
fabric-fund of York Minster. An indulgence of forty days is
offered to all who shall contribute or persuade others to do so.
No person is to take part in the collection unless his name
appears on the enclosed roll (not given) and no-one is to
preach or show painted rolls or books or false relics except
for lawful preaching authorised in the said roll. Bishopthorpe
12 Feb. 1325.[1]

1. The end of this entry is not at all clear.

135 PRO QUESTU SANCTI JOHANNIS BEVERL'. The like for John de
Stork', official collector for the church of St John of
Beverley. Bishopthorpe 13 Feb. 1325.

136 PRO QUESTU RYPON'. The like for John de Fitlyng', official
collector for the church of Ripon. Bishopthorpe 13 Feb. 1325.

137 PRO QUESTU SANCTI ANTONII. The like for John de Bristol',
official collector for the hospital of St Antony in Vienne, for
one year. Bishopthorpe 12 Feb. 1325.

Memorandum that the letters in favour of York Minster and
Beverley Minster were renewed on 27 Feb. 1331.

138 (Interleaved. N.F.651) BEVERLY. A list of the spiritual benefits
and pardons available to benefactors of Beverley Minster, with
the names of accredited pardoners.

Dominus papa injungit omnibus Christianis in remissionem
peccatorum suorum ut sint coadjutores et benefactores fabrice
ecclesie Beati Johannis Beverl' ubi corpus suum sanctissimum
in feretro requiescit. Dominus Jesus Christus pro amore ipsius
multis infirmis sanitatem prestare non desinit sed cecis visum,
amentibus sensum, surdis auditum, mutis loquelam, et claudis
gressum, paralitici curantur, periclitantes in mari ad portam
salutis ducuntur, incarceratis reseratio commenditur graciose,
atque regibus et regno Anglie intercessione ejus gloriosa de
inimicis suis victoria mirabiliter conceditur, quod in
Athelstano rege veraciter comprobatur, unde dominus papa
Alexander et Innocentius unusquisque per se unum annum et XL
dies cum septima parte penitencie injuncte quotiens Christi
fideles suas dederint elemosinas ad sustentationem fabrice
ecclesie vel ad constructionem novi feretri Beati Johannis
misericorditer relaxat, et XI pape eorum antecessores hoc idem

fecerint. Et offensa patrum et matrum sine manuum injectione
similter relaxat hoc adjecto quod nuncii dicte ecclesie
ubicumque pervenerint in locis interdictis solempniter celebrare
faciant et corpora benefactorum in cimiterio sepelire nisi
nominati fuerunt excommunicati, sacerdotibus et clericis qui istud
negotium bene et fideliter tractaverint et manus largitatis
porrexerint ignoranter pro ignorancia vel oblivione in divino
delinquerint officio dominus papa misericorditer relaxat. Dominus
vero archiepiscopus Ebor' XL dies concedit, ratificando etiam
omnes indulgencias ab archiepiscopis, episcopis et coepiscopis
regni An(glie) omnibus concessas et imposterum concedendas, et
omnes archiepiscopi Ebor' quotquot a tempore Beati Johannis
fuerunt unusquisque pro se XL dies concedit. Item, si qui
dederint ferculum, anulum aureum vel argenteum vel lapidem
preciosum ac aliquod jocale vel ad minus I denarium quibus unus
apparatus valeant *(sic)* sustenari erunt participes omnium bonorum
que in dicta ecclesia fiunt et fient in perpetuum. Et omnes
hujusmodi se constiterunt confratres vel sorores sub protectione
Beati Johannis Beverl'. Summa dicte venie ab archiepiscopis et
episcopis concessis et a domino papa confirmatis XXVI anni et XL
dierum, summa missarum tria milia, summa psalteriorum IIII milia.
Nomina questorum Johannes de Stork' procurator, Andreas Scot,
Robertus de Driffeld', Radulphus de Pokelington', Alanus Scriptor,
Alanus de Thornton', Andreas de Cundale, Willelmus de Pebels,
Robertus de 'Chateroun' *(sic)*, Johannes Lyne, Willelmus de Cliff'.

139 (N.F.651v) EBOR'.[1] Note of an injunction to parish priests to
expound to their parishioners the spiritual benefits and pardons
available to benefactors of York Minster, with the names of
accredited pardoners.

> Printed: J. Brown, *History of the Metropolitan Church of St.
> Peter, York* (London, 1847), pp.120-1, and by J. Raine,'Fabric
> Rolls of York Minster'(Surtees Soc. XXXV), pp.158-9.

> 1. This entry is endorsed upon the last.

140 (Interleaved. N.F.652) RYPON'. Note of a similar injunction in
respect of the church of Ripon, with the names of accredited
pardoners.

> Printed: *Memorials of Ripon* (Surtees Soc. vol.LXXVIII),
> pp.82-3. 'summa dierum deme' should be 'summa dierum venie'.
> 'Aliter dictus de Sartrina' should be 'Alanus de Sartrina'.

141 (Fo.519; N.F.652) AGGRAVATIO SENTENCIARUM ET PROCESSUM CONTRA
SCOTOS ET CONTINET QUINQUE FOLIA ISTIUS QUATERNE ET SEQUENTIS.
Notarial instrument, containing copies of documents concerning
the official business of the cardinals Gaucelin and Luke, papal
legates sent to deal with the dispute between Edward II and
Robert Bruce over the Scottish crown. Drawn up by William
Persone, notary-public, of the diocese of Quimper (Corisopicensis)
and witnessed by Peter Bonifacii canon of Coutances, Peter de
Peyreria canon of Le Mans, John Fabri, Dominican, and Bernard de

Menia clerk of the diocese of 'Cartucen''. Dated Corbeil, the Hospitallers' priory, 7 July 1320.

The letter begins with an introduction by Cardinal Gaucelin, associating Cardinal Luke with him, addressed to all the clergy, secular and regular, of the kingdoms of France, England and Scotland, and the lands of Flanders, Brabant, Ireland and Wales. This is followed by a rehearsal of letters 3, 21 and part of 26 above, together with a bull (dated Avignon 17 Nov. 1319) re-excommunicating Bruce and his supporters and renewing the legates' authority. The legates re-issue the excommunication.

> These are printed: *Reg. Stapledon*, pp.350-61, and Wilkins, *Concilia II*, pp.471 *seq*.

The letter continues as follows:-

(Fo.522; N.F.655) .... Postmodum vero nos ad dictum regnum Francie per sedem eandam (*the papal see*) pro magnis et arduis negotiis destinati litteras apostolicas omni suspicione carentes recepimus quorum tenor sequitur in hec verba:-

> Johannes etc. Gaucelino etc. ac Luce etc. Dudum post nostre promotionis auspicia ad statum apostolice dignitatis antiquatam abolim inter carissimum in Christo filium nostrum Edwardum etc. et Robertum de Brus tunc regnum Scotie gubernantem dissensionis odiose materiem in animo revolventes, et animarum deflenda pericula dolendas fidelium strages innumeras, multiplicia dispendia facultatum et nocumenta gravissima que multis regnorum ipsorum ecclesiis et personis ecclesiasticis ipsius protractio dissensionis intulerat ac dispendiosa que paraverat obstacula negotio terre sancte et verisimiliter poterat formidari, ne similia forsan obiceret in futuros, vias et modos quibus circa premissa domino propitiante salubria adhibere possemus remedia cum multa diligencia duximus exquirendum et tandem ad personas nostras (*sic, recte* 'vestras') nostre dirigentes considerationis intuitum vos ad Anglie et Scotie regna ac Ybernie et Wallie partes pro reformatione pacis hujusmodi plena nobis super hoc per nostras litteras potestate concessa duximus destinandos, vobis nihilominus prefatum Robertum si ejusdem pacis reformationi forsan assentire non vellet vel in hac parte nostris acquiescere monitis non curaret, ad id eum per censuram ecclesiasticam et alias penas prout suaderet justicia compellendi, necnon et absolvendi omnes vassallos et subditos prefati Roberti a juramento quo tenerentur eidem, et a dominio et subjectione illius, eximendi omnesque insuper colligationes, conspirationes, confederationes, pactiones et conventiones factas inter dictos Robertum et quoscumque alios aut inter seipsos forsitan super adjutorio vel subsidio aut favore dicto Roberto circa invasionem vel impugnationem regni Anglie aut Ybernie seu Wallie vel quamvis aliarum terrarum sive insularum dicti regis quomodolibet impendendo, seu per quod dicte pacis negotium impediri vel diferri posset, etiam si colligationes, conspirationes, confederationes, pactiones et conventiones ipse juramentis essent aut promissionibus penarum adjectionibus,

obligationibus seu stipulationibus quibuscumque vallate, ipsaque
juramenta sub quibuscumque modo, forma vel expressione verborum
forent prestita relaxandi, et eos ab ipsorum observatione *(illeg.)*
necnon et fautores ejusdem Roberti et adherentes eidem ut ab
ipsius favore et sequela resilirent et omnino recederent, per
excommunicationis in personas et in terras ipsorum interdicti
sentencias, et publicationem et aggravationem ipsarum per vos vel
per alium seu alios compellendi. Et insuper contra dictum
Robertum et quosvis alios quos reperiretis excommunicationis
hujusmodi sentenciam animis induratis prout suaderet justicia
procedendi per nostras diversas litteras potestate concessa. Et
nihilominus ut via facilior ad hujusmodi reformationem pacis
domino dirigente pateret inter eosdem Regem et Robertum, treugas
per certi temporis spacium duraturis duximus indicendas, volentes
illas a die notificationis seu publicationis earum per vos, vel
alium seu alios faciende suum obtinere vigorem, et extunc in
personas non servantium vel infringentium illas excommunicationis
sentenciam proferentes, quas per vos vel per alium seu alios regi
ac Roberto predictis et aliis quibus vobis videretur expediens
notificari mandavimus seu etiam publicari. Cumque nos postmodum
sicut apostolatu nostro per nostras *(sic, recte* 'vestras'*)*
litteras intimastis ad executionem negotiorum hujusmodi vobis
commissorum volentes servata debita maturitate procedere, quia de
facili ad dictum regnum Scotie tunc nonnullis interjectis
obstaculis nobis non patebat accessus, clausas litteras nostras
dicto Roberto nostri causam nunciantes adventus per cursores
proprios destinastis, sed idem Robertus seu gentes sue nedum quod
ipsi Roberto permisissent easdem litteras presentari, immo
nuntios ipsos nequaquam regnum intrare Scotie permiserunt, propter
quod venerabilem fratrem nostrum Petrum episcopum Corbavien' et
dilectum filium magistrum Aymericum Gerardi Archidiaconum 'Elnen''
capellanum nostrum nuncios et familiares nostros ad dictum
Robertum cum ipso super hiis que apostolice nobis directe littere
continebant habituros tractatum et ordinaturos inter cetera cum
eodem de tempore et loco vobis *(illeg.)*

(Fo.522v) quibus super commissis vobis possetis habere cum ipso
tractatum et colloquium destinastis. Qui demum nuncii non sine
periculis et difficulatate multiplici prius ab eodem Roberto
litteris habitis de conductu, ad castrum de Rokesburgh' *(Roxburgh)*
in ingressu Scotie constitutum finaliter applicarunt, et cum ipsos
gentes ejusdem Roberti presenciam ipsius Roberti nequaquam adire
permitterent, et ab eodem Roberto ut ad eum possent accedere per
speciales eorum litteras postulassent, Jacobus Douglas et *(Sir)*
Alexander *(Seton)*, milites ac familiares ejusdem Roberti cum
quibusdam aliis ad eosdem nuncios accedentes ab eisdem nunciis
litteras si quas ostendendas dicto Roberto portabant exhiberi sibi
deferendas per eos dicto Roberto cum instancia postularunt,
comminantes eisdem quod aliter eos regnum nequaquam intrare
permitterent antedictum, quibus iidem nuncii apostolicas litteras
eidem Roberto directas per quas ad pacem caritativis affatibus
hortabamur eundem dictis militibus tradiderunt dicto Roberto per
eosdem milites assignandas. Postmodum autem quodam ipsius Roberti

clerico ad conducendos dictos nuncios ad ipsius Roberti
presenciam accedente tandem cum dicti nuncii ad locum ubi
dictus Robertus morabatur tunc temporis applicassent, eidem
Roberto causam missionis et adventus eorum oretenus exponere
curaverunt, ipsum rogantes instanter quod easdem apostolicas
exhortationes hujusmodi co *(illeg.)* entes aliasque nostras
clausas litteras directas eidem quas ei presencialiter
assignarunt aperiret et inspiceret diligenter, et ad contenta
in eis tanquam obediencie filius respondere. Sed idem
Robertus litteras ipsas prefatis nunciis non absque mentis
indignatione restituens illas legere quibusdam confictis
excusationibus frivolis recusavit, et nihilominus se aliquibus
nolle tractatibus pacis vel treugarum intendere, non verens
dampnabiliter affirmare nos et nuncios ipsos ad hujusmodi
tractatum admittere denegavit, eisdem nunciis ac propositis per
eosdem responsum dare ductus vexanie spiritu denegando quamvis
mutus dixisset eisdem quod super premissis deliberatione cum
suis consiliariis habita pleniori infra festum Beati Michaelis
tunc proxime futurum eis per suas litteras plenius responderet,
qui dampnabiliter in continuancia *(probable reading)* sue
inobediencie perseverans longe post terminum predictum per suas
litteras nunciis respondet eisdem quod in responsione quam
comites et barones sui eisdem nunciis per litteras ipsorum
fecerant speciales inter alia continentes quod nisi dictus
Robertus nominaretur 'Rex Scotie' tractatum aliquem super
premissis nobiscum vel cum dictis nunciis non haberet cum
persistere oportebat, et quia ex hiis poterat colligi manifeste
verisimilibus conjecturis quod dictum Robertum nequaquam
apostolicis ac nostris monitis et exhortationibus in hac parte
acquiescere datus in sensum reprobum intendebat, vos ad
tractatum pacis hujusmodi prosequendum liberior aditus
haberetur ac volentes futuris periculis obviare treugas predictas juxta formam ipsarum in litteris apostolicis super treugis
eisdem confectis annotatam London' ubi tunc degebatis
presencialiter publicastis et in nonnullis aliis Anglie et Scotie
regnorum predictorum locis insignibus et confinibus eorundem
mandastis et fecistis per alios publicari, et deinde volentes
treugas easdem et indictionem et publicationem ipsarum ad
Roberti et sequacium, fautorum et complicum suorum et aliarum
personarum dicti regni Scotie noticiam pervenire dilectum filium
fratrem Adam gardianum fratrum ordinis minorum de Berwyco nuncium
nostrum cum eisdem apostolicis indictionem treugarum continen-
tibus earundem et diversis aliis litteris et processibus nostris
ad eosdem Robertum et regnum Scotie destinastis, qui demum
versus partes illos accedens et obtentis ab eodem Roberto ut ad
ipsum proficisci posset litteris de conductu, dictumque regnum
Scotie jam intrasset, quidam Alexander nomine, se ipsius Roberti
asserens senescallum, prefato gardiano occurrans in via,
predictas tam apostolicas quam nostras litteras et processus de
manibus dicti gardiani pro viribus contradicentis eripuit, dicens
illas se dicto Roberto qui per modicum ab inde distabat spacium
delaturum. Qui tandem Alexander post brevis temporis inter-
vallum vadens ad dictum Robertum ut dicebat ac rediens litteras

et processus eosdem gardiano sepedicto restituit, ei sub pena
capitis districte precipiens quod statim Scotie terram et regnum
exiret, eidem litteras de securo conductu quas portebat cum
instancia denegatis. Set *(sic)* idem gardianus mandatum nostrum
hujusmodi nequaquam propter hoc negligens ut potuit adimplere
treugas ipsas et indictionem earum in vulgari suo sonoro preconio
pluribus ibidem Scotis astantibus publicavit, et subsequenter de
loco ipso recedens et iter suum prosequens festinanter, cum ab
eodem Alexandro elongatus per modicum spacium extitisset quidam
dicti Roberti satellites ipsum sacrilegis ausibus aggredientes in
via cum litteris et processibus antedictis habituque suo ac
vestibus paupertatis et rebus aliis quas portabat ymaniter
spoliarunt. Et insuper dictus Robertus tantam inobedienciam et
contemptum satagens sub recte intentionis palliate velamine et
fraudulenter confingens ad pacis aspirare tractatum eidem Regi
Anglie litteras destinavit et per alias litteras nobis scripsit
quod ab eodem Rege litteris obtentis de securo conductu ad nos
sex vel plures mitteret tractatores, ad quod ei per nostras
litteras respondentes illas cuidam nuncio qui easdem suas ad nos
detulerat litteras ad eum deferendas specialiter tradidistis, qui
cum usque ad ingressum Scotie cum eisdem litteris accessisset,
dicti Roberti gentes nuncium ipsum ad eundem Robertum dictas
portare litteras minime permiserunt, quas ad nos postmodum idem
nuncius clausas sicut prius et integras reportavit. Deinde vero
prefatus Robertus sue turrim elationis ascendens, et eligens
perire potius quam salvari, nedum quod se convertens ad dominum
a sue obstinationis duritia propositum revocaret, set *(sic)* in
illa potius perseverans pejora prioribus in sue dampnationis
cumulum coarcervans, per se vel comites ac barones et nobiles et
alios de prefato regno Scotie indictionis et publicationis
treugarum hujusmodi non ignaros, monitis, exhortationibus ac
penis et sentenciis apostolicis non sine nota rebellionis
detestabilis vilipensis, et apostolice sedis reverencia temeraria
presumptione calcata, villam et castrum de Berwyco qui diu dictus
Rex Anglie et clare memorie Edwardus Rex Anglie genitor suus dum
viveret quiete possiderant et ante tempus ac etiam tempore
indictionis treugarum ipsarum idem Rex possidebat ac postea per
se et suos in pace possedit, necnon et quedam alia castra, terras
et loca dicti Regis et ipsius regni Anglie incolarum consistentia
infra illud nequiter et fraudulenter invadens, crudelem *(word
omitted?)* in magnam gentem Regis ipsius dicteque ville de
Berwyco incolas eodem dampnabili temeritate commisit ad aliarum
ejusdem Regis occupationem terrarum se processurum detestabiliter
comminando, propter que dictus Robertus et alii in premissis
adherentes eidem excommunicationis sentenciam incurrerunt
supradictam. Nos vero dicti Roberti tam enormem contemptum
tanquam graves et detestandos excessus non valentes conniventibus
oculis pertransire vobis per alias nostras dedimus litteras in
mandatis ut per vos vel alium seu alios dictum Robertum et
adherentes eidem prefatam excommunicationis sentenciam incurrisse
in ecclesiis et locis insignibus de quibus vobis videretur
expediens prout esset justum et equum nunciaretis solempniter ac
publice singulis diebus dominicis et festivis contra eos, ad

alias spirituales et temporales penas prout vobis justum foret
juxta predictorum qualitatem excessuum processuri. Quod si forsan
eos in sua nequitia perdurare contingeret, vos juxta exigentiam
(Fo.523; N.F.656) contumacie et excessuum eorundem nostros
curaretis in eos exaggerare processus, necnon et ipsos et quosvis
alios dicte pacis et condordie turbatores seu impeditores, sive
incole dictorum regnorum sive alii undecumque forent, et omnes
et singulos complices, adjutores, valitores, consiliarios,
fautores et sequaces eorum ac in hiis adherentes eisdem publice
vel occulte, etiam si persone ecclesiastice forent cujuscumque
conditionis, dignitatis, ordinis sive status, ecclesiastici vel
mundani, forsan existerent, etiam si archiepiscopali vel
episcopali dignitate fulgerent, ut ab hujusmodi turbatione et
impedimento, favore, consilio, auxilio, sequela et adherencia
predictorum non desisterent, per excommunicationis in personas
et interdicti sentencias in terras et ecclesias eorum et
privationem feudorum, officiarum, locationum et quorumcumque
beneficiorum spiritualium, citra tamen archiepiscopalem et
episcopalem dignitatem et temporalium etiam que quibusvis
ecclesiis obtinerent, ut illa sic libere ad easdem reverterentur
ecclesias quod prelati et rectores earum aut alii ad quos
pertinerent pro sua disponerent voluntate, necnon per
nihilationem tam ipsarum ecclesiasticarum personarum,
archiepiscopis et episcopis dumtaxat exceptis, quam filiorum,
nepotum et aliorum ab ipsis turbatoribus et impeditoribus
laicis usque ad secundum gradum descendentium ad quevis
ecclesiastica beneficia optinenda, et alia etiam juris remedia
de quibus et prout videritis expediens, appellatione postposita,
debite compescendi, omnes quoque ac singulos qui dictis
turbatoribus seu impeditoribus laicis vel ipsorum alicui
juramento fidelitatis tenerentur astricti quamdiu ipsi pacis
hujusmodi turbatores seu impeditores existerent absolvendi
et alia omnia faciendi que circa premissa et predictorum
quodlibet existerent oportuna plenam contulimus per alias
nostras litteras potestatem. Et quamvis post receptionem
hujusmodi litterarum nostrarum prefatus Robertus ut ad
correndiens a sua malignitate cessaret a nobis exspectatus
fuisset, quia tamen ipse ad instar lapidis obduratus ac de
vestra et dicte sedis benignitate sibi clementer exhibita non
absque ingratitudinis nota spiritum elationis assumens quod se
convertens ad dominum a sue obstinationis duritia propositum
revocaret. Set *(sic)* in illa potius elata mente persistens
tanquam in profundum malorum demersus quedam ipsius Regis una
cum sequacibus, complicibus, adjutoribus, valitoribus et
fautoribus suis obsidere per violenciam presumebat et alia
quorundam incolarum ipsius regni Anglie castra, terras et jura
invadere nitebatur. Vos autem considerantes attentius quod idem
Robertus ex premissis de quibus nobis per sufficiencia documenta
constabat queve alias erant adeo publica et notoria quod nulla
poterant tergiversatione celari, nobis et ecclesie Romane
inobedientem notorie et manifeste rebellem ac nostrorum et
ejusdem ecclesie mandatorum contemptorem publicum, se reddiderat
et reddebat, quodque pacis ejusdem tractatus impeditus extiterat

impediebatur tunc etiam ex premissis, et quod impediretur
imposterum erat verisimiliter presumendum, et propterea tam
enormes excessus et injurias dissimulare salva consciencia
nequeuntes ne tantorum malorum pernicies ad similia concitaret
iniquorum animos per exemplum, pronunciastis et declarastis
dictum Robertum ejusdem ecclesie inobedientem, notorium et
rebellem, suis et apostolice sedis et nostris jussionibus
renitentem, decernentes contra eum sicut contra rebellem et
inobedientem nostrum et ejusdem ecclesie manifestum ac nostris
et ejusdem ecclesie mandatis renitentem notabiliter procedendum
et eum nichilominus dictosque sequaces, adjutores, valitores,
complices aut fautores et etiam adherentes denunciantes
predictam excommunicationis sentenciam contra infringentes seu
non servantes treugas easdem ut premittitur promulgatam tanquam
violatores treugarum ipsarum, et alias penas et sentencias per
nos latas in dictis litteris incurrisse, quod demum
excommunicatos, pulsatis campanis et candelis accensis, publice
nunciastis et fecistis in diversis cathedralibus et aliis
ecclesiis solempniter nunciari, et deinde quia prefatus Robertus
in sue temeritatis pertinacia persistebat ipsorum Roberti et
regni Scotie terras quod idem Robertus tunc temporis gubernabat,
necnon et alias complicium, adjutorum, valitorum, fautorum,
consiliariorum, sequacium et adherentium predictorum etiam si
ipsi ecclesiastice persone forent cujuscumque gradus, ordinis,
dignitatis, auctoritatis sive status, etiam si legationis
primatie archiepiscopali vel episcopali dignitate fulgerent.
Ecclesias quoque, monasteria et alia ecclesiastica ipsorum ac
familiariorum ejusdem Roberti et aliorum predictorum loca
ecclesiastico supposuistis per nostram sentenciam interdicto,
ipsosque Robertum et complices, adjutores, valitores, consiliarios
et fautores, sequaces et adherentes omnibus et singulis feudis,
locationibus, officiis et quibuscumque beneficiis spiritualibus,
citra tamen archiepiscopalem et episcopalem dignitates, et etiam
temporalibus que a quibusvis ecclesiis obtinebat ut sic libere
ad easdem reverterentur ecclesias qᴜod prelati et rectores earum
et alii ad quos illo (*sic, recte* '*il*la') dispositio pertinebat
de illis pro sua disponerent voluntate, omnibusque privilegiis,
indulgenciis, graciis, libertatibus et immunitatibus realibus et
personalibus eis hactenus ab apostolica sede concessis,
omniumque ipsorum commodo per dictam privantes sentenciam,
ipsorum vassallos et homines a juramento fidelitatis et quibusvis
obligationibus quibus tenentur eisdem per dictam sentenciam
absolvistis, pronunciantes eos a juramento et obligationibus
ipsis per eandem absolutos eos a dominio ac subjectione ipsorum
qualibet absolventes, omnes conspirationes, confederationes,
pactiones et conventiones inter dictum Robertum et quoscumque
alios, vel inter seipsos, super adjutorio, subsidio vel favore
dicto circa invasionem aut impugnationem regni Anglie aut Ybernie
seu Wallie partium predictorum aut quarumvis terrarum vel
insularum dicti Regis quomodolibet impendendo factas per quas
dicte pacis negotium impeditum extiterat aut impediri vel
differri posset quomodolibet in futurm, etiam si conspirationes,
confederationes, pactiones et conventiones ipse juramentis forent

aut promissionibus, obligationibus, stipulationibus et penarum adjectionibus quibuscumque vallate, dissolvistis penitus et dissolutis fore per eandem sentenciam nunciastis. Juramenta quoque sub quibuscumque modo, forma vel expressione verborum a quibuscumque super hiis prestita relaxando et nichilominus complices, adjutores, valitores, consiliarios, fautores, sequaces et adherentes ipsos qui videlicet persone ecclesiastice seculares vel religiose forent etiam si earum alique legationis primatie archiepiscopali vel episcopali seu quavis alia publica preminerent (*sic, recte* 'preeminerent') forsitan dignitate, ab ecclesiarum suarum administratione spiritualium et temporalium suspendentes, suspensos per dictam sentenciam nunciastis. Quod si forsan Robertus complices, adjutores, valitores, consiliarii et fautores, sequaces et adherentes predicti easdem nostras sentencias per viginti dies sustinerent animis induratis, eos intestabiles, ita quod nec condere testamentum nec ad cujuscumque ex testamento vel ab intestato possent (Fo.523v) successionem admitti, ipsosque inhabiles et indignos ad honores et quelibet officia publica obtinenda vel excercenda imposterum necnon et filios ac[1] nepotes ab eisdem Roberto, turbatoribus et impeditoribus pacis ejusdem, ac dictis complicibus, adjutoribus, valitoribus, consiliariis, fautoribus, sequacibus et adherentibus descendentes usque generationem reddidistis et decrevistis inhabiles ad quelibet beneficia ecclesiastica optinenda, eisdem predicentes aperte quod si eos in hujusmodi pertinacia persistere forte contingeret, ad alias spirituales et temporales penas procederetis sicut videritis expediens contra eos. Postremo autem ut hujusmodi processus noster ad communem omnium deduceretur noticiam pleniorem membranas processum continentes eundem in predictarum ecclesiarum appendi vel affigi hostiis vel super luminaribus mandavistis, que processus ipsos suo quasi sonore preconio et paculo indicato publicarent. Ita quod hii quos processus ipse contingebat nullam ignoranciam postea pretendere possent quod processus ipse non pervenisset ad noticiam eorundem cum non esset verisimile remanere quoad ipsos incognitum vel occultum quod publicabatur tam patenter et solempniter universis sicut in[1] processibus et sentenciis nostris super hiis habitis et prolatis plenius dicitur contineri, et alias nobis et fratribus nostris de premissis in consistorio per nostram relationem oraculo vive vocis extitit facta fides. Nos igitur ut vices illius quas licet immeriti gerimus adimplere pro viribus satagamus qui quamvis pater misericordiarum et totius consolationis Deus veridice describatur nihilominus cum negatur justus judex Deus zelatos *(sic)* et dominus ultionum decet ut paterna misericordia devotos prosequamur et filios et impertinaces sui rerversi *(sic)* prosecutures arbitrii non omittamus juste judicare contemptum. Cum itaque vos quos postmodum ad sedem apostolicam duximus revocandos nequiveritis post revocationem hujusmodi procedere ulterius in premissis ne absque mandato novo de illis vos intromittere valeatis, Nos ut

1. Interlined.

dicti Roberti tam detestando contemptui tanteque rebellionis
audacie castigatio condigna non desit, ne absque vindicta crescat
in aliis a Deo detestabilis presumptionis temeritas per exemplum,
discretioni vestre per apostolica scripta mandamus quatinus vos
vel alter vestrum per vos vel per alium seu[1] alios
excommunicationis et interdicti et alias supradictas sentencias
tam in Romana curia quam per eadem Anglie ac Scotie et Francie
regna et Ybernie, Wallie ac Flandrie et alias partes terras et
loca de quibus vobis videbitur observari per inde inviolabiter
facere valeatis, et illas contra eosdem Robertum, impeditores,
turbatores, complices, adjutores, valitores, consiliarios,
fautores, sequaces et adherentes eosdem et quemlibet eorum
nominatim, et regnum Scotie et ipsorum terras alias aggravari,
ac si jurisdictio nostra vobis in premissis commissa plene
duraret et nequaquam a nobis hujusmodi revocatio processisset.
Ceterum volumus et auctoritate apostolica decernimus quod
quilibet vestrum prosequi valeat articulum et etiam per alium
inchoatum quamvis idem inchoans nullo fuerit impedimento canonico
impeditus, quodque a dato presentium sit vobis et unicuique
vestrum in premissis omnibus et eorum singulis ceptis et non
ceptis presentibus et futuris perpetuata potestas et jurisdictio
attributa ut in eo vigare eaque firmitate possitis in premissis,
omnibus ceptis et non ceptis presentibus et futuris et pro
predictis procedere ac si predicta omnia et singula coram vobis
cepta fuissent, et jurisdictio vestra et cujuslibet vestrum in
predictis omnibus et singulis per citationem vel per modum alium
perpetuata legitimum extitisset, qualibet constitutione contraria
non obstante. Datum Avinion' XV Kalendas Decembris pontificatus
nostri anno quarto.

(*Marginal note:* 'Executio cardinalis'.) Sane si Robertus de Brus
prefatus ceterique fautores ejusdem, complices, adjutores,
valitores, consiliarii et sequaces ac eidem adherentes dampnabiliter in hac parte prudenter adverterent et in recte
considerationis contemptum diligentius cogitarent quomodo Lucifer
ille prestantiorem sublimitatem et dignitatem ac excellenciam
optinuit per ceteros angelos ante lapsum, quomodoque in dampnatam
elatus superbiam se volens ultra debitum exaltare humiliatus
extitit et depressus usque in profundum baratri, et qualiter
Datan et Abyron qui contra Moysen et Aaron servos dominicos
insurgebant terra vivos absorbuit, et cum tabernaculis et
universali substantia eorundem in abissum profunditus sunt
demersi, qualiterque contigerit Absalom propter ingratitudinem
quam commiserat contra patrem, saniori consilio verisimiliter
uterentur tanquam obediencie videlicet et devotionis filii ad
sinum sancte matris ecclesie que ovem erraticam revertentem ad
ovile non reicit revertentes, et de tantis inobedienciis et
insolenciis satisfactionem debitam impensuri ac petituri
misericordiam de commissis, verum quia indurata videritur corde
dicti Roberti et aliorum sibi adherentium ut prefatur, nos
attendentes quod eorum non est in hac parte tanta temeritas
suscipienda immo exaggeranda potius ecclesiastica severitas

1. Interlined.

contra ipsos, ac volentes mandatum apostolicum nobis in
suprascriptis proxime litteris apostolicis attributum
diligentius exequi ut tenemur, vobis et cuilibet vestrum
insolidum ad quod faciendum alter vestrum alterum non expectet
nec alius pro alio se excuset, set *(sic)* ad quem et ad quos
presentes primo pervenerint id primitus exequantur auctoritate
prefata nobis in hac parte commissa in virtute sancte
obediencie et sub penis infrascriptis districte precipiendo
mandamus quatinus latas hujusmodi excommunicationis et
interdicti sentencias observantes et observari etiam facientes,
memoratum Robertum de Brus nominatim et specialiter, necnon
omnes et singulos fautores, complices, adjutores, valitores,
consiliarios et sequaces ejusdem et sibi adherentes nichilominus
in hac parte clericos et personas ecclesiasticas ac laicos
cujuscumque sint dignitatis, gradus, ordinis, auctoritatis,
conditionis aut status, etiam si persone ipse ecclesiastice
archiepiscopali primatie legationis vel episcopali aut alia
quavis prefulgeant dignitate, generaliter, et cum de nominibus
constiterit eorundem nominatim, et persone in ecclesiis vestris
dum missarum ibidem celebrabuntur solempnia, ac in curiis
vestris vestrorumque officialium cum agitabuntur causarum
strepitus in eisdem, sermonibus, predicationibus, colloquiis et
congregationibus publicis ac locis aliis de quibus vobis
videbitur expedire, populo in eisdem astante fideli, palam et
publice diebus singulis feriatis et non feriatis, extinctis
candelis, pulsatis campanis, et ter amplius in qualibet missa
sollempni, semel videlicet post epistolam, secundo post
evangelium et tertio post communionem tamdiu excommunicatos,
regnumque Scotie necnon et terras alias ipsius Roberti
aliorumque suorum quorumcumque fautorum, complicum, adjutorum,
valitorum, consiliariorum et sequacium et eidem quomodolibet
adherentium in hac parte, ecclesias cathedrales et alias
quascumque infra regnum Scotie et terras dictorum adherentium
consistentes, ac monasteria ceteraque loca occupata
ecclesiastica, necnon et omnium et singulorum predictorum
famulum interdicto ecclesiastico subjacere denuncietis, quos
nos etiam denunciamus tenore presentium litterarum, vitetis et
tamdiu denunciari et vitari a vestris subditis artius faciatis
donec de predictis inobedienciis, rebellionibus, excessibus,
invasionibus, congressionibus et occupationibus satisfecerint
competenter et mandatis apostolicis ac nostris venerint
humiliter parituri, et alia omnia et singula faciatis prout
tam idem dominus Lucas quam nos per suprascriptos nostros
processus vobis alia dedimus in mandatis. Ad hec que
convenientius panis subtrahitur famescenti quam si de ipso
securus justiciam parvipendat ideo si prefati Robertus de Brus
necnon et universi ac singuli fautores, complices, adjutores,
valitores, consiliarii et sequaces (Fo.524; N.F.657) Roberti
prefati sibique adherentes contemptabiliter in hac parte clerici
et laici etiam si inter ipsos aliqui sint qui patriarchali
archiepiscopali, legationis, episcopali vel alia quamvis
prefulgeant prepollentia dignitatis, cujuscumque sint
conditionis, ordinis, auctoritatis, dignitatis ac status,

suprascriptas nostras sentencias per triginta dies a data
presentium computandos sustinuerint prout sustinuerint hactenus
dampnabiliter animis obstinatis, nos auctoritate prefata nobis
in hac parte commissa ipsis Roberto, fautoribus, complicibus,
adjutoribus, valitoribus, consiliariis et sequacibus ipsius ac
eidem adherentibus ut suprascribuntur et cuilibet eorundem
communionem, participationem et cujusvis speciei commercium
quorumlibet Christi fidelium exnunc ut extunc interdicimus et
prorsus ipsis nichilominus prohibemus, monemusque ac requirimus
auctoritate eadem primo, secundo et tertio, et moneri per vos
generaliter precipimus et mandamus omnes et singulos patriarchas,
archiepiscopos, episcopos et quoscumque ecclesiarum et
monasteriorum prelatos et personas ecclesiasticas qualescumque
exemptas et non exemptas religiosas et seculares quorumcumque
non mendicantium vel mendicantium et aliorum ordinum, necnon
principes, duces, marchiones, comites, barones, vicecomites,
senescallos, justiciarios, ballivos, adjuratos, communia,
universitates, scabinos, advocatos, populos quoslibet et
personas ecclesiasticas et mundanas et singulos eorundem,
ipsisque tenore presentium inhibemus ne cum memoratis Roberto,
fautoribus, complicibus, adjutoribus, valitoribus, consiliariis
et sequacibus suis ac eisdem adherentibus in hac parte quamdiu
dictis sentenciis pertinaciter subjacebunt aliquod contrahunt
commercium neque particapent cum ipsis edendo, bibendo, emendo,
vendendo bladum, vinum, carnes, pisces, species, pannos, lanas,
ferrum, arma, equos, aliasque quaslibet res vel merces ad dictum
regnum Scotie et terras alias dictorum Roberti suorumque
complicium, fautorum, adjutorum, valitorum, consiliariorum et
sequacium, defferendo, portando, vendendo et quocumque modo alio
in ipsos transferendo et eis venditionis vel alio quovis titulo
ministrando vel emendo etiam ab eisdem nec alia nisi quatenus
participando talibus juris remediis indulgetur, quod si predicti
patriarche, archiepiscopi, episcopi et quicumque ecclesiarum et
monasteriorum prelati et persone ecclesiastice qualescumque
excempte et non exempte, religiose et seculares quorumcumque non
mendicantium vel mendicantium et aliorum ordinum, necnon principes,
duces, marchiones, comites, barones, vicecomites, senescalli,
justiciarii, ballivi, adjurati, communia, universitates, scabini,
advocati, populi quilibet et persone ecclesiastice et mundane
post notificationem monitionum nostrarum hujusmodi secus
fecerint, nos in ipsos et in ipsa, videlicet si persona fuerit
singularis, quantacumque prefulgeat dignitate excommunicationis,
si vero fuerit civitas, castrum vel villa aut universitas,
interdicti, sentencias promulgare curabimus justicia mediante.
Rursus si Robertus prefatus ceterique fautores, complices,
adjutores, valitores, consiliarii et sequaces in predictis
sentenciis sicut jam per viginti menses et ultra non absque
suspicione pravitatis heretice dormicarunt in contemptum nervi
ecclesiastice discipline diutius perdurarint, nos ad inquirendum
super articulis fidei et alia contra ipsos accrius *(sic)* prout
eorum contumacia pertinax postulaverit et suadebit justicia
procedemus et procedi per alios prout justum fuerit faciemus.
Insuper volumus et mandamus quatinus de receptione presentium et

qualiter mandatum nostrum hujusmodi fueritis exequti, ac de
nominibus quorumcumque participantium excommunicatis eisdem
cum vobis constiterit de eisdem nos per vestras patentes
litteras si et quando a latore presentium requisiti fueritis
curetis reddere certiores. Quod in premissa non feceritis
aut in premissis negligentes fueritis vel remissi vel nostris
in hac parte mandatis non parueritis cum effectu nos vobis
dominis archiepiscopis et episcopis quibus ob nostram
reverenciam dignitatem defferre volumus in hac parte exnunc ut
extunc auctoritate prefata, monitione premissa canonica,
ingressum ecclesie interdicimus in hiis scriptis. Quod si
interdictum hujusmodi sustinueritis per sex dies vos in hiis
scriptis suspendimus a divinis, ac in vos et in omnes et
singulos alios prelatos seculares et regulares, exemptos et
non exemptos, quorumcumque ordinum et religionum existant si
in premissis non parueritis et non paruerint ut refertur
excommunicationis sentencie.

In quorum omnium testimonium presentes litteras seu
processus fieri fecimus et per infrascriptum publicum notarium
redegi in formam publici instrumenti nostrique sigilli munimine
roboravi. Datum et actum in domo hospitalis Sancti Johannis
Jerusalemitan' prope Corbolium Paris' diocesis die septima
mensis Junii anno domini millesimo CCC vicesimo, indictione
tertia, pontificatus prefati sanctissimi patris domini Johannis
digna Dei providencia pape XXII anno quarto, presentibus
venerabilibus viris dominis Petro Bonifacii Constancien' et
Petro de Peyreria Ceniemanen' ecclesiarum canonicis et fratre
Johanne Fabri ordinis predicatorum, de Bernardo de Menia clerico
Cartucen' diocesis testibus ad premissa vocatis specialiter et
rogatis. Et ego Willelmus Persone clericus Corisopicen'
diocesis publicus apostolica auctoritate notarius premissis
omnibus et singulis prout suprascripta sunt dum per reverendum
in Christo patrem et dominum prefatum dominum cardinalem fierent
una cum dictis testibus presens interfui, eaque jussus per
eundem dominum cardinalem in hanc publicam formam redegi, et
hic in quatuor injuncturis cartarum presentium sub anno domini,
indictione, die, mense et pontificatu suprascriptis signum
meum apposui consuetum.

142   EXECUTIO CONSERVATIONIS JURIUM DOMINI NEAPOLIONIS CARDINALIS IN
      ANGLIA. The archbishop, as papal judge-delegate, to the rural
      deans of Buckingham, Brackley and Doddington, Lincoln diocese,
      ordering them on pain of excommunication to cite the abbot and
      convent of Biddlesden to hand over to Napoleon, cardinal-deacon
      of St Adrian, the corn and money owing to him, or to appear in
      York Minster on 8 Sept. to show why they had not done so. A
      report was to be made by letters patent. Bishopthorpe 24 July
      1327.

143   (Fo.524v) BULLA PRO TERRIS ET TENEMENTIS QUONDAM TEMPLARIORUM
      HOSPITILARIIS (sic) APPROPRIATIS. To the official of the Court
      of York, or his commissary-general, enclosing a bull of John XXII

(given in full and dated Avignon 20 June 1321) which orders the Archbishop of York and his suffragans to cite all persons who were unjustly occupying or detaining the lands and goods of the Templars to hand them over to the Hospitallers within the space of one month, and if they would not do so to excommunicate them, and place their lands under an interdict.

Text of the bull printed: *Reg. Hethe* (C & Y Soc.), pp.85-9.

144 COMMISSIO AD EXEQUENDUM DICTAM BULLAM ET CONTENTA IN EODEM. *(sic)* Commission to the same, to have the above bull read publicly in York Minster on Sundays and feast-days, both in Latin and in English, and to certify. Bishopthorpe 6 Aug. 1327.

145 (Fo.525; N.F.658) CERTIFICATORIUM FACTUM DOMINO NOSTRO PAPE SUPER EXECUTIONE SENTENCIARUM PER IPSUM LATARUM CONTRA LUDOVICUM DUCEM BAVARIE. The archbishop to Pope John XXII, acknowledging the receipt, by the hand of Thomas de Stowe, of three bulls (dated respectively Avignon, 5 Apr., 13 Apr. and 1 May, 1327) excommunicating Lewis Duke of Bavaria. These arrived at Bishopthorpe on 24 Aug. and were published throughout the city and diocese of York. Bishopthorpe 1 Sept. 1327.

Sanctissimo etc. Willelmus etc. Tres litteras apostolicas patentes sancti vestri nominis vera bulla plumbea ad modum sancte Romane curie bullatas IX Kalendas Septembris anno domini millesimo CCC XXVII apud Thorp' prope Ebor' per manus domini Thome de Stowe clerici recepi prout decuit reverenter, quarum singularum principium et finem in forma nobis in eisdem demandata duximus presentibus inserendum. Principium vero prime bulle sequitur in hec verba:- Johannes etc. Pridem adversus Ludovicum de Bavaria excommunicatum Die et ecclesie sancte sue, fideique Catholice rebellem manifestum et hostem, de fratrum nostrorum consilio certum processum habuimus cujus tenor sequitur sub hac forma:- Johannes etc. ad perpetuam rei memoriam. Quia juxta doctrinam apostoli peccantes publice sunt publice arguendi etc. - finisque ejusdem bulle tenorem continet subsequentem:- Dictum processum et contenta in eo etiam in vulgari in locis solempnibus ubi multitudo populi fuerit et alias expedierit publicetis et faciatis solempniter publicari nos reddituri de publicatione hujusmodi per vestras litteras vel instrumenta publica, principium et finem presentium continentia, infra prefixum in eodem processu terminum certiores. Datum Avinion' nonis Aprilis pontificatus nostri anno undecimo. - Secunda bulla sic incipit, Johannes etc. Archiepiscopo Ebor' ejusque suffraganeis etc. Pridem adversus Ludovicum de Bavaria excommunicatum Die et ecclesie sancte sue fideique catholice rebellem manifestum et hostem de fratrum nostrorum consilio certum processum habuimus cujus tenor subsequitur sub hac forma:- Johannes etc. ad futuram rei memoriam. Ad speculatoris officium noscitur pertinere, etc. et finitur sic:- dictum processum et contenta in eo *(as above)*. Datum Avinion idibus Aprilis pontificatus nostri anno undecimo. - Tertia autem bulla

incipit in hic modum:- Johannes etc. Datum Avinion' Kalendis
Maii pontificatus nostri anno undecimo.

(This third bull is printed: *Reg. Martival II(2)*, C & Y
Soc., pp.537-8.)

Quarum auctoritate litterarum ac mandatorium vestrorum in
eisdem contentorum, dictos processus et contenta in eisdem in
locis solempnibus Ebor' civitatis et diocesis ubi populi
aderat multitudo quatenus temporis brevitas permittebat tam
legendo quam in vulgari Anglice exponendo juxta vim, formam et
effectum litterarum et mandatorum predictorum humilius
reverentur et plenius quo potui publicavi et feci solempniter
publicari. In prosperis et longevis successibus sanctitatem
vestram conservet omnipotens ad salubre regimen sui gregis.
Datum apud Thorp' prope Ebor' kalendis Septembris anno domini
supradicto.

146 LITTERE DIRECTE SINGULIS ARCHIDIACONIS VEL EORUM .. OFFICIALIBUS
PRO OBOLO LEVANDO PRO UNIVERSITATE OXON'. To the official of
the Archdeacon of York, with a note of letters to the other
archdeacons of the diocese or their officials. Mandate to
collect the residue, not yet paid, of the tax of one halfpenny
in the mark on ecclesiastical benefices on behalf of the
university of Oxford, for which Master Thomas de Corbrigg' D.D.,
the official collector, had petitioned the archbishop. The
money was to be collected by Michaelmas, and paid by the feast
of St Simon and St Jude *(28 Oct.)* to Master John de Nassington',
rector of Owston, appointed for the purpose by Master Antony de
Goldesburgh', proctor of the said university. Quit-claims were
to be obtained, and a report made to the archbishop within
eight days of the said feast. Cawood 7 Sept. 1327.

Willelmus etc. officiali etc. salutem graciam et
benedictionem. Advertentes ac pie ad memoriam reducentes quod
dudum ad supplicationem devotissimam dilectorum nobis in Christo
cancellarii et magistrorum universitatis Oxon' ad ipsorum onera
quibus tunc certis ex causis etiam notoriis ut dicebatur
premebantur facilius supportanda singuli oboli de singulis
marcis beneficiorum ecclesiasticorum nostre diocesis juxta
ipsorum taxationem ad decimam sicuti per totam Angliam fuerit
eisdem gratanter ut asseritur concessi, quorum pars aliqua in
singulis decanatibus nostre diocesis per ipsorum decanos
collecta extitit, et Magistro Thome de Corbrigg' sacre pagine
professori, ad collectionem hujusmodi obolorum tunc auctoritate
nostra de consensu procuratoris universitatis predicte deputato,
veraciter persoluta, prout per quamdam cedulam quam vobis
mittimus presentibus interclusam plenius poterit apparere, qui
procurator ad hujusmodi obolorum residuum nondum collectum et
ipsis ut asseritur debitum plenius colligendum nos in dies
excitare non desistit, cujus petitionem tam justam tum propter
dictorum cancellarii et magistrorum, in agro scolastice
discipline sciencie margaritam in domino querentium debitum
favorem, tum propter alia premissa, favore quo possumus nec

76

immerito volentes prosequi cum affectu. Quocirca vobis
committimus et mandamus quatinus moneatis ef efficaciter
inducatis, moneri etiam et induci legitime faciatis, omnes et
singulos rectores vicarios et alios in dicto archidiaconatu
qualitercumque beneficiatos quod de singulis marcis beneficiorum
suorum ecclesiasticorum secundum ipsorum taxationem ad decimam
singulos obolos vobis.. officiali dicte universitatis nomine
citra festum Sancti Michaelis proxime futurum persolvant et
quilibet eorum prout ipsum contingunt persolvat et de eisdem
satisfaciat competenter, ipsos etiam ex parte nostra specialiter
requirentes quos etiam rogamus per presentes, quod premissa
gratanter faciant caritatis intuitu ac precum nostrarum
instantissimo interventu. Revera[1] credimus quod per hoc poterint
penes altissimum plurimum promereri. Proviso quod totam pecuniam
quam vos recipere et etiam levare contigerit in hac parte
Magistro Johanni de Nassyngton' juris canonici professori rectori
ecclesie de Ouston' Linc' diocesis clerico nsotro familiari, ad
hujusmodi pecuniam colligendum et recipiendum ad instantem
petitionem Magistri Antonii de Goldesburgh' predicte universitatis
procuratoris specialiter deputato, citra festum apostolorum
Simonis et Jude proxime futurum totaliter persolvatis,
recipientes ab eodem acquietancias de soluto, certificantes
etiam nos infra octo dies post dictum festum apostolorum Simonis
et Jude de summa pecunie quam receperitis et levaveritis in hac
parte, et de quibus personis, ac prefato Magistro Johanni
solveritis, distincte et aperte per vestras litteras patentes
harum seriem continentes. Valete. Datum apud Cawode VII idus
Septembris anno gracie millesimo CCC vicesimo septimo et
pontificatus nostri decimo.

Et memorandum quod eisdem die et loco emanarunt consimiles
littere .. archidiaconis Richem', Clyvel', Estridyng' et Notingh'
vel eorum ... officialibus.

147 LICENCIA CONCESSA DOMINO LINC' EPISCOPO AD RECIPIENDUM
RATIOCINIA DE EXECUTORIBUS JOHANNIS DE TRIPLE INFRA NOSTRAM
DIOCESEM DE BONIS EXISTENTIBUS IN SUA DIOCESE. To Henry
Burghersh, Bishop of Lincoln, giving to him and to any suitable
persons nominated by him the right to grant probate of the will
of John de Triple so far as his possessions in the diocese of
York were concerned. Bishopthorpe 13 Oct. 1327.

148 (Fo.525v) LITTERA AD ORANDUM PRO ANIMA DOMINI E. NUPER REGIS
ANGLIE DEFUNCTI CUM INDULGENCIA. To the official of the Court of
York, with a note of similar letters to the dean and chapter of
York Minster. Publication of an indulgence of forty days to all
persons praying for the soul of King Edward II, and to priests
celebrating three masses on his behalf before Christmas. Copies
suitably emended were sent also to the Abbots of St Mary's, York,
Selby, Whitby, Fountains, Rievaulx, Byland, Meaux, Welbeck

   1. This sentence is interlined. Oxford was Melton's
   own university.

and Rufford, and to the Prior of Watton. Bishopthorpe 23 Oct. 1327.

Text of the indulgence printed: J. Raine, *N.R.*, p.355.

149 ALIA LITTERA AD ORANDUM PRO DOMINO E. REGE VIVO. To the Bishop of Durham, with copies to the Bishop of Carlisle, the dean and chapter of York Minster and the official of the Court of York or his commissary. Mandate for prayers for the good estate of King Edward III and the kingdom, at the royal request, and with an indulgence of twenty days granted by Pope John XXII. Bishopthorpe 23 Oct. 1327.

Willelmo etc. venerabili fratri nostro L. Dei gracia Dunolm' episcopo salutem et fraternam in domino caritatem. Sedens in throno glorie Christus Deus qui solus reges et regna dirigit et disposuit regnum Anglie cissuris *(sic, recte* 'scissuris') et dissidiis variis laceratum salubriter ut confidemus visitavit dum serenissimum dominum nostrum dominum E. Dei gracia Regem Anglie illustrem in regie statuit solio magestatis *(sic)*, qui non tantum regalis prosapie nobilitate conspicimus set *(sic)* in fidei soliditate firmatus adeo virtutem ornatibus noscitur insignitus, quod sperate bonitatis ipsius affluencia totam terram compulenta *(sic)* spe reficit et in sui devotionem attrahit et attendit. Nos igitur quia tam excellentis dicti domini nostri nominis et honoris augmentum tota mente diligimus, in tam felicibus auspiciis jocunditatis plenitudine delectamur, Christi clemenciam humiliter implorantes quatinus in eo dona gracie celestis adaugeat, regnumque sub suo regimine protegat et tranquillet ut, fugatis dissensionum turbinibus, incole regni quietis et unionis plenitudine glorientur, ac inclita domus Anglicana ipsius decorata preconis apud Deum crescat in meritis et penes homines in eminencia prohibitatis. Verum cum humilem et assiduam Christi fidelium orationum instanciam et alia caritatis subsidia que iram mitigant redemptoris, ad inclinandum ad hec superne munificencie dexteram credimus plurimum oportuna universos et singulos fidei carectere *(probably for* 'charactere') insignitos in visceribus Jesu Christi ut possumus obsecramus quatinus erga regem excelsum humilibus orationibus, missis, elemosinis ac aliis pietatis operibus dignentur insistere, profusam ipsius graciam deprecantes ut super dictum regem dominum nostrum rorem uberem sue benedictionis effundat, actusque suos regat et dirigat ad ipsius Dei beneplacitum, regnique honorem et commodum ac totius ecclesie solacium et munimen. Et ut ad hec animetur facilius devotio fidelium pregustata dulcedine premiorum, sanctissimus in Christo pater dominus noster, dominus J. divina providencia papa XXII omnibus vere penitentibus et confessis singulis diebus quibus pro ipso domino nostro rege orationes effuderint viginti dies de injunctis eis penitenciis per bullam suam, cujus copiam litteris regiis recepimus de publicando eam per totas nostras diocesem et provinciam indulgenciam huiusmodi nobis missis, quam etiam vobis mittimus hiis inclusam, misericorditer relaxavit,

quod in publicam deducimus vobis noticiam per presentes.
Quocirca vestram excitamus fraternitatem specialiter et rogamus
quatinus hujusmodi indulgenciam per dictum dominum nostrum papam
ut premittitur missam in cleri et populi vestrarum civitatis et
diocesis noticiam citius quo poteritis et absque more diffugio
deduci faciatis, ipsos efficaciter ac salubriter inducentes quod
devotis orationibus divinam misericordiam pro dicto domino nostro
rege attente implorent, orationesque apud dominum effundant
humiliter et devote. Et quid in premissis facere decreveritis
harum si placet per latorem nobis plenarie rescribatis. Ad
ecclesie sue regimen vos conservet altissimus per tempora
feliciter successiva. Datum apud Thorp' prope Ebor' die et anno
tam gracie quam pontificatus proxime supradictis.

Memorandum quod eisdem die et loco emanaverunt consimilia littera
Episcopo Karl'. Item, alia .. decano et capitulo ecclesie nostre
Ebor'. Item, alia officiali curie nostre Ebor' vel ejus
commissario, mutatis mutandis.

150 PROCURATORIUM MAGISTRI ALANI DE CONYNGESBURGH' AD RECIPIENDUM IN
CURIA ROMANA DE MERCATORIBUS DE SOCIETATE BARDORUM M.CC. FLORENOS
AUREOS. Letters of proxy under the archbishop's seal to Master
Alan de Conyngesburgh' D.C.L. to receive, in the papal curia,
the sum of twelve hundred golden florins due from the *società* of
the Bardi to the said archbishop, and to quitclaim them. Cawood
9 Nov. 1327.

   Noverint universi quod nos Willelmus etc. dilectum nobis in
Christo Magistrum Alanum de Conyngesburgh' juris civilis
professorem exhibitorem presentium nostrum verum et legitimum
procuratorem facimus et constituimus ac etiam ordinamus, dantes
et concedentes eidem plenam potestatem et mandatum specialem
nomine nostro et pro nobis mille et ducentos florenos aureos de
Florencia in quibus Jacobus, Nicholaus, Franciscus de Brandon',
Petrus Reyneri et socii sui, mercatores de societate Bardorum de
Florencia, per litteras suas obligatorias patentes signo dicti
Petri Reyneri consignatas nobis tenentur solvendum ducentum et
M.[1] in curia vicelicet Romana nobis aut procuratori nostro
cuicum que de dicta societate aut quocumque socio ejusdem ad opus
nostrum recipiendi, post receptionem hujusmodi dictas litteras
obligatorias predicte societate aut cuicumque ejusdem socio
restituendi, et de receptis si neccesse fuerit acquietanciam
faciendi ac omnia et singula alia expediendi que in premissis et
circa ea fuerint necessaria seu etiam oportuna. Ratum et gratum
habiturus quicquid dictus procurator noster in hac parte duxerit
faciendum. In cujus rei testimonium huic presenti procuratorio
sigillum nostrum duximus appendendum. Datum apud Cawode V idus
Novembris anno gracie et pontificatus proxime supradicto.

   1. 'et M' have been added later in the margin.

151 OBLIGATIO MERCATORUM PREDICTORUM DE FLORENIS PREDICTIS. Letters
patent under the seal of Peter Raynery *(sic)* of the *società* of
the Bardi acknowledging that he and his fellow-merchants owed

twelve hundred golden florins to the archbishop. York 14 Oct. 1327.

Noverint universi quod nos Jacobus, Nicholaus, Fra͞ ͞cus de Grandon *(sic)*, Petrus Raynery et socii nostri, mercato͞ ͞ de societate Bardorum, tenemur et per presentes obligati sumus venerabili in Christo patri et domino Willelmo Dei gracia Ebor' archiepiscopo Anglie primati, in mille et ducentos florenes aureos de Florencia, solvendos eidem vel suo procuratori in curia Romana hoc scriptum obligaturi ostendenti in curia predicta in festo Sancti Nicholai *(6 Dec.)* proxime futuro sine ulteriore dilatione. Ad quam quidem solutionem tunc ibidem fideliter faciendum obligamus nos et dictos executores et omnia bona nostra mobilia et immobilia districtionem et cohercionem cujuscumque judicis ecclesiastici vel secularis quem dictus venerabilis pater duxerit eligendum. In cujus rei testimonium ego predictus Petrus Reynery sigillum meum presentibus nomine meo et consociorum meorum predictorum mercatorum de societate predicta apponi in testimonium premissorum. Datum apud Ebor' XIIII die mensis Octobris anno domini mille CCCXXVII.

152 (N.F.659. Interleaved.) (NO HEADING) Letter of Pope John XXII to Edward III, granting an indulgence of twenty days to all who shall duly pray for the King. Avignon 1 Sept. 1327.[1]

1. See also no.149.

153 (N.F.660.Interleaved.) (NO HEADING) Writ of Privy Seal from Edward III to the archbishop, enclosing the above papal letter and asking him to publish it throughout the province. Nottingham 17 Oct. 1327. Written in French.

Printed: J. Raine, *N.R.*, p.351.

154 (Fo.526; N.F.661) LITTERA DIRECTA DOMINO PAPE PER QUAM DOMINUS ARCHIEPISCOPUS REGRATIATUR EIDEM DE GRACIA ET FAVORE SEMPER PER EUNDEM IMPENSIS SUPER VISITATIONE CAPITULI EBOR'. The archbishop to Pope John XXII, thanking him for his kindness in the matter of the visitation of the chapter of York Minster, complaining of the ravages of the Scots, and recommending to him Master Alan de Coningesburgh D.C.L., the archbishop's proctor at the curia. Cawood 9 Nov. 1327.

Sanctissimo etc. Willelmus etc. De Archano sinus vestri prodiit michi sanctitatis vestre pupillo refugium singulare dum michi per judicium rationis ad morsum consciencie deducto pro visitatione mea de capitulo ecclesie nostre Ebor' debite facienda ne sanguis subditorum quos vestre beatitudinis michi licet indigno commisit auctoritas pro suarum regimine animarum de manibus meis quod absit dampnabiliter requiratur per litteras apostolicas plurimum graciosas eadem divino intuitu viam aperuit veritatis, quod tam graciose initiatum tam justo libramine ponderatum vestra dignetur sanctitas duce Dei spiritu qui vos dirigere creditur in agendis fini debito precipere commendari.

Et quidem pro tanto beneficio et aliis vestre servulo magnifi-
cencie preostensis Jesus sit queso munificencie retributor, qui
pro temporalibus eterna, pro terrenis celestia beatius elargitur.
Ceterum, sancte pater, etsi partes diocesis et provincie mee per
aggressus Scottorum pestiferos, cum per incendia tum per rapinas
et per alia infortunia tot erumpnis subiciuntur et flagitiis
opprimuntur quod oculi talia intuentium vix a lacrimis se
poterunt cohibere. Quippe non minus nobilium edificia quam
simplicium mansiones passim rediguntur, quod dolenter referimus,
in cinerem et favillam et quamquam nostrarum vires facultatum
oneribus nobis incumbentibus vix sufficiant hiis diebus, quas
longe ampliores predecessorum nostri *(sic)* suis prosperis
temporibus obtinebant, quoddam tamen habetur secretum modice
quantitatis quod vestre beatitudinis presencie ex parte nostra
si placet Magister Alanus de Coningesburgh' juris civilis professor, noster in sacrosancta curia Romana procurator perferat
ut optamus, sui in dicendis nomine nostro et pro nobis fidem
dignetur vestra sancta paternitas adhibere ad exauditionis
graciam cum favoris adminiculis si libeat acceptantes. Ad
gregis vobis commissi regimen et tutelam vos dirigat et
corroboret altissimus in longevam. Scriptum apud Cawode V idus
Novembris.

155 AD EXHENNIUM[1] FACIENDUM DOMINO PAPE PER A. DE CONYNGESBURGH'
NOMINE DOMINI. The archbishop to Master Alan de Conyngesburgh,
D.C.L., his proctor at the papal curia, directing him to present
to the pope a thousand florins repaid to him by the *società* of
the Bardi and to hand in certain petitions, concerning which the
archbishop has already written to the pope and the papal
secretary Bernard Stephani. The archbishop reports that although
he and the chapter of York were discussing an agreement, yet his
attempt at visitation upon 12 April was opposed by armed force.
He asks the pope to intervene and send someone to enforce the
agreement, a copy of which he encloses, asking for its safe
return together with the pope's reply. Cawood 9 Nov. 1327.

W. etc. dilecto filio Magistro Alano de Conyngesburgh'
juris civilis professori ac nostro in curia Romana procuratori
salutem, graciam et benedictionem. Licet tam per Scottorum
incursus quam indigenarum occursus sicut nostis, qui paulominus
in rerum depredatione nobis hactenus pepercerunt crebris
angustiis simus multotiens obvoluti, non tamen pro nostris set
(sic) tenentium nostrorum facultatibus quas exquirant, occupant
et consumunt, domino tamen nostro pape qui nos et negotia nostra
prout interdum sensimus prosequitur cum favore, exhennium
quamquam modice quantitatis, mille videlicet florenos auri de
Florencia per manus vestras hac vice volumus presentari, quos
quidem florenos una cum ducentis florenis de societate Bardorum
Avinion' morantium per litteras Petri Reyneri ejusdem
societatis socii unam videlicet obligatoriam patentem et aliam
clausam eis de eadem societate super hoc directas, quas vobis
mittimus, vos nomine nostro recipere volumus et mandamus, ita

1. For 'xenium', a present.

quod domino nostro pape dictos mille florenos nostro nomine ut premittitur presentetis et de ducentis florenis quadraginta florenos domino Bernardo Stephani dicti domini nostri pape secretario nostro nomine pro munusculo conferatis residuos pro negotiorum nostrorum in curia Romana sumptibus et expensis si qui forsitan inveniantur reservantes, et quot de eis domino Aldredo solvi debeant pro labore suo arbitrio vestro duximus reliquendum. Ad quos quidem mille et ducentos florenos de dicta societate Bardorum Avinion' commorantium ut premittitur recipiendum vobis per harum bajulum procuratorium mittimus speciale. Ordinamus etiam quasdam petitiones dicto domino nostro pape per vos inter alia porrigendas, quas vobis mittimus hiis inclusas in forma competente secundum curie consuetudinem redigendas, quas etiam eidem domino nostro pape porrigere satagatis circa quarumque finalem expeditionem utinam graciosam viriliter insistere studeatis. Scribimus enim dicto domino nostro pape ut vos ad exauditionis graciam admittat et reddat si placet favorabiliter expedit, dirigimus etiam litteras nostras domino Bernardo Stephani prefati domini nostri pape secretario quod vobis assistat in agendis, quo consilio et favore utrumque tamen tam dominum papam quam dictum dominum Bernardum prece prestringimus cordiali quatinus uterque eorum fidem vobis credulam adhibeat in dicendis prout per ipsarum tenorem litterarum quarum copias ad vestri informationem pleniorem vobis mittimus hiis inclusas lucide poterit apparere. Credencia vestra erit ista, quod de exilitate exhenii quod mittimus domino nostro pape ex causis in litteris sibi directis quarum per copia poteritis informari et ex aliis quas poteritis excogitare dignetur nos habere si libeat excusatos, ad monendum etiam sanctitatem suam de concedendo petitiones memoratas, causas de materia ipsarum petitionum poteritis elicere et alias quas vestra exquiret prudencia, et ipsas coram eodem domino nostro papa brevius et melius quo poterit allegare, ad hec in vestram deducimus noticiam quod nos et capitulum nostrum ecclesie nostre Ebor' sumus in tractatu pacis, et creditur a plerisque quod adinvicem *(illeg.)* in unum domino disponente. Unde consensum extitit inter nos et capitulum memoratum quod die statuto ad ipsum capitulum visitandum ipsum capitulum ingrederemur et ipsos de eodem capitulo usque ad duodecimum diem mensis Aprilis expectaremus ad idem faciendum quod essemus facturi, quo die adveniente nos ad dictam ecclesiam causa hujusmodi expectationis faciendi personaliter accedentes, hostia ipsius ecclesie inveniemus clausa et multi armati interius extiterunt. Set *(sic)* demum per quoddam hostium[1] secretum dictam ecclesiam et deinceps dictum capitulum cum quibusdam de clericis nostris introeuntes ipsos de capitulo tunc legitime citatos et monitos ad subeundum visitationem nostram, ut per certificatoria[2] sufficientia tunc ibidem exhibita plenius apparebat, ad dictum diem omnibus in eodem statu remanentibus duximus[1] expectandum. Set *(sic)* quia postmodum a quibusdam intelleximus quod dicti armati si ad

1. Interlined.

2. Conjectural. The MS is much rubbed.

censuras ecclesiasticas tunc temporis processissemus[1] nos et
familiam nostram ac dicti domini nostri pape subexecutores aut
subdelegatos proposuerant occidisse nimium[1] perturbamur et etiam
commovemur. Unde expediret judicio nostro quod dominus noster
papa super hoc et casibus similibus per viam constitutionis[1]
penalis[1] de remedio oportuno salubriter provideret. Verumptamen
quia condictum est inter nos et capitulum nostrum quod mittatur ad
curiam Romanam ad impetrandum aliquem fidelem ad partes qui
compositionem quamdam super vistatione dicti capituli factam in
quam tam cleri[1] de consilio nostro quam ipsi de capitulo videntur
quodamodo consentire valeat confirmare, quodque interim
appellationis prosecutiones et querele inter nos et dictum
capitulum pendentes penitus conquiescant, non expedit adhuc
dictos capituli excessus domino nostro pape vel aliis intimare
ne venire videremur contra formam condicti et etiam bonam fidem,
set *(sic)* de remedio cogitetis in futurum utinam sanius
adhibendo circa dictarum petitionum nostrarum et aliorum
negotiorum nostrorum in curia existentur expositionem, utinam[1]
folicem[1] tanta diligencia laborantes quod vestras fidem et
industriam teneamur merito commendare. Copiam compositionis
predicte vobis in littera dante domino transmittemus, si quod
autem procuratorium generale penes vos habeatis noveritis nos
illud decetero penitus revocasse, cujus copia vel originale
nobis quamcitius poteritis una cum responsione domini nostri pape
ad petitiones nostras predictas per vos sibi exhibendas ac vestra
felici expeditione earundem et omnium aliorum supradictorum
transmittere satagatis. Valete. Datum apud Cawode V idus
Novembris, pontificatus nostri anno undecimo.

    1. Conjectural.

(See also Nos. 150-1.)

156 (Fo.526v) CERTIFICATORIUM SUPER NOVA TAXATIONE BENEFICIORUM
ARCHIDIACONATUS CLYVEL' ET LIBERTATIS DE ALVERTONSHIR' CUM
TENORE COMMISSIONIS DOMINI. William de Alberwyk' precentor of
York Minster and the Prior of Holy Trinity, York, to the
archbishop, acknowledging his mandate addressed to them and to
Sir Thomas de Stayngreve, succentor of York Minster and Master
Robert called Littestre canon of Ripon, and dated Cawood 31 Dec.
1327. This mandate encloses a writ of Edward III (given in full
and dated Gloucester 22 Dec. 1327) ordering the archbishop to
appoint reliable men to make a fresh assessment, for the purpose
of tax, of benefices in his diocese ravaged by the Scots and to
report to the exchequer. Melton orders that the recipients, or
any two or three of them, should do this in the archdeaconry of
Cleveland and the liberty of Allertonshire. William and the
prior report that they have done this and enclose a list (not
given) under their seals. York 25 Jan. 1328.[1]

    1. Marginal note that the letter and list were forwarded to
      the exchequer.

157 CERTIFICATORIUM DOMINI FACTUM THESAURARIO ET BARONIBUS SUPER HUJUSMODI TAXATIONE. The archbishop to the treasurer and barons of the Exchequer, enclosing the above letter and list. He reports that he has appointed as collectors of the tenth the Abbot of St Mary's, York, for the main part of the diocese and the Prior of Thurgarton for the archdeaconry of Nottingham. Cawood 31 Jan. 1328.

158 CERTIFICATORIUM SUPER NOVA TAXATIONE ECCLESIARUM ARCHIDIACONATUUM EBOR' ET RYCH' PER SCOTOS DESTRUCTARUM. The Prior of Cartmel and Robert de Dufton', rector of Scruton, to the archbishop, acknowledging a mandate (as above, no.156) addressed to them and to Master Alan de Chirden S.T.P. and the Abbot of Coverham, concerning the archdeaconries of York and Richmond, and enclosing under their seals and that of the Archdeacon of Richmond, a list of assessments (not given). Kirkham 30 Jan. 1328.[1]

> 1. Marginal note in similar terms to that appended to No.156.

159 COMMISSIO AD AUDIENDUM COMPOTUM SEU RATIOCINIUM TESTAMENTI DOMINI MATILDIS DUDUM COMITISSE LANC'. Mandate to Master Richard de Gloucestr' official-principal of the Bishop of Winchester, or his commissary-general, to grant probate of the will of Maud, late Countess of Lancaster. Bishopthorpe 3 Mar. 1328.

160 (Fo.527; N.F.662) VIDE LITTERAM REGIS SCOTIE PER QUAM FATETUR SE SUBDITUM REGII ANGLIE. Confirmation under the papal *bulla*, by Alexander III, of letters of William the Lion requesting that authority over the Scottish church be restored to the Archbishop of York. Anagni, 13 May 1176. Addressed to Archbishop Pont L'Eveque and the dean and chapter of York Minster.

> Printed: Haddan and Stubbs, *Councils and Ecclesiastical Documents* (1873) vol.I, part I, pp.244-5. Spurious? See also *Regesta Regum Scottorum* II, no.157.

161 (NO HEADING.) Mandate to the official of the Court of York or his commissary-general to cite the clergy of the diocese to obey the summons of Edward III (given in full and dated York 5 Mar. 1328) to appear in Parliament at Northampton three weeks after Easter. The archbishop in particular is warned not to bring a tumultuous multitude of armed followers. The return is to be certified by letters patent. Bishopthorpe 11 Mar. 1328.

> Willelmus etc. Officiali etc. Breve regium recepimus in hec verba:- Edwardus etc. Cum in parliamento nostro apud Ebor' convocato magna et ardua negocia nos et statum regni nostri contingencia proposita fuissent que propter absenciam quorundam prelatorum et aliorum magnatum et procerum regni nostri tunc non poterant terminari, super quibus et aliis diversis negociis de

assensu omnium prelatorum et magnatum et procerum in eodem
parliamento nostro tunc existent, apud Northampton' a die pasche
proxime futuro in tres septimanas parliamentum tenere et
vobiscum ac omnibus aliis prelatis, magnatibus et proceribus
dicti regni colloquium habere ordinavimus et tractatum, vobis
mandamus in fide et dilectioni quibus nobis tenemini firmiter
injungentes quod omni excusatione postposita dictis die et loco
personaliter intersitis nobiscum et cum ceteris prelatis,
magnatibus et proceribus predictis super dictis negotiis
tractaturi vestrum consilium impensuri. Et hoc sicut nos et
honorem nostrum ac tranquillitatem regni nostri diligitis modis
omnibus faciatis, ne quod absit per vestri absencium expeditionem
dictorum negotiorum non absque nostri et totius regni nostri
dispendio contingat prorogari diutius seu differri. Scientes pro
certo quod aliquem procuratorem pro vobis seu pro aliquo prelato
vel magnate ad presens propter arduitatem negotiorum predictorum
admittere non intendimus quovismodo. Et premuniatis decanum et
capitulum ecclesie vestre Ebor', archidiaconos, totumque clerum
vestre diocesis quod iidem .. decanus et archidiaconi in propriis
personis suis, dictumque capitulum per unum, idem clerus per
duos, procuratores idoneos plenam et sufficientem potestatem ab
ipsis capitulo et clero habentes dictis die et loco intersint ad
faciendum et consentiendum hiis que tunc ibidem de communi
consilio divina favente clemencia ordinari contigerit super
negotiis antedictis. Et quia ante hec tempora negotia in
hujusmodi parliamentis tractanda impedita fuerunt ex eo quod
nonnulli magnates cum multitudine tumultuosa hominum armatorum
ad parliamenta illa accesserunt, et populus partium ubi
parliamenta illa tenta fuerunt dampnificatus extitit et gravatus,
volumus et firmiter precipimus quod omnes et singuli de regno
nostro cujuscumque status seu conditionis fuerint qui ad dictum
parliamentum venire voluerint modo debito et absque alia
hujusmodi multitudine sub forisfactura omnium que nobis
forisfacere poterunt accedant, ita quod per ipsorum adventum
indebitum negotia nostra non regardantur, seu patria in hac
parte oneretur indebite quovismodo. Teste meipso apud Ebor' V
die Martii anno regni nostri secundo. - Quocirca vobis mandamus
quatinus omnes et singulos archidiaconos totumque clerum nostre
diocesis premuniatis celeriter ac debite vice nostra quod dicti
archidiaconi personaliter, clerusque per duos procuratores
idoneos etc. (as above). Certificantes nos de omni eo quod
feceritis in premissis citra diem in dicto brevi contentum
distincte et aperte per vestras patentes litteras harum seriem
vel nomina archidiaconorum in hac parte citatorum ac procuratorum
constituendorum plenius continentes. Datum apud Thorp' prope
Ebor' V idus Martii anno gracie M.CCC.XXVII et pontificatus
nostri XI.

162 COMMISSIO SUPER QUADAM BULLA POST ITER ARREPTUM CONTRA EPISCOPUM
LYCH' VEL EJUS ... OFFICIALEM. Archbishop Melton, appointed as
papal judge-delegate, together with the priors of Newstead-in-
Sherwood and Worksop (by a bull of John XXII dated Avignon 5 Mar.
1328) to settle the dispute between Thomas de Stoke, perpetual

vicar of St Werburgh's, Derby, and the Bishop of Lichfield or
his official-principal, deputing his powers as judge-delegate
in this case to the prior of Thurgarton. Leeds 22 June 1328.

163 (Fo.527v) CERTIFICATORIUM ABBATIS MONASTERII BEATE MARIE EBOR'
COLLECTORIS DECIME DOMINO REGI PER CLERUM CONCESSE DE
QUIBUSCUMQUE SOLUTIONIBUS QUIBUSCUMQUE PERSONIS VIRTUTE
MANDATORUM REGIORUM FACIENDIS. Alan, abbot of St Mary's, York,
and collector of the royal tenth granted by the clergy of the
diocese, excluding the archdeaconry of Nottingham, acknowledging
the archbishop's letter dated Bishopthorpe 5 June 1328, enclosing
a royal writ (given in full and dated Northampton 16 May 1328)
requiring details of payments already made and forthcoming from
the subcollectors to the Exchequer. The abbot encloses a list.
Poppleton 12 June 1328.

Willelmo etc. Alanus etc. collector decime domino nostro
regi per clerum Ebor' diocesis, archidiacono Notingh' dumtaxat
excepto per vos deputatus obedienciam etc. Litteras vestras
nuper recepimus tenorem qui sequitur continentem:- Willelmus etc.
Breve regium die confectionis presentium recepimus in hec
verba:- Edwardus etc. Willelmo etc. Quia quibusdam de causis
volumus quod thesaurarius et barones nostri de scaccario nostro
ac alii fideles nostri quos deputavimus ad ordinandum de
quibusdam negotiis nos et statum hospitu nostri tangentibus per
vos certiorentur in quindena Sancte Trinitatis proxime futura
(between 29 May and 12 June 1328) apud Ebor' ad ultimum de
singulis mandatis nostris vobis seu subcollectoribus decime
nobis per clerum regni nostri concesse in diocesi vestra per vos
deputatis tam per brevia de magno sigillo nostro seu sigillo
scaccarii nostri quam per litteras sub privato sigillo nostro
post festum Sancti Michaelis proxime preteritum *(29 Sept. 1327)*
directis de solutionibus quibuscumque faciendis et de quibus
summis et quibus personis et quantum pretextu mandatorum
nostrorum predictorum inde per vos seu ipsos solutum fuerit et
cui vel quibus, et quantum inde adhuc restat solvendum, vobis
mandamus quod predictos thesaurarium et barones de premissis
omnibus et singulis citra diem predictum per vos seu
subcollectores predictos reddatis distincte et aperte certiores,
remittentes eis tunc hoc breve. Teste meipso apud North' XVI
die Maii anno regni nostri secundo. - Quocirca vobis mandamus
quatinus de omnibus et singulis mandatis regiis vobis a festo
Sancti Michaelis proxime preterito, sive sub magno sigillo sive
sub sigillo scaccarii sui aut privato sigillo suo vobis
directis, de quibuscumque solutionibus faciendis et de quibus
summis et quibus personis et quantum, pretextu mandatorum
regiorum predictorum inde per vos solutum fuerit, cui et quibus
et quantum inde adhuc restat solvendum, nos citra quindenam
Sancte Trinitatis distincte et aperte certificetis per vestras
litteras patentes harum seriem continentes. Valete. Datum apud
Thorp' juxta Ebor' nonis Junii anno gracie M.CCC XXVIII et
pontificatus nostri undecimo. - Cujus auctoritate mandati vestre
paternitati reverende significamus quod dominus Henricus de Percy

habet ex assignatione brevis de scaccario nobis directi ad recipiendum de X^a supradicta CXLVIII libras XVIII solidos, quam summam eidem per tallia in scaccario levatam liberavimus. Liberavimus etiam Johanni de Ros ex assignatione brevis de scaccario LX libras XI solidos VI denarios similiter per talliam solutas. Item dominus Radulphus de Nevill' habet ex assignatione brevis de scaccario CCCIIII^{XX}XVI libras XIX solidos IIII denarios de quibus libris eidem per acquietanciam CLXVI libras XIII solidos IIII denarios et restat adhuc solvendum eidem CCXXXI libre VI Solidi. Item mercatores de societate Bardorum habent ex assignatione brevis de scaccario CCCC libre de quibus libris eisdem per acquietanciam CIIII^{XX} libri. Et restant adhuc solvende eisdem CCXX libre. Item dominus Johannes de Burghdon' habet ex assignatione brevis de scaccario IIIIXVI^{XX} libre VI solidi de quibus libris eidem per acquietanciam ejusdem XIII libre VI solidi VIII denarii. Et restant adhuc solvende eidem IIII^{XX} II libre XIX solidi IIII denarii. Item Ricardus del Pol habet ex assignatione brevis de scaccario CC libre de quibus nichil adhuc solvere potuimus. Et sic de summa totalis assignationis predicte restant adhuc solvenda DCCXXXIIII libre V solidi IIII denarii. Valeat et vigeat vestra paternitas reverenda per tempora diuterna. Datum apud Popilton' II idus Junii anno domini supradicto.

164 CERTIFICATORIUM PRIORIS DE THURGARTON' SUPER EADEM. Similar notification by the prior of Thurgarton in respect of the archdeaconry of Nottingham. Thurgarton 16 June 1328.

Reverende igitur paternitati vestre notificamus per presentes quod dominus noster Rex Anglie illustris primo scripsit nobis per breve sub sigillo suo privato ad solvendum in garderoba sua domino Roberto de Wodehous custodi ejusdem garderobe totam pecuniam per nos de dicta decima tunc levatam virtute cujus mandati solvimus dicto domino Roberto per unam acquietanciam C libras. Postea scripsit nobis idem dominus Rex per breve de scaccario suo ad solvendum Sarre que fuit uxor Roberti de Leyburn' militis CCV libras XI solidos VIII denarios et ad recipiendum de eadem billam de garderoba et acquietanciam dictam summam continentem, quarum pretextu talliam in scaccario suo nobis levare faceret. Postea vero idem dominus Rex per breve suum de privato sigillo scripsit nobis ad solvendum prefate Sarre dictas CCV libras XI solidos VIII denarios non obstante aliquo mandato contrario nobis directo vel dirigendo. De qua quidem summa eidem Sarre jam satisfecimus ad plenum, recipientes ab ea predictam billam de garderoba una cum acquietancis dicte Sarre predictam summam continente. Postea scripsit nobis aliter idem dominus Rex per breve de cancellario et postea per unum breve de scaccario et tertio per breve de privato sigillo ad solvendum Ricardo de la Pole pincerne domini Regis C libras, cui nondum quicquam solvimus. Restant tamen adhuc in manibus debitorum VI libras II solidos. Et sic mandatum vestrum reverendum secundum sui effectum in omnibus sicut decet sumus reverenter executi. Datum apud Thurgarton XVI kalendas Julii anno gracie M.CCC.XXVIII.

165 LITTERA DOMINI REGIS H. PATENS PER QUAM NON INTENDIT PREJUDICARE DOMINO ARCHIEPISCOPO EBOR' DE FEODIS SIBI DEBITIS DE REBELLIBUS ET INIMICIS DOMINO REGI RATIONE IPSORUM FORISFACTURIS DE CORPORE DOMINI SYMONIS DE MONTE FORTI. ET MEMORANDUM QUOD LITTERA REGIS ORIGINALIS EST IN THESAURARIO EBOR'. Copy of letters patent of King Henry III (the original being in the treasury at York) by which the King declares that he desires no prejudice to accrue to the archbishop as a result of forfeiture of lands in the counties of York, Nottingham and Gloucester by adherents of Simon de Montfort Earl of Leicester. Marlborough 18 Nov. 1267.

H. Dei gracia etc. omnibus ad quos presentes littere pervenerint salutem. Cum terre et tenemente inimicorum et rebellium nostrorum qui Simoni de Monteforti quondam Comiti Leyc' et fautoribus suis inimicis nostris tempore guerre que nuper in regno nostro mota per ipsum Simonem ad exhereditionem nostram et destructionem corone nostre adheserunt et que sunt de feodis magnatum ejusdem regni per forisfacturam dictorum inimicorum nostrorum et communi consensu et consilio eorundem magnatum ac fidelium regni nostri ad nostram ordinationem et dispositionem hac vice pertineant, salvis capitalibus dominis homagiis et serviciis suis inde debitis et consuetis, ac nos secundum ordinationem et dispositionem predictas quasdam terras et tenementa inimicorum nostrorum que sunt de feodo venerabilis patris W.Ebor' archiepiscopi in comitatibus Ebor', Notingh' et Glouc' quibusdam fidelibus nostris contulerimus, volumus et concedimus pro nobis et heredibus nostris quod occasione alicujus concessionis nostre de terris et tenementis que sunt de feodis predicti archiepiscopi occasione predicta aliquibus factis nichil eidem archiepiscopo vel successoribus suis in wardis, releviis aut rebus aliis ad eos pertinentibus depereat in perpetuum aut eis propter hoc prejudicium generetur, salvis nobis et heredibus nostris hiis que ad nos secundum regni nostri consuetudinem pertinent ratione terrarum et tenementium que de nobis tenentur in capite. In cujus rei testimonium has litteras nostras fieri fecimus patentes. Teste meipso apud Merlebergh' XVIII die Novembris anno regni nostri LII.

166 (Fo.528; N.F.663) INDULGENCIA CONCESSA PRO OPERE SANCTI WILFRIDI VIDELICET XL DIES. Testimonial for Sir John de Fitlyng' and John de Lumby, and for their proxies Thomas de Ulskelf' and William de Barneby super Done, official collectors on behalf of St Wilfrid's church at Ripon and its fabric fund, with an indulgence of forty days to all contributors. Ripon 29 July 1328. The clause concerning the said Thomas and William added at Bishop Burton 31 Aug. 1328.

Printed: *Memorials of Ripon* (Surtees Soc. vol.LXXVIII, pp.98-9.

167 LITTERA CONCESSA FRATRIBUS HOSPITALIS DE ALTO PASSU PRO ELEMOSINIS QUERENDIS PER TOTAM ARCHIEPISCOPATUM ET PROVINCIAM EBOR'. Letters of recommendation for the collectors on behalf of the hospital of San Jacopo at Altopascio, enclosing a copy of a bull of John XXII (not given) under the archbishop's seal. Addressed to all the clergy of the city, diocese and province of York. Cawood 17 Sept. 1328.

168 BULLA PAPALIS AD FACIENDUM PSALMUM *LETATUS SUM* DICI IN SINGULIS MISSIS POST *PATERNOSTER*. ET MEMORANDUM BULLE ORIGINALES MITTENTUR EPISCOPIS DUNELM' ET KARL' AC COPIA EJUSDEM SUB MAGNO SIGILLO DOMINO EPISCOPO CANDIDE CASE, CUM QUIBUSDAM VERBIS PRECEDENTIBUS ET ETIAM SUBSEQUENTIBUS. John XXII to the Archbishop and suffragans of York, directing them to publish throughout the province an earlier bull (but dated on the same day and in the same place) in which he ordered prayers for peace and preservation from error to be said, with the inclusion of the psalm *Letatus sum*[1] after the *Paternoster*, at Mass, offering an indulgence of twenty days to all who should participate. Avignon 20 June 1328. Note that originals from the Curia were sent to the Bishops of Durham and Carlisle, and a copy under the archbishop's great seal to the Bishop of Whithorn.

Johannes etc. Pro statu totius corporis ecclesie mistici qui procurantibus hoste pacis ejusque membris turbatur sepius sicut et impresentiarum turbari noscitur, ad capud *(sic)* ejus qui Christus est, cui turbationibus hujusmodi finem dandi subest posse cum voluerit, recurrantes, quasdam speciales orationes in missarum solempniis fieri de consilio fratrum nostrorum indulgencia per nos certa concessa super hoc ordinavimus prout[2] plenius continetur in litteris nostris inde confectis quarum tenor sequitur sub hac forma:- Johannes etc. ad perpetuam rei memoriam. Discipulorum Christi gesta nos instruunt ut in pelago hujus mundi procella surgente ad divinum confugium *(sic, a mistake for* 'refugium'?) recurrere debeamus illi quidem commotione maris adeo grandi facta ut fluctus naviculam quam Jesum sequentes intraverant operirent ipsum dormientem vocibus excitarunt supplicibus et adversus ingruentes tempestatis impetus salutis presidium postularunt. Cum itaque catholicam ecclesiam que congregationem fidelium comprehendit videamus, quod dolentes referimus, pacis emuli zizaniorum satoris malicia procurante discordiarum flatibus concitatam, earumque fluctus adeo elevatos quod quasi operiant ipsam totam, hereticos insuper ecclesiam ipsam cernamus ac cismaticos *(sic)* impugnare ferociter ac ut inconsutilem domini tunicam scindant multipliciter laborare, cum fratribus nostris deliberatione prehabita diligenti expediens immo necessarium potius extimamus ut ad illum qui ad dextram patris residet in excelsis, qui capud *(sic)* est congregationis ejusdem cuique potestas omnis tam in celo quam in terra noscitur tradita, eique venti ac maria obsecundant

1. Psalm 122. ('I was glad when they said unto me.')

2. Interlined.

levemus cum manibus corda nostra, ipsumque devotis pulsantes precibus apud eum sedulis orationibus insistamus ut insurgentes premisse fremitus tempestatis que quasi universorum Christicolarum regna concutit, subditos in dominos fidelitatis violate federe erigit, hereticis, scismaticis ac rebellibus ecclesie sancte Dei insurgendi contra ipsam, ejusque jura usurpandi insania dampnabili ausu pandit, flatus cessare, fluctusque predictos quiescere sua faciat omnipotente virtute, cordaque hereticorum, scismaticorum, aliorumque rebellium ad Dei et ecclesie unitatem et devotionem inclinet et habilitet, vel si forsan in premissis pertinaciter intendant persistere ipsorum elidat superbiam eorumque obstinatam maliciam sue virtute dextere conterat et prosternat, corda quoque subditorum ad eorum superiores ac ipsorum superiorum convertat ad subditos, ipsosque desidentes in concordie unitate conservet et confirmet (Fo.528) sicque dat ipsis superioribus presidere quod sic regant ut dirigant, eorumque regimen cedat subditis ad salutem perpetuam quietem et pacem, nobisque ipse cujus providencia in sui dispositione non fallitur modos et vias aperiat per quos hec in votis gerimus efficaciter promovere possumus. Et quia in missarum solempniis ad Deum consueverunt[1] preces effundi devotius de eorundem fratrum consilio ordinamus quod in singulis missarum celebrationibus post dictum a celebrante *Pater Noster* responsioneque secuta, antequam in missa ulterius procedatur, illud canticum *Letatus sum in hiis que dicta sunt michi* totum cum *Gloria Patri* a religiosis, clericis et aliis litteratis presentibus cum devotione dicatur. Et post(ea) dicantur *Kyrie, Christe, Kyrie* et *Pater Noster*. Et post(ea) isti versiculi subsequantur *Domine salvos fac reges, Exandi nos in die in qua invocaverimus te, Salvum fac populum tuum domine et benedic hereditati tue, Rege eos et extolle illos usque in eternum, Fiat pax in virtute tua et habundancia in turris tuis, Domine exaudi orationem meam et clamor meus ad te veniat, Dominus vobiscum, Et cum spiritu tuo.*
Orationes vero − *Ecclesie tue quesumus domine preces benignius admitte ut destructis adversitatibus et erroribus universis secura tibi serviat libertate. Et illam hostium nostrorum quesumus domine elide superbiam eorumque contumaciam dextere tue virtute prosterne, per Christum dominicum nostrum.* Dicat celebrans consequenter *Nos omnes Christi fideles ad exequendum supradicta promptius donis volentibus spiritualibus animare omnibus vere penitentibus et confessis tam ipsis celebrantibus et eis assistentibus observantibus supradicta quam aliis preces tunc devotas Deo fundentibus pro premissis, diebus et missis singulis quibus hoc fecerint viginti dies de omnipotentis Dei misericordia et beatorum Petri et Pauli apostolorum ejus auctoritate confisi de injunctis sibi penitenciis relaxamus.* Datum Avinion' XII Kalendas Julii pontificatus nostri anno XII. − Ut autem tam utiles tamque necessarie preces hujusmodi locum exauditionis votive facilius et uberius multiplicatis intercessoribus obtineant apud Deum, fraternitatem vestram

1. Interlined.

monemus hortamur et rogamus attente, vobis in remissionem peccaminum nichilominus injungentes quatinus in locis vestrarum
civitatum et diocesum de quibus vobis videbitur, ac in sermonibus
religiosorum et aliorum publicis contenta in eis litteris eis[1]
expositis nichilominus ut melius intelligantur ab omnibus in
vulgari per vos vel per alium seu alios solempniter publicantes
orationes easdem juxta tenorem litterarum predictarum in missis
quas vos celebrare continget decetero et per omnes tam
religiosos quam seculares presbiteros earundem civitatum et
diocesum fieri, circumstantibus clero et populo devote similiter
orantibus, sic solerter et fideliter faciatis quod vos et ipsi
possitis indulgenciam predictam consequi et alia retributionis
eterne premia promereri. Datum Avinion' XII Kalendas Julii
pontificatus nostri anno duodecimo.

    1. Interlined.

169 BREVE REGIS PRO DECLARATIONE AMBIGUITATUM IN CERTIFICATORIO
DOMINI SUPER NOVIS TAXATIONIBUS BENEFICIORUM UT ASSERITUR
CONTENTARUM.   Writ of Edward III directed to the archbishop,
asking for further information about certain benefices re-assessed
for taxation because of devastation by the Scots. This was
needed by the exchequer. Witnessed by R. de Notingham, York 24
Oct. 1328.

     Edwardus etc. Willelmo etc. Cum nuper ad prosecutionem
cleri vestre diocesis nobis suggerentis quamplura beneficia
ecclesiastica in eadem diocese vestra per frequentes invasiones
Scotorum inimicorum et rebellium nostrorum quamplurimum esse
destructa per quod ad decimam nobis per clerum vestre provincie
de bonis suis ecclesiasticis jam concessam nobis juxta antiquam
taxationem prestandam non sufficerent, et supplicantis ut
beneficia illa sic destructa de novo taxari, et decimam juxta
eandem taxationem levari faceremus ad opus nostrum, vobis
mandaverimus quod aliquos fidedignos ad supervidendum beneficia
predicta et ad eadem beneficia que aliter occasione premissa
taxata non fuerunt secundum verum valorem eorundem[1] de novo
taxareret assignaretis, ita quod decima inde secundum eandem
taxationem levari posset ad opus nostrum, et facta taxatione
predicta thesaurario et baronibus de scaccario nostro inde
redderetis sub sigillo vestro distincte et aperte certiores, ac
vos virtute brevium nostrorum vobis super premissis directorum
quedam beneficia sic destructa de novo taxari feceritis, et
thesaurarium et barones de eodem scaccario nostro de illa
taxatione per litteras vestras certificaveritis, in quibus
quidem certificationibus ambiguitates diverse sunt reperte, eo
quod in rotulis de particulis antique taxationis bonorum
spiritualium et temporalium cleri vestre diocesis ad dictum
scaccarium nostrum existentibus invenitur beneficia et temporalia
subscripta esse taxata, videlicet ecclesiam de Omelyngton'
(unidentified) in decananatu de Bulmer ad XXV marcas, vicarium
ecclesie Sancti Felicis *(Feliskirk)* in eodem decanatu ad X

    1. Interlined.

libras, ecclesiam de Whiteby *(Whitby)* in decanatu de Cliveland'
ad L marcas, ecclesiam de Lyth' *(Lythe)* cum capella in eodem
decanatu ad L marcas, ecclesiam de Thornton *(Thornton Dale)*
preter pensionem decanatu de Ridale ad XX marcas, pensionem
rectoris ecclesie de Thorp' Basset *(Thorpe Bassett)* in eodem
ad XX marcas, vicariam ejusdem ad C solidos ecclesiam de
Appelton *(Appleton-le-Street)* preter pensionem eodem decanatu
ad LXX marcas, pensionem abbatis de Sancto Albano in eodem ad VI
marcas, vicariam ejusdem ad C solidos, ecclesiam de Wharrompercy
(Wharram Percy) decanatu de Bucros ad XL marcas, vicariam ejusdem
ad X marcas, pensionem abbatis Beate Marie Ebor' in ecclesia de
Scrayngham *(Scrayingham)* ad V marcas, temporalia abbatis de
Stanlou *(Stanlaw)* ad XXIIII libras III solidos IIII denarios et
quod custos domus de Cokerham *(Cockerham)* habet de temporalibus
XIII libras. Et in dicta taxatione de novo facta invenitur quod
ecclesia de Kilvyngton' *(South Kilvington)* dicte decanatus de
Bulmer taxatur ad XX marcas, que quidem ecclesia inseritur
ibidem ut dicitur pro ecclesie de Omelyngton', et quod ecclesia
de Felicekirk' taxatur ad VI marcas, que non taxatur in dictis
rotulis de particulis, et nulla fit mentio de vicaria ejusdem
ecclesie, et quod ecclesia de Whiteby taxatur ad XXX marcas,
dicta ecclesia de Thornton' ad X libras, ecclesia de Lyth' ad
XX marcas, ecclesia de Apelton' ad XX libras et ecclesia de
Wharrompercy ad XXXV marcas, et nulla fit mentio ibidem utrum
videlicet capelle in dictis ecclesiis de Whiteby et Lyth' seu
etiam vicarie et pensiones in dictis ecclesiis de Thornton',
Apelton' et Wharrompercy infra dictas novas taxationes
ecclesiarum predictarum contineantur necne. Et quoad hoc quod
continetur in dicta nova taxatione quod portio abbatis[1] Beate
Marie Ebor' in ecclesia de Scrayngham taxatur ad XL solidos, et
portio abbatis de Whalley in Stanyng' *(Staining)* ad X marcas,
et temporalia domus de Cokerham ad V marcas et unde dicta portio
prefati abbatis Beate Marie Ebor' in dicta ecclesia de Scraingham
ponitur pro pensione ipsius abbatis in eadem, portio abbatis de
Whalley in Stanyng' pro temporalibus abbatis de Stanlou, et
temporalia domus de Cokerham pro temporalibus domus de Cokerham,
ut predictus abbas Beate Marie Ebor' collector X predicte in
parte dicte diocesis vestre dicit. Nos volentes quod
thesaurarius et barones de dicto scaccario nostro super
premissis plenius certiorentur, vobis mandamus quod habita inde
informatione pleniori articulos predictos prout indigent
declarari faciatis. Et de toto facto vestro in hac parte eisdem[1]
thesaurario et baronibus de scaccario nostro apud Ebor' in
octavas Sancti Martini *(11-18 Nov.)* constare faciatis. Quia
etiam dictus collector super compoto suo de X predicta ad dictum
scaccarium nostrum demandit litteras vestras de nova taxatione
bonorum thesaurarii ecclesie Ebor' et ecclesie de Holtby dicte
diocesis vestre, et nichil inde ad dictum scaccarium nostrum
certificatur, vobis mandamus quod si thesaurarium et ecclesiam
predictas de novo taxari fecerit, tunc de taxatione illa et
virtute cujus mandati illa fecistis eosdem thesaurarium et

1. Interlined.

92

barones ad diem predictum reddatis certiores, hoc breve ibidem remittentes. Teste R. de Notingham apud Ebor' XXIIII die Octobris anno regni nostri secundo.

170 RESPONSIONES AD PREDICTAS AMBIGUITATES.[1] The archbishop's reply to the questions raised by the King in the preceding letter. Settrington 17 Nov. 1328.

Per rotulum de particularibus antique taxationis bonorum spiritualium et temporalium cleri Ebor' diocesis et per certificationes factas ad scaccarium per archiepiscopum Ebor' de quibusdam beneficiis de novo taxatis et per barones, RESPONSIONES AD PREDICTAS AMBIGUITATES. Ad ambiguitates in nostris ut asseritis certificatoriis super novis taxationibus beneficiorum ecclesiasticorum per invasiones Scotorum destructorum factis et ea occasione postea taxatorum vobis transmissis surrendemus et[2] easque[2] sic duximus declarandum, quod ecclesia de Kilvyngton' in decanatu de Bulmer taxatur de novo ad X marcas set *(sic)* an pro ecclesia de Omelyngton' ponatur ignoramus, vicaria ecclesie de Felicekirk ad VI marcas set *(sic)* ipsa ecclesia non taxatur quia fuit Templariis etiam appropriata, ecclesia de Whiteby integra cum suis capellis ad XX libras, ecclesia de Lyth' integra cum suis capellis ad XX marcas, ecclesia de Thornton' integra ad X libras, ecclesia de Appelton' integra[3] in quia nulla est vicaria ad XX libras, ecclesia de Wharrompercy integra in qua tempore concessionis dicte decime seu dicte taxationis facte nulla fuit vicaria, quamvis nunc unus inibi existat vicarius, cujus vicaria in pecunia consistit numerata, taxatur ad XXXV marcas, et ipsa ecclesia post hujusmodi concessionem decime et taxationem predictas fuit et est religiosis viris priori et domui de Hauthemprise *(Haltemprice)* appropriata, et ipsius vicaria ut premittitur in pecunia numerata veraciter ordinata. Et portio abbatis (Fo.529; N.F.664) Beate Marie Ebor' sive pensio quocumque nomine censeatur in ecclesia de Scrayngham taxatur ad XL solidos. Portio abbatis de Whalley in Stayning' in parochia de Pulton' *(Poulton-le-Fylde)* que olim fuit abbatis de Stanlou ad X marcas. Temporalia domus de Cokerham spiritualibus annexa ad V marcas, set *(sic)*an ipsa temporalia pro temporalibus custodis domus de Cokerham ponantur necne ignoramus. Sciatis insuper quod virtute cujusdam brevis regii nobis nuper directi quod vobis misimus non est diu et cujus copiam nichilominus et ex habundanti vobis mittimus huic annexam thesauraria ecclesie nostre Ebor' cum suis membris atque locis ratione previa ad CX marcas secundum verum valorem ejusdem est taxata. Ecclesia vero de Holteby virtute cujusdam alterius brevis regii nobis ut premittitur directi cujus etiam copiam vobis mittimus huic brevi annexam ad IIII marcas est taxata, istud breve regium secundum

1. The heading appears after the introductory clause 'per rotulum .... per barones'.

2. *Et* and *que* are both given.

3. Marginal drawing of a pointing hand.

ipsius formam et tenorem vobis transmittendo. Datum apud
Setrington XV Kalendas Decembris anno gracie M.CCC.XXVIII et
pontificatus nostri XII.

171 (NO HEADING.) The archbishop to Itherius de Concoreto, canon
of Salisbury and papal nuncio, quoting in full his letter given
at London 9 Dec. 1328, demanding payment of outstanding debts
of Peter's Pence before the octave of Candlemas *(2-9 Feb.)*.

The text of this letter is printed in *Reg. Martival II bis*,
p.594.

Melton replies that he has no outstanding debts of Peter's Pence,
but that in reverence for the Holy See, he has arranged to pay
the next assessment, namely eleven pounds and ten shillings due
after Easter, by the hand of *dilectum vallettum nostrum* Simon
de Swanneslond', draper *(pannarius)* and citizen of London.
Cawood 27 Dec. 1328.

172 (NO HEADING.) The archbishop, as papal judge-delegate together
with the priors of St Oswald's and Drax, to the archdeacon of
Coventry or his official, ordering him to cite John de Burbache
who claimed to be a canon of Arbury to appear in York Minster
on the first juridical day after the feast of St James *(26 July
1329)* to answer a case brought against him by John de Sutton'
prior of Arbury. A report was to be made by letters patent.
Southwell 30 May 1329.

173 (NO HEADING.) Writ of Edward II directed to the executors of
John Dalderby, late Bishop of Lincoln[1] asking them to examine
the register of the taxation of Pope Nicholas IV and find out
whether certain *spiritualia* and *temporalia* belonging to the
Archbishop of York, namely a corrody in the Bedern of
Beverley, the church of Kinoulton, the manor of Churchdown and
some lands in the diocese of Lincoln, had been included in the
general sum of two thousand marks at which the archbishop's
possessions had been assessed, or whether the nineteen pounds,
fourteen shillings and fourpence which they paid was the result
of a separate assessment. Witnessed by the Bishop of Exeter.
York 11 May 1323.

A reply was sent to the effect that after investigation all
these possessions were found to be included in the general
assessment.

Rex dilectis sibi executoribus testamenti J. nuper Linc'
episcopi defuncti salutem. Suggesit nobis venerabilis pater
Willelmus archiepiscopus Ebor' quod omnia bona spiritualia
et temporalia ad archiepiscopatum Ebor' spectantia, tam in
provincia Ebor' quam in diocesibus Lincoln' et Wygorn' et
etiam ubicumque in regno nostro per dudum Lincoln' et Wynton'
episcopos collectores decime sexennalis ecclesie Anglicane
per Nicholaum papam quartum imposite ad duo milia marcarum

1. He died on 12 Jan. 1320.

tantum fuerunt taxata, et quod tempore taxationis ejusdem
corrodium domini archiepiscopi in Bederna Beverl', quod quidam
Walterus le Boteller tunc habuit ad tempus ex dimissione
archiepiscopi ejusdem loci, ac etiam ecclesia de Kynaldestowe in
decanatus de Byngham in archidiaconatu Not' in diocese Ebor',
manerium de Chirchedon' cum membris in comitatu Wygorn',
temporalia archiepiscopi dicti loci in decanatu de Langhowe
Boby, Helpeslawe et Wraghou in diocese Lincoln', taxata ad XIX
libras XIIII solidos IIII denarios ut dicitur et a tempore quo
memoria non existit fuerunt et sunt particule possessionum ad
dictum archiepiscopatum spectantium et sub taxatione dictorum
duorum milium marcarum comprehensa. Et quia certis de causis
volumus quod thesaurarius et barones de scaccario nostro per
originale registrum de taxatione predicta quod penes vos remanet
sicut fertur super premissis certiorentur, vos mandamus quod
scrutato[1] eodem registro dictis thesaurario et baronibus sine
dilatione constare faciatis distincte et aperte si dictum
corrodium in Bederna Beverl' fuit tempore taxationis predicte de
possessionibus dicti archiepiscopatus et si ipsum corrodium et
dicta ecclesia de Kynaldestowe, predictum manerium de Chirchedon'
cum membris et predicta temporalia dicti archiepiscopi in
diocese Lincoln' sub taxatione dictorum duorum milium marcarum
comprehendantur an sint particule per se taxate et infra ipsam
summam duorum milium marcarum nullatenus comprehense. Et
remittatis ibi tunc hoc breve. Teste W. Exon' episcopo
thesaurario nostro apud Ebor' XI die Maii anno regni nostri
sextodecimo. - Scrutatis rotulis et memorandis taxationis pro
tempore impositionis decime per quondam dominum Nicholaum papam
quartum imposite, comperimus in eisdem quod spiritualia omnia et
temporalia ad archiepiscopatum Ebor' pertinentia in Anglia
ubilibet et divisim[1] per singulares particulas estimata in
universo ad summa duorum milium marcarum in solutione decime et
non ultra per dominos Lincoln' et Wynton' episcopos infrascriptos
taxata fuerunt infra cujusmodi taxatione corrodium dicti
archiepiscopi in Bederna Beverl', ecclesia de Kynaldestowe in
archidiaconatu Noting' et decanatu de Byngham eidem archiepisco-
patui appropriata, manerium de Chirchedon' cum membris in diocese
Wygorn' et temporalia ejusdem archiepiscopi infra diocesem
Lincoln' consistentia ut possessiones dicti archiepiscopatus
adtunc continebantur, et adhuc etiam in solutione decime
continentur.

    1. Interlined.

174 (Fo.529v) (NO HEADING.) Letters of Urso, proctor-general of the
hospital of San Spirito in Saxia, Rome, and custodian of the
church of All Saints, Writtle, appointing John de Bristoll'
clerk as his proctor for all business in the province of York
concerning the said hospital. Under the seal of the community.
York 22 Mar. 1329.

175 INDULGENCIA SANCTI SPIRITUS DE URBE. The archbishop to the
clergy of the diocese and province of York. Letters of

recommendation for John de Bristoll', collector of alms for
the hospital of San Spirito in Saxia, ordering the clergy to set
his cause above all others except the fabric fund of York
Minster. Valid until 5 Jul. 1331. Bishopthorpe 23 Mar. 1329.

176 QUESTUS EJUSDEM. List of the papal and other indulgences
available to benfactors of the hospital of San Spirito in
Saxia, with a description of the charitable works done therein.

Auctoritate apostolica hec potestas committitur curam
animarum habentibus absolvendi parochianos suos congrue
conferentes bona sua in subsidium hospitalis Sancti Spiritus de
Urbe Romana, ubi sudarium Christi bis in anno ostenditur, et
tunc absolvuntur a domino papa omnes benefactores dicte domus,
presentes et absentes, ibi hospites divites et pauperes
honorifice recipiuntur, orphani nutriuntur, pauperes puelle de
bonis domus maritantur vel in religione ponuntur, mulieres
pregnantes ibi recipiuntur donec purificentur, mortui
sepeliuntur, et ibi fiunt omnia opera misericordie ut testatur
dominus papa in suo privilegio. Et bona ejusdem hospitalis non
sufficiunt ad talia opera misericordie facienda nisi subsidio
fidelium juvarentur. Unde dominus papa Innocentius IV et XV
pape unusquisque per se de injuncta sibi penitencia quotiens
Christi fideles suas dederint elemosinas ad hoc unum annum et
quadraginta dies relaxat. Item Bonifacius papa VIII septimam
partem injuncte penitencie relaxat. Summa indulgenciarum a
Romanis pontificibus, cardinalibus, archiepiscopis et episcopis
concessarum XXXVI anni. Date igitur elemosinam ut omnia munda
sint vobis, quoniam elemosina a morte liberat, et ipsa est
que purgat peccata et facit invenire vitam eternam, quia sicut
aqua ignem ardentem extinguit, sic elemosina peccato resistit.
Et similiter participes fiunt vel fient omnium bonorum operum
hospitalis supradicti et sub Beati Petri et dicti domini
Bonifacii pape VIII protectioni consistant. Item, per eundem
Bonifacium in alio suo privilegio concesso omnibus
benefactoribus sancti hospitalis septima pars penitencie
similiter relaxatur. Et dominus Johannes papa XXII qui nunc
est ratificat et confirmat omnes indulgencias supradictas.

177 (NO HEADING.) The archbishop to Itherius de Concoreto, papal
nuncio, acknowledging his letter (given in full and dated
London 11 Aug. 1329) asking for a list of reserved benefices
collated in the province, diocese and city of York since 20
Feb. 1326. The list is to be sent before Michaelmas 1329.
Melton encloses it. Ripon 22 Aug. 1329.

Venerande discretionis viro domino Itherio de Concoreto
canonico Sar' domini nostri pape et apostolice sedis in Anglia,
Scotia, Wallia et Hibernia nuncio, Willelmus etc. salutem
cum nostri benedictione et gracia salvatoris. Litteras vestras
patentes XIII Kalendas Septembris (recepimus)[1] in hec verba:-
Reverendo etc. Itherius etc. Salutem in eo qui est omnium vera

1. Conjectural.

salus. Auctoritate apostolica qua fungimur in hac parte cum
reverencia quam decet vos requirimus, ex nostra rogamus, quatinus
de beneficiis ecclesiasticis cum cura vel sine cura, exemptis et
non exemptis, etiam si dignitates, personatus vel officia
fuerint que a XX die mensis Februarii anno domini millesimo CCC
XXVI in vestris ecclesia, civitate, diocese et provincia Ebor'
auctoritate apostolica ex speciali reservatione vel aliter
extiterunt collata et de presenti obtinentur, ac de nominibus ea
obtinentium per vos vel alium seu alios particulariter et
distincte diligentius inquiratis, et quicquid inde repereritis
nos citra instans festum Beati Michaelis particulariter et
distincte ut predicitur per vestras patentes litteras harum
seriem continentes curetis reddere certiores ut exinde juxta
formam cujusdam mandati apostolici noviter nobis missi utilius
procedere valeamus. Datum London' sub sigillo officii nostri die
XI Augusti anno domini M.CCC.XXIX. - Quarum virtute litterarum
de beneficiis ecclesiasticis dignitatibus, personatibus et
officiis de quibus in eisdem vestris litteris fit mentio, que a
XX die mensis Februarii anno gracie millesimo CCC XXVI in nostris
ecclesia, civitate, diocese et provincia Ebor' auctoritate
apostolica ex speciali reservatione vel aliter extiterunt
collata et de presenti obtinentur, ac de nominibus ea
obtinentium particulariter et distincte inquiri fecimus
diligenter, unde repertum est quod a dicto XX die archidiaconatus
Richem' dicto Roberto de Wodehous ex speciali reservatione,
prebenda de Stilyngton (Stillington) in curia Romana vacante
Johanni de Godeleye per dominum nostrum papam, prebenda de
Barneby (Barnby) domino Nicholao de Hugate, prebenda de Hustwayt
(Husthwaite) ecclesie nostre Ebor' domino Johanni Morel per
ipsorum executores auctoritate sedis apostolice, subdiaconatus
(sic, recte 'subdecanatus') ecclesie nostre predicte Ebor' et
prebenda de Northneubald' (North Newbald) domino Urso nato
Neapolionis de filiis Ursi, necnon prebenda de Ampelford'
(Ampleforth) in dicta ecclesia nostra in curia Romana Magistro
Manueli de Flisco (Fieschi) ex causa permutationis cum quadam
alia prebenda in ecclesia Attrabanensi (Arras) in dicta curia ut
dicitur facte. Item prebenda de Farndon (Farndon-cum-Balderton)
Magistro Francisco filio Neapolionis de Urbe de filiis Ursi
(Orsini) et prebenda de Stok' (Stoke) domino Johanni de
Northwode in ecclesia cathedrale Lincoln', vacantes et in nostra
diocese existentes ex speciali reservatione sedis apostolice, ac
ecclesia parochialis de Rempston' (Rempstone) nostre diocesis
Johanni de Shirburn' clerico in forma pauperum impetranti per
ipsius executores auctoritate dicte sedis. Item, ecclesia
parochialis de Hornse (Hornsea) domino Isarno de Rapistagno ex
speciali reservatione, et ecclesia de Langeton (Langton)
Magistro Johanni de Pokelyngton' clerico impetranti in forma
pauperum per ipsius executores, ecclesia parochialis de
Fisshelak' (Fishlake) Magistro Petro Vaurelli per dominum
nostrum papam ex speciali reservatione, vicaria ecclesie de Ledes
(Leeds) domino Radulfo Potman de Seleby (Selby), vicaria
ecclesie de Ledesham (Ledsham) Ricardo de Grymeston', ecclesia

de Marton *(Marton in Craven)* cuidam Willelmo, impetrantibus in
forma pauperum per ipsorum executores, ac una prebenda de
Northwell' *(Northwell)* in ecclesia nostra Beate Marie de Suwell
(Southwell) Magistro Johanni de Thoresby in forma speciali
impetrata per ipsius executores divisim sunt collate, qui
prenominati premissa beneficia obtinent in presenti. Prebenda
vero de Nunewik' *(Nunwick)* (Fo.530; N.F.665) et de Sharhou
(Sharow) in ecclesia nostra collegiata Ripon' post dictum diem
vacarunt, super quibus lites et controversie pendent adhuc
indecise, super quibus vos particulariter et distincte ut
predicitur reddimus certiores ut exinde ulterius facere
valeatis que vobis incumbunt in hac parte. Diu et feliciter
in domino valeatis. Datum apud Ripon' XI Kalendas Septembris
anno gracie millesimo CCC.XXIX. et pontificatus nostri XII.

178 (NO HEADING.) To John XXII, thanking him for support in the
dispute, now happily concluded, with the chapter, and asking
his support against the Bishop of Durham in matters which
Alan de Conyngesburgh' D.C.L. can explain further. Ripon
no date.

Printed: J. Raine, *N.R.*, p.358.

179 (NO HEADING.) To the Bishop of Carlisle[1] enclosing a bull of
John XXII (given in full and dated Avignon 31 Aug. 1329)
ordering the reservation for the use of the papacy of the
first-fruits of benefices in the province of York vacant or
becoming vacant in the next three years, together with a mandate
from Itherius de Concoreto, papal nuncio, sent by the hand of
Master Peter Vaurelli rector of Fishwick. This mandate orders
the archbishop to tell his suffragans to report to the A. and C.
of St Mary's, York, subcollectors, concerning such benefices,
and to cite their holders to appear at York before the said
A. and C. within one month. The archbishop is to do likewise
in his own city and diocese and to certify. This mandate is
dated London 26 Oct. 1329. The Bishop of Carlisle is ordered
to carry it out within one month. Cawood 10 Jan. 1330.

Papal bull printed: *Reg. Martival*, Vol.II part 2, pp.622-5.[2]

1. The introductory paragraph has been interlined after
the papal bull was copied in.

2. The first word in this copy is, however, *Diras* and not,
as in Martival, *curas*.

180 (Fo.530v) CERTIFICATORIUM DIRECTUM ABBATI ET CONVENTUI EBOR'
SUPER BENEFICIIS ECCLESIASTICIS VACANTIBUS A TEMPORE
RESERVATIONIS. The archbishop to the A. and C. of St Mary's,
York, enclosing a list of benefices vacant since the time
specified by the papal nuncio[1] and promising to report other
vacancies as they occur. Cawood 5 Feb. 1330.

1. See No.178.

(Fo.531; N.F.666) ..... In archidiaconatu Ebor'. Ecclesia de
Acastr' Malebys *(Acaster Malbis)*. Vicaria ecclesie de
Broddesworth' *(Brodsworth)*. Ecclesia de Mitton. Ecclesia de
Arkeseye *(Arksey)*. Ecclesia de Smytheton' *(Kirk Smeaton)*.
In archidiaconatu Clyveland'. Ecclesia de Middelton' *(Middleton
in Pickering Lythe)*.
In archidiaconatu Richem'. Ecclesia de Well'.
In archidiaconatu Estriding'. Ecclesia de Wresel *(Wressell)*.
Vicaria ecclesie de Nafferton'.
In archidiaconatu Not'. Archidiaconatus Notingh'. Ecclesia de
Barneby-Super-Wythum *(Barnby-in-the-Willows)*.

181 (NO HEADING.) To the same, enclosing a further list of benefices
vacant. Bishopthorpe 6 Aug. 1330.[1]

.....In archidiaconatu Ebor'. Ecclesia de Hoton' Wandesleye
(Hutton Wandesley). Vicaria Ecclesie de Gikleswyk' *(Giggleswick)*.
Ecclesia de Magna Sandale *(Sandal Magna)*. Ecclesia de
Wermesworth *(Warmsworth)*.
In ecclesia Suwell'. Prebenda de Eton' *(Eaton)*.
In archidiaconatu Estriding. Ecclesia de Elveley *(Kirk Ella)*.
De prepositura Beverl'. Ecclesia de Welleswyk' *(Welwick)*.
Sacristia ecclesie Beverl'.
In archidiaconatu Clyveland'. Ecclesia de Scaleton' *(Scawton)*
Ecclesia de Lyth' *(Lythe)*.
In ecclesia Ripon'. Prebenda de Scharhowe *(Sharow)*.

   1. Marginal note to the effect that this is the return for
      the first year and that others will follow annually.

182 BULLA DECIME QUADRIENNALIS IMPOSITE CLERO CIVITATIS, DIOCESIS ET
PROVINCIE PER DOMINUM J. PAPAM XXII. To the A. and C. of St
Mary's, York, enclosing a bull of John XXII (given in full and
dated Avignon 3 Jan. 1330) which grants to Edward III, on his
request, conveyed by William de Montacute and Bartholomew de
Burghersh, a quadrennial tenth from the clergy of England, Wales
and Ireland, to be divided equally between the pope and the king,
and orders the archbishop to make arrangements for its collection
in his province. Melton appoints the said A. and C. to be
responsible for the collection in York Minster, the other
collegiate churches of the diocese, Allertonshire and the
archdeaconries of York and Cleveland, with power of canonical
coercion. Bishop Burton 1 Sept. 1330.

   Willelmus etc. Abbati etc. Litteras sanctissimi in Christo
patris et domini nostri domini J. etc. recepimus tenorem qui
sequitur continentes:- Johannes etc. *(to the Archbishop and
suffragans of York)* Nuper dilecti filii nobiles viri Guillelmus
de Monte Acuto et Bartholomeus de Burghassch' milites carissimi
in Christo filii nostri Edwardi regis Anglie illustris nuncii, ad
nostram presenciam venientes pro parte regis ejusdem proponere
curaverunt quod rex prefatus intensis optat desideriis
ecclesias et personas ecclesiasticas regni et terrarum suarum sic
in suis juribus privilegiis et immunitatibus ab injuriis et

violenciis protegere ac tueri quod divinis possint intendere,
famulatumque suum pacifice altissimo exhibere, sicque terras
et regnum predictam *(sic, recte* 'predictas') sibi, regis regum
assistente dextera, laudabiliter regere quod in illis inter
improbos tuta innocencia perseveret, set *(sic)* quia multorum
exigente malicia rex prefatus adeo in sui novitate regiminis
et etiam ante fuit guerris et variis turbationibus aliis
occupatus quod ut regnum predictum ad pacificum statum
reduceret ipsum periculis exponere variis ac innumera subire
oportet profluvia expensarum, quod nedum suum evacuari
erarium[1] set *(sic)* eum etiam oportuit summittere grandibus
et importabilibus oneribus debitorum. Cumque premissa sine
sancte matris ecclesie subsidio commode nequeat sicut prefati
proposuerunt nuncii adimplere, nobis pro parte regis ejusdem
humiliter supplicarunt ut ad predicta necnon ad intensum quem
idem rex gerit affectum nobis et ecclesie complacendi nostrum
intuitum convertentes, aperire sibi sinum nostre benevolencie
in tanto necessitatis articulo dignaremur. Nos premissa
diligencius attendentes, licet prefato regi compatiamur
paternis affectibus, super eis considerantes tamen
multiplicia onera expensarum quibus ecclesia Romana ob
hereticorum et sismaticorum *(sic, recte* 'schismaticorum') ac
rebellium suorum furentem sevitiam et intumescentem superbiam
qui ecclesiam ipsam crudeliter et immaniter persequi et
molestare, fidemque catholicam impetere periculose nimium, in
partibus Italie presumpserunt hactenus et incessanter presumunt
pregravata extiterit quamplurimum et gravatur continue supra
vires, necnon gravia pericula quibus ecclesia memorata et
fides ipsa catholica subicerentur si propter defectum expensarum
ad quas ministrandas proventus nostre camere sunt exiles nimium
indefense, quod avertat altissimus, remaneret, diligenti
meditatione pensantes providere assistente nobis divina gracia
cupimus quod utriusque necessitatibus, videlicet ejusdem
ecclesie super predictis suis oneribus ac regis prefati ut suum
utique Deo gratum circa ea que predicti proposuerunt nuncii
desiderium adimplere commodius valeat aliqualiter consulatur.
Ideoque deliberatione cum nostris fratribus prehabita super
hiis diligenti, decimam omnium vestrorum et aliorum proventuum
et redditum ecclesiasticorum in regno Anglie ac Wallie et
Ibernie terris et partibus predictis consistentium per quatuor
annos ab instanti festo Resurrectionis dominice in antea
computandos a vobis et omnibus et singulis personis
ecclesiasticis, exemptis et non exemptis, regni, terrarum et
partium eorundem preterquam a dilectus filiis magistro et
fratribus hospitalis Sancti Johannis Jerusalimitani qui contra
hostes fidei Christiane exponunt jugiter se et sua, quosque
propter hoc a prestatione hujusmodi decime exemptos esse[2]
volumus et immmunes juxta modum exigendam solitum de dictorum
fratrum consilio auctoritate apostolica per litteras nostras

1. Treasury.
2. Interlined.

duximus imponendam, volentes et ordinantes quod inter nos pro
nostris et ejusdem ecclesie regemque predictum pro suis utilius
relevandis necessitatibus annis singulis decima ipsa divideretur
equaliter sicut inferius continetur. Volumus etiam quod per vos
et alios archiepiscopos et episcopos regni, terrarum et partium
predictorum in vestris singulis civitatibus et diocesibus a
personis et[1] locis earundem civitatum et diocesum in duobus
terminis singulis annis ejusdem[1] quadrennii, videlicet pro
medietate in festo nativitatis Beati Johannis Baptiste *(24 June)*
et pro alia medietate in festo Beati Martini *(11 Nov.)* extunc
proxime subsequenti quod vobis et eisdem personis ad predictam
solvendam decimam per easdem litteras nostras prefiximus et etiam
assignavimus, colligetur et exigetur predicta decima, et per vos
de vestris redditibus et proventibus juxta morem observatum
hactenus[2] solveretur, et cum in singulis eisdem terminis collecta
et per vos de vestris redditibus et proventibus ut premittitur
persoluta fuisset, illi vel illis quem vel quos ad eam
recipiendam a vobis deputaremus per vos et vestrum singulos
assignaretur integraliter in terminis supradictis cujus quidem
decime medietatem pro nobis et eadem ecclesia in ipsorum et
ipsius relevationem onerum committendam retinere et aliam
medietatem prefato regi vel suo certo mandato assignare ille
vel illi qui a nobis deputarentur ut prefatur super hujusmodi
procurarent. Nos vero in omnes et singulos cujuscumque forent
preeminencie, dignitatis aut status qui aliquid de pecunia dicte
decime aliter reciperent excommunicationis sentenciam duximus
promulgandam. Preterea volumus quod per vos et subcollectores
a vobis in singulis vestris civitatibus et diocesibus deputandos
personas ecclesiasticas exemptas et non exemptas vestrarum
civitatum et diocesum alias tamen sine prejudicio exemptionum
personarum et locorum exemptorum ad solvendam predictam decimam
in suprascriptis terminis per censuram ecclesiasticam et
sequestrationem (Fo.531v) fructuum beneficiorum in eisdem vestris
civitatibus et diocesibus consistentium, invocato ad hoc si et
quando necesse foret et non alias auxilio bracchii secularis,
appellatione postposita[1] cogeretis, vosque de vestris proventibus
et redditibus ecclesiasticis eandem decimam in eisdem terminis
solvere similiter curaretis, alioquin si deficeretis in solutione
hujusmodi in predictis terminis facienda sentencias quas per
vos vel subcollectores vestros in vestris civitatibus et
diocesibus ut premittitur deputandos proferri contingeret vos
incurrere volumus ipso facto, a quibus post satisfactionem inde
impensam plenarie per aliquem ex vicinioribus episcopis
similibus sentenciis non ligatum ac graciam et communionem
apostolice sedis habentem possetis absolutionis beneficium
obtinere. Et ne de moneta in qua fieret dicte decime solutio et
fieri deberet posset quomodolibet hesitari intererenturque
gravamina que propter talia viri ecclesiastici hactenus sunt
perpessi nostre intentionis extitit,[1] quod ad monetam currentem
levaretur predicta decima et etiam exigeretur juxta

1. Interlined.
2. The 'h' of this word is interlined.

constitutionem super hoc editam in concilio Viennense, ita
quod pretextu alterius cambii debitores et solutores dicte
decime nullatenus gravarentur, hujusmodi autem solutionem
decime de dicta moneta currente vos et singuli vestrum in
singulis vestris civitatibus et diocesibus necnon et alie
persone ecclesiastice exempte et non exempte dictarum
civitatum et diocesum in eisdem civitatibus et diocesibus et non
alibi facere teneremini juxta taxationem in eisdem civitatibus
et diocesibus hactenus observatam vel ubi hujusmodi nulla foret
certa taxatio secundum consuetudinem exactione et solutione
hactenus observatam et absque aliquo alio illorum onere a quibus
ipsa decima exigeretur fieret solutio antedicta nisi forte
propter defectum solutionis ipsorum expensas fieri oporteret quo
casu eos ad restitutionem illarum astringi volumus et teneri,
quodque juxta constitutionem concilii memorati calices, libri
et alia ornamenta ecclesiastica divinis officiis deputata
ratione dicte decime nullatenus ex causa pignoris vel aliter
caperentur. Sed vos adversus contumaces et rebelles vestrorum
civitatum et diocesum super solutionem dicte decime in terminis
antedictis censuram exerceretis ecclesiasticam ut est dictum,
nichilominus eos qui se forsan rebelles et contumaces vobis
manifeste et maliciose redderent in hac parte citare possetis
ad Romanam curiam et certum eis peremptorie terminum assignare
quo se personaliter apostolico conspectui presentarent super
hiis pro meritis recepturi ac facturi et responsuri prout
justicia suadebit, nobis diem citationis hujusmodi et
prefictionis terminum supradicti per vestras litteras et
proprios nuncios nichilominus intimando. Quocirca
fraternitati vestre in virtute obediencie per apostolica
scripta mandamus quatinus vos et singuli vestrum quos in
singulis vestris civitatibus et diocesibus collectores
predicte decime tenore presentium deputamus eandem decimam ab
omnibus personis ecclesiasticis exemptis et non exemptis
eorundem civitatum et diocesum per vos et subcollectores
vestros a vobis constituendos super hiis exigere et colligere,
vosque illam de vestris proventibus et redditibus ecclesiasticis
solvere in eisdem terminis singulis annis ejusdem quadrenii
integraliter et fideliter studeatis ac eandem decimam postquam
collecta et soluta in singulis eisdem terminis fuerit illi vel
illis quem vel quos ad eam recipiendam a vobis deputabimus ut
superius exprimitur assignetis. Et nichilominus contradictores
quoslibet et rebelles exemptos et non exemptos ad solutionem
ejusdem decime per vos et subcollectores vestros singuli vestrum
scilicet in singulis vestris civitatibus et diocesibus
compellere, necnon contra contumaces ut superius exprimitur
ad citationem procedere valeatis, volentes quod vos et singuli
vestrum si defeceritis in ejusdem solutione decime in prelibatis
terminis facienda similes sentencias quas per vos et
subcollectores eosdem contra non solventes in eisdem terminis
decimam antedictam proferri contingeret incurratis, et ab eis
post satisfactionem possitis sicut superius est expressum
absolvi, super quibus omnibus necnon faciendis a subcollectoribus

per vos et vestrum singulos in singulis vestris civitatibus et
diocesibus ut premittitur deputandis vobis pecuniam decime
predicte in singulis predictis terminis assignari et alia
faciendi, gerendi et exercendi que circa premissa juxta modum et
formam expressos superius fuerint oportuna vobis et vestrum
singulis in singulis vestris civitatibus et diocesibus plenam
concedimus auctoritate presentium facultatem, non obstantibus si
vobis aut quibusvis aliis conjunctim vel divisim a dicta sit
sede indultum quod ad solutionem alicujus decime minime
teneamini et ad id compelli aut quod interdici, suspendi vel
excommunicari non possitis per litteras apostolicas que de
indulto hujusmodi ac toto ejus tenore de verbo ad verbum, ac
propriis ordinum locorum et personarum eorum nominibus plenam et
expressam non fuerint mentionem, et quibuslibet privilegiis,
indulgenciis, exemptionibus et litteris apostolicis quibuscumque
dignitatibus seu ordinibus aut personis eorundem vel quibuscumque
aliis generaliter et specialiter sub quacumque forma vel
expressione verborum a memorata sede concessis de quibus
quorumque totis tenoribus de verbo ad verbum in nostris litteris
specialis et expressa mentio non sit habenda. Ut autem predicta
decima in usus convertenda predictos magis solerter et fideliter
colligatur volumus quod quilibet subcollector a vobis super
collectione hujusmodi decime deputandus prestet in manibus illius
qui eum deputaverit sub forma, que sequitur juramentum -

'Ego'... subcollector decime quadriennalis redituum et
proventuum ecclesiasticorum per sedem apostolicam imposite
in civitate et diocese a venerabile patre domino - Dei
gracia collectore ipsius decime in suis civitate et diocese
deputatus juro ad santa Dei evangelia quod fideliter exigam,
colligam, recipiam et custodiam ipsam decimam, non deferendo
in hiis alicui persone, cujuscumque status, ordinis,
conditionis aut[1] dignitatis existat, prece, precio, amore,
gracie vel favore seu quacumque de causa et eam integraliter
restituam et assignaro eidem domino .. cum collecta fuerit
in singulis terminis supradictis, indeque reddam fidelem
et legitimam rationem'. -

Preterea volumus quod si aliquem vestrum subtrahi de medio dicto
quadriennio durante contingeret, capitulum ecclesie illius qui
sic subtraheretur ea que ille circa ministerium collectionis
predicte haberet agere si merueret quousque alius creatus fuerit
diligentius et fideliter exequatur. Datum Avinion' III nonas
Januarii pontificatus nostri anno[1] quartodecimo. - Volentes
igitur mandatis apostolicis parere humiliter ut tenemur, vos de
quorum circumspectione, fidelitate et industria plenam fiduciam
obtinemus collectores predicte decime quadriennalis, ad petendum,
exigendum, colligendum et recipiendum pecuniam de eadem
quadriennali decima provenientem de singulis beneficiis
ecclesiasticis dignitatibus prebendis ac officiis et
personatibus quibuscumque tam nostre Ebor' ecathedralis ac
ceterarum collegiatarum ecclesiarum nostrarum et aliarum quam

1. Interlined.

spiritualitatum de Allerton' et Alvertonshire, ac proventibus
et redditibus ecclesiasticis quarumcumque personarum exemptarum
et non exemptarum per archidiaconatus Ebor' et Cliveland'
constitutis, magistro et fratribus hospitalis Sancti Johannis
Jerusalem dumtaxat exceptis et ad salvo deponendum vestro
periculo custodiendum, pecuniam sic collectam secundum formam
litterarum apostolicarum predictarum assignamus et etiam
deputamus. Proviso quod attenta temporis brevitate in ipsius
decime quadriennalis petitione, exactione, collectione et
receptione atque custodia cum omni diligencia et solicitudine
procedatis, non deferendo in hiis juxta formam vestri in hac
parte prestiti juramenti alicui persone cujuscumque status,
ordinis et conditionis aut dignitatis existat quodque pecuniam
de dicta decima quadriennali tam vos quam ceteras personas
ecclesiasticas archidiaconatuum predictorum contingentem
habeatis et solvatis ac integre restituatis in singulis eisdem
terminis supradictis, nobis vel illi seu illis quem vel quos
ad eam recipiendam per dominum nostrum papam vel nos
contigerit deputari. Indeque reddatis cum requisiti fueritis
fidelem, plenam et legitimam rationem. Hec autem omnia et
singula, ac plenam hujusmodi negocii executionem in
archidiaconatibus predictis cum cohercionis canonice potestate
vobis committimus et injungimus in virtute obediencie cum
celeritate omnimoda exequenda. Salva nobis potestate omnes et
singulos ac censuris ecclesiasticis quas in ipsos vel eorum
aliquem cum vobis in premissis non paruerint seu paruerit
canonice fulminaveritis in forma juris absolvendi ad interdictum
quodcumque in loca sacra, pia vel religiosa ea occasione
interpositum debite relaxandi. Scituri quod si in hujusmodi
negocii executione negligentes fueritis vel remissi contra vos
per excommunicationis et suspensionis sentencias omnesque
censuras ecclesiasticas districtius procedemus et nichilominus
vestras negligencias et defectus dominorum nostrorum .. summi
pontificis et regis Anglie illustris auribus curabimus intimare.
Valete. Datum apud Burton' prope Beverl' kalendis Septembris
anno gracie millesimo CCC XXX et pontificatus nostri XIII.

183 (NO HEADING.) Archbishop Melton to the A. and C. of St Mary's,
York, enclosing a letter from Master Itherius de Concoreto
(given in full and dated London 20 July 1330), which in turn
encloses a letter of Pope John XXII (given in full and dated
Avignon 5 June 1330). The effect of these letters is to
postpone the date for payment of the first instalment of the
clerical tenth imposed for four years, which the pope at the
request of Sirs William de Montacute and Bartholomew Burghersh
had allowed to be divided between himself and King Edward III,
from 24 June to 29 September. The archbishop tells the abbot,
as collector, to follow these instructions. Bishopthorpe 23
Aug. 1330.

W. etc. A. et C. etc. Litteras venerabilis viri magistri
Itherii de Concoreto etc. recepimus infrascriptas:- Reverendis
etc. Itherius etc. salutem in omnium salvatore. Noveritis nos

litteras sanctissimi patris ac domini nostri domini Johannis
divina providencia pape XXII cum filo canapis more Romane curie
bullatas, nec in aliqua sue partis suspectas set *(sic)* omni
vitio et suspicione carentes nobis directas cum ea qua decuit
reverencia recepisse, quarum tenor talis est:- Johannes etc.
Itherio etc. Dudum dilecti filii notabiles viri Guillelmus de
Monte Acuto et Bartholomeus de Burghassh' milites, carissimi
in Christo filii nostri Edwardi regis Anglie illustris nuncii
ad nostram presenciam venientes pro parte (Fo.532; N.F.667)
regis ejusdem proponere curaverunt quod rex prefatus intensis
optabat desideriis ecclesias et personas ecclesiasticas regni et
terrarum suorum sic in suis juribus, privilegiis et immunitatibus,
ab injuriis et violenciis protegere ac tueri quod divinis
possent intendere famulatum que suum pacifice altissimo exhibere
sic que per terras et regnum predicta *(sic, recte* 'predictas')
sibi sub regis regum assistencie dextera laudabiliter regere,
quod in illis inter improbos tuta innocencia perservare valeret,
set *(sic)* quia multorum exigente malicia rex prefatus adeo in sui
primitate regiminis et etiam antea fuerat guerris et variis
turbationibus aliis occupatus quod ut regnum predictum ad
pacificum statum reduceret ipsum periculis exponere variis ac
innumera subire aportuerat profluvia expensarum, quod nedum suum
evacuari erarium set *(sic)* eum etiam submittere grandibus et
importabilibus oneribus debitorum. Cumque premissa sine sancte
matris ecclesie subsidio nequiret comode, sicut prefati
proposuerunt nuncii, adimplere, nobis pro parte regis ejusdem
humiliter supplicarunt ut ad predicta necnon et ad intensum quem
idem rex gerebat affectum nobis et ecclesie complacendi, nostrum
intuitum convertentes, aperire sibi sinum nostre benevolencie in
tante necessitatis articulo dignaremur. Nos premissa diligentius
attendentes, licet prefato regi compateremur divinis[1] paternis[2]
affectibus super eis considerantes, tamen multiplicia onera
expensarum quibus ecclesia Romana ob hereticorum et scismaticorum
ac rebellium suorum furentem sevitiam et intumescentem superbiam,
qui ecclesiam ipsam crudeliter et immaniter persequi et molestare
fidemque catholicam impetere periculose nimium in partibus Italie
presumpserunt et incessanter etiam presumebant pregravata extitit
quamplurimum et gravabatur sicut adhuc gravari dinoscitur
continue supra vires, necnon gravia pericula quibus ecclesia
memorata et fides ipsa catholica subicerentur si propter defectum
expensarum ad quas ministrandas proventus nostre camere sunt
exiles nimium indefense quod avertat altissimus, remanerent,
diligenti meditatione pensantes ac providere assistente nobis
divina gracia quod utriusque necessitatibus, videlicet ejusdem
ecclesie super predictis suis oneribus ac regis prefati et suum
utique Deo gratum circa ea que predicti proposuerunt nuncii
desiderium ad impleret commodius consuleretur aliqualiter
cupientes, deliberatione cum nostris fratribus prehabita super
hiis diligenti, decimam omnium proventuum et redituum
ecclesiasticorum in regno Anglie, Wallie et Hibernie terris et

1. *divinis* crossed through.
2. Interlined

partibus predictis consistentium per quatuor annos a proximo
preterito festo Resurrectionis Dominice in antea computandos a
venerabilibus fratribus nostris archiepiscopis et episcopis et
aliis personis ecclesiasticis, exemptis et non exemptis, regni,
terrarum et partium eorundem preterquam a dilectis filiis
magistro et fratribus hospitalis Sancti Johannis Jerusalem' qui
contra hostes fidei Christiane exponunt jugiter se et sua
quousque super habita a prestatione hujusmodi decime exemptos
esse volumus etiam et immunes juxta modum exigendum solitum, de
dictorum fratrum consilio auctoritate apostolica per litteras
nostras duximus imponendam, volentes et ordinantes quod inter
nos pro nostris et ejusdem ecclesie regemque predictum pro suis
utilius relevandis necessitatibus annis singulis decima ipsa
divideretur equaliter sicut inferius continetur. Volumus etiam
quod per eosdem archiepiscopos et episcopos regni, terrarum et
partium predictorum in singulis suis civitatibus et diocesibus
a personis et locis earundem civitatum et diocesum
ecclesiasticis in duobus terminis singulis annis ejusdem
quadriennii videlicet pro medietate in festo Nativitatis
Beati Johannis Baptiste et pro alia medietate in festo Sancti
Martini extunc proxime sequenti quos dictis archiepiscopis et
episcopis et eisdem personis ad predictam solvendam decimam
per easdem litteras nostras prefiximus et etiam assignavimus
colligeretur et exigeretur predicta decima, et per eos de suis
redditibus et proventibus juxta morem observatum hactenus
solveretur, et cum in singulis eisdem terminis collecta et per
eos de suis redditibus et proventibus ut premittitur persoluta
fuisset illi vel illis quem vel quos ad eam recipiendam ab ipsis
deputaremus per ipsos et eorum singulos assignarentur integraliter
in terminis supradictis. Cujus quidem decime medietatem pro
nobis et eadem ecclesia in nostrorum et ipsius relevationem
onerum convertandum retinere et aliam medietatem prefato regi vel
suo certo mandato assignare illo vel illis qui a nobis
deputarentur ut prefertur super hoc procurarent. Nos vero in
omnes et singulos, cujuscumque forent preeminencie, dignitatis
aut status, qui aliquid de pecunia dicte decime aliter
reciperent excommunicationis sentenciam duximus promulgandam, te
postmodum per nostras alias litteras ad recipiendum decimam
ipsam ab eisdem archiepiscopis et episcopis sicut in eisdem
plenius continetur litteris deputato. Sane quia primus
terminus solutionis decime supradicte prefixus in festo Beati
Johannis Baptiste proxime futuro instare noscitur, litteris
nostris confectis super impositione ac collectione ipsius nondum
in eisdem regno et partibus publicatis. Nos volentes prelatorum
et personarum ecclesiasticarum predictorum precavere
gravaminibus quibus subicerent forsitan si ad solvendum
medietatem hujusmodi decime tam brevi termino artarentur,
predictum terminum usque ad instans festum Sancti Michaelis
Archangeli prorogandi alterum et aliter, litteris nostris
predictis in suo robore duraturis, plenam discretioni tue
concedimus tenore presentium facultatem. Datum Avinion'
nonis Junii pontificatus nostri anno quartodecimo. -

Quarum auctoritate litterarum dictum terminum festi Beati
Johannis Baptiste nuper transactum in quo tam vos quam alie
quecumque persone ecclesiastice vestrarum civitatum et
diocesum dictis magistro et fratribus exceptis, medietatem
decime omnium fructuum, reddituum et proventuum ecclesiasticorum
vestrorum et suorum solvere debeatis et debeant prout in
supradictis litteris apostolicis continetur, vobis et vestrum
cuilibet ac ipsis personis ecclesiasticis et earum singulis
secundum formam et tenorem litterarum apostolicarum predictarum
usque ad instans festum Beati Michaelis Archangeli tenore
presentium prorogamus. Ita tamen quod infra dictum terminum
seu in dicto termino festi Beati Johannis Baptiste supradicto
debebatur persolvi integraliter persolvatur prorogationem
hujusmodi, in vestris civitate et diocese omnibus quorum
interest vel intererit per vos vel alium seu alios quamcito
comode poteritis publicantes. In cujus rei testimonium
sigillum officii nostri presentibus est appensum. Datum
London' die XIX Julii anno domini millesimo CCC. tricesimo. -
Quas quidem litteras et contenta in eis quatenus vos
concernunt secundum formam, vim et effectum earundem vobis
mittimus cum celeritate qua convenit debite exequenda. Ad
ecclesie sue regimen conservet altissimus feliciter in
longevum. Datum apud Thorp' juxta Ebor' X Kalendas Septembris
anno gracie M.CCC. tricesimo et pontificatus nostri
tertiodecimo.

184 (NO HEADING.) The archbishop to the P. and C. of Kirkham,
subcollectors of the quadrennial tenth in the archdeaconry of
East Riding, enclosing a letter from Itherius de Concoreto
concerning the said tenth, dated at London under his official
seal, 31 Aug. 1330. This in turn encloses a bull of John XXII
on the same subject, dated Avignon 29 June 1330. By authority
of these letters the archbishop orders the P. and C. to appear
in St Mary's Abbey, York, within twenty days after Michaelmas,
to make answer concerning their collection of the said tenth,
and to certify by letters patent. Bishopthorpe 3 Sept. 1330.

(Fo.532v) Harum igitur auctoritate litterarum tenore presentium
vobis citamus ut infra viginti dies instans festum Beati
Michaelis Archangeli immediate sequentes in monasterio Beate
Marie Ebor' coram illo vel illis quem vel quos dictus Magister
Itherius ad hoc duxerit deputandum peremptorie compareatis
satisfacturi integraliter et reddituri de gestis, levatis et
administratis per vos de decima supradicta juxta tenorem
litterarum predictarum rationem sub periculo juramenti per
vos prestiti in hac parte et sub penis aliis gravibus
comminatis, inflictis et infligendis pro loco et tempore
oportunis si non feceritis quod mandatur. De die vero
receptionis presentium et priorum nostrarum litterarum vobis
nuper super collectione dicta decime directarum nos per
litteras vestras patentes harum seriem ac duas lineas principii
duasque finis nostrarum priorum litterarum plenarie continentes
citra festum Sancti Mathei *(21 Sept.)* apostoli proxime secuturum

curetis efficere certiores. Valete. Datum apud Thorp' juxta
Ebor' III idus Septembris anno domino supradicto et
pontificatus nostri tertiodecimo.

185 (NO HEADING.) To the commissary-general of the official-
principal of York. Mandate to receive the necessary oaths
from the subcollectors of the quadrennial tenth, viz. the A.
and C. of St Mary's, York, for the archdeaconries of York and
Cleveland, and the P. and C. of Kirkham, for the archdeaconry
of East Riding. Bishopthorpe 11 Sept. 1330.

186 (NO HEADING.) To Itherius de Concoreto, acknowledging his
letters[1] and saying that they have been sent on to the
Bishops of Durham and Carlisle. Also that the following
subcollectors of the quadrennial tenth have been instructed
to make their first payment within twenty days after
Michaelmas.

The A. and C. of St Mary's, York, for the archdeaconries of
York and Cleveland. The A. and C. of Jervaulx for the
archdeaconry of Richmond.

The P. and C. of Kirkham for the archdeaconry of East Riding.

The P. and C. of Thurgarton for the archdeaconry of Nottingham.
Laneham 17 Oct. 1330.

1. No.183.

187 (NO HEADING.) Archbishop Melton, in his capacity as papal
judge-delegate, together with the priors of Drax and St Oswald's
Gloucester, to the prior of Shelford, appointing him as proxy
in the case between John de Burbache, prior of Arbury, and John
de Badington' commissary of the Bishop of Lichfield. The papal
letters of appointment are given in full and dated at Avignon
28 June 1329. Southwell 15 Nov. 1330.

Permissione divina etc. judex delegatus una cum religiosis
viris de Drax ac Sancti Oswaldi prioribus nostre diocesis cum
illa clausula 'si non omnes' etc. in causa seu negotio que vel
quod vertitur seu verti speratur inter Johannem de Burbache
priorem prioratus de Erdbery ordinis Sancti Augustini Lichefeld'
diocesis ex parte une et Johannem de Badington' et alios in
litteris apostolicis memoratis ex altera a sede apostolica
deputatus dilecto filio priori de Shelford' nostre diocesis
salutem etc. Litteras sanctissimi etc. Johannis etc. sub
infrascripto tenore nos noveritis recepisse. - Johannes etc.
Sua nobis Johannes de Burbache prior prioratus de Erdbery
ordinis Sancti Augustini Lich' diocesis petitione mosntravit
quod suggesto mendaciter venerabili fratri .. nostro Episcopo
Lich' quod dictus prior bona ejusdem prioratus dilapidabat et
enormiter consumebat, et alias erat diversis criminibus
irretitus, prefatus episcopus ad falsam suggestionem hujusmodi
Johanni de Badington' clerico dicte diocesis auctoritate
ordinaria dicitur commississe ut contra dictum priorem super

premissis[1] ex officio inquireret prout existeret rationis, dictusque Johannes clericus vigore commissionis hujusmodi eundem priorem intendens super premissis[1] inquirere contra eum fecit ad suam presenciam evocari. Ex parte vero dicti prioris ex eo sentientis ab eodem clerico indebite se gravari, quod ipsum super premissis ad locum non tutum ad quem propter capitales inimicitias quas habebat ibidem absque persone ac rerum suarum periculo accedere non audebat coram se peremptorie citans, eundem alium locum sibi contra justiciam denegavit assignare securum humiliter requisitus, fuit ad sedem apostolicam appellatum, ac idem clericus hujusmodi appellatione contempta in prefatum priorem propter hoc excommunicationis sentenciam promulgavit propter quod idem prior iterato ad sedem appellavit eandem, idemque clericus hujusmodi appellationibus vilipensis prefatum priorem non convictum de aliquo crimine vel confessum sentencialiter privavit prioratu predicto, ac Johannem de Sutham canonicum monasterii de Erdbury ordinis et diocesis predictorum in prioratu intrusit eodem, propter quod idem prior denuo ad sedem appellavit eandem. Quocirca discretioni vestre de utriusque partis procuratorum assensu per apostolica scripta mandamus quatinus vocatis qui fuerint evocandi et auditis hinc inde propositis quod justum fuerit appellatione postposita decrevatis, facientes quod decreveritis per censuram ecclesiasticam firmiter observari. Quod si non omnes etc. duo etc. Datum Avinion' IIII kalendas Julii pontificatus nostri anno XIII. – Nos vero examinatione decisioni et expeditioni dicti negotii interesse, non valentes variis arduis nostris et ecclesie nostre negotiis prepediti (Fo.533; N.F.668) vobis de cujus fidelitate et circumspecta industria plenam noticiam obtinemus super hiis omnibus et singulis tenore presentium committimus plenarie vices nostras donec eas ad nos duxerimus revocandum. Valete. Datum apud Suwell' XVII kalendas Decembris anno domini millesimo CCC. tricesimo et pontificatus nostri quartodecimo.

    1...1. interlined in the lower margin.

188 LITTERAM COLLECTORIBUS DECIME QUADRIENNALIS DIRECTAM PER ITHERIUM DE CONCORETO AD LEVANDUM DECIMAM ECCLESIARUM ARCHIDIACONATUUM RICH' CLIVEL' ET EBOR', SCILICET IN NOVA TAXATIONE, QUERE IN REGISTRO DE TEMPORE QUO DOMINUS FUIT THESAURARIO DOMINI REGIS SECUNDA VICE.

189 REVOCATIO QUESTORUM. Mandate to the official of the Archdeacon of York to warn the clergy of his archdeaconry not to admit any unlicensed pardoners (collectors for the Minster being carefully excepted), and to sequestrate any moneys collected by such pardoners, and to cite them to appear before the archbishop on the first law-day after the feast of the Conversion of St Paul *(25 Jan.)*. He is to certify by letters patent. Cawood 3 Jan. 1332.

    Willelmus etc. officiali archidiaconi nostri Ebor' etc.

Cum clamor validus nostris nuper auribus patefecit quod nonnulli
dampnate adinancionis *(sic)* filii nedum clerici set *(sic)* laici
.et etiam conjugati nostram transcurrunt diocesem, alii nullam
omnino habentes potestatem set *(sic)* fabricatis litteris populum
seducentes, alii sub colore quarundam litterarum indulgenciarum
et privilegiarum quibus penitus abutuntur predicationis officium
publice sibi perperam usurpantes, fidelium elemosinas exquisitis
fallaciis et falsis sermonibus congregantes nonnullas abusiones
et errores varios proferantes, ex quo provocatur altissimus,
suscitantur scandala et magnum iminet periculum animarum. Nos
igitur volentes tot devia et causas sacrilegas pro viribus
extirpare, vobis mandamus in virtute obediencie firmiter
injungentes quatinus omnibus et singulis decanis, rectoribus,
vicariis, capellanis et aliis parochianis nostris ubicumque
infra archidiaconatu Ebor' constitutis curetis publice inhibere
ne quemquam questorem cujuscumque conditionis aut status
extiterit ad predicandum seu questum faciendum in ecclesiis,
capellis seu quibuscumque convocationibus admittant, nec eis
pareant aut intendant, nec vos eis aliquo modo pareatis,
questoribus ecclesie nostre Beati Petri Ebor' dumtaxat exceptis,
set *(sic)* omnia et singula perquisita sub nomine cujuscumque
questus in manibus quorumcumque subditorum nostrorum existenti
que nos etiam exnunc sequestramus cum de eorum consumptione
verisimiliter timeatur et ex aliis causis legitimis pro tempore
declarandis sequestretis artiis vice nostra, et sub arte
faciatis sequestro fideliter custodiri donec aliud a nobis
habueritis in mandatis, injungentes districtius dictis decanis,
rectoribus, vicariis et capellanis et aliis ut tales questores
pecuniam per eos sic levatam asportare aliqualiter non
permittant, ac citantes peremptorie omnes et singulos questores
infra jurisdictionem vestram existentes seu illuc accedentes vel
de questu hujusmodi se intromittentes, preter illos prius
exceptos, quod compareant coram nobis ubicumque fuerimus in
nostra diocese primo die juridico post festum Conversionis
Sancti Pauli proxime futurum super quibusdam articulis premissa
tangentibus ad correctionem animarum suarum ipsis ex nostro
obiciendis officio personaliter responsuri, facturi ulterius et
recepturi quod justicia suadebit. Terminum vero peremptorie et
personalem aparitionem de quibus premittitur cum facti qualitas
et evitatio periculum animarum suarum id exposcat sic duximus
moderandum. Et super presentis executione mandati ac que et
quanta sequestraveritis et de eorum nominibus quos citaveritis
ob premissa distincte et aperte ad singulos articulos citra
diem hujusmodi nos certificare curetis per vestras patentes
litteras harum seriem continentes. Valete. Datum apud Cawode
III nonas Januarii anno gracie M.CCC tricesimo primo et
pontificatus nostri quintodecimo.

190 CAPTIO PRO HENRICO DE SHIROKES. Request to the King to order
the arrest of Henry de Shirokes, late warden of the hospital of
St Mary Magdalen at Ripon, who had remained in a state of
excommunication for more than forty days. Wilton 10 Apr. 1332.

191 COMMISSIO PRO THOMA FILIO HENRICI DE MELTON'. Commission to Master William de Burton, vicar of Kirkby Moorside, of the custody of Thomas son of Henry de Melton, a minor and the archbishop's kinsman. Salton 30 May 1332.

192 MEMORANDUM QUOD III IDUS JULII ANNO GRACIE MILLESIMO CCC. XXXI APUD THORP' JUXTA EBOR' SCRIPTUM FUIT ABBATI ET CONVENTUI MONASTERII BEATE MARIE EBOR' ET CERTIFICATUM SUB FORMA PRESCRIPTA DE BENEFICIIS ECCLESIASTICIS INFRASCRIPTIS[1] QUE VACARUNT IN CIVITATE ET DIOCESE EBOR' A TEMPORE ULTIMI CERTIFICATORII EIS DIRECTI. To the A. and C. of St Mary's, York, sending to them a list of benefices vacant in the city and diocese of York since the last report was made. Bishopthorpe 13 July 1331 *(sic)*

In archidiaconatu Ebor'. Ecclesia de Dynington' *(Dinnington)* ecclesia de Boulton' in Bouland *(Bolton by Bowland)*, ecclesia de Fisshelak' *(Fishlake)*, ecclesia de Wykersleye *(Wickersley)*, ecclesia de Peniston' *(Penistone)*, ecclesia de Malteby *(Maltby)*, ecclesia de Birton' *(Kirkburton)*, ecclesia de Arneclif' *(Arncliffe)*, ecclesia Sancti Dionisii Ebor' *(St. Denys, York)*.

In ecclesia cathedrale Ebor'. Prebenda de Bylton' *(Bilton)*. Prebenda quam nuper obtinuit dominus Willelmus (Ayermine) episcopus Norwyc' (i.e., *Fridaythorpe)*. Prebenda de Neubald' *(North Newbold)*. Prebenda de Stransale *(Strensall)*.

In archidiaconatu Clyveland'. Ecclesia de Kirkebyknoll' *(Kirby Knowle)*. Ecclesia de Stivelingflet' *(Stillingfleet)*. Ecclesia de Tyverington' *(Terrington)*.

In archidiaconatu Estriding'. Ecclesia de Hugate *(Huggate)*. Vicaria ecclesie de Wharrompercy *(Wharram Percy)*. Vicaria de Burton' Flemyng' *(Burton Fleming)*. Medietas ecclesie de Killington. Ecclesia de Louthorp' *(Lowthorpe)*.

In spiritualitate de Hoveden'. Ecclesia de Walkington'.

In ecclesia de Hoveden'. Prebenda de Skipwyth' *(Skipwith)*.

In archidiaconatu Notingham. Ecclesia de Scarle annexa cuidam prebende in ecclesia Lincoln' *(South Scarle)*. Ecclesia de Wylford' *(Wilford)*. Vicaria ecclesie de Walkringham *(Walkeringham)*. Vicaria ecclesie de Graneby *(Granby)*.

In archidiaconatu Richem'. Ecclesia de Aynderby *(Ainderby Steeple)*. Ecclesia de Useburn' *(Ouseburn)*.

In ecclesia Beverl'. Sacristia ejusdem ecclesie. Cancellaria ejusdem. Prebenda quam nuper optinuit Benedictus de Paston'.

In prepositura Beverl'. Ecclesia de Wellewyk' *(Welwick)*. Ecclesia de Halsham. Ecclesia de Northburton' *(Cherry Burton)*.

1. Interlined.

Note of an additional list sent to the said A. and C. Cawood'
8 Aug. 1332.

In archidiaconatu Ebor'. Medietas ecclesie de Ketelwell'
(Kettlewell) quam tenet dominus Adam de Aynho. Ecclesia de
Campsale *(Campsall)*. Ecclesia de Ouston' *(Owston)*. Ecclesia
Sancti Georgii in Fischergate Ebor' *(St. George in Fishergate,
York)*. Quarta portio ecclesie de Burton' *(Kirkburton)* quam
tenet Petrus de Cusancia. Ecclesia Sancte Crucis Ebor' *(St.
Crux, York)*. Ecclesia de Roumersch' *(Rawmarsh)*.

In archidiaconatu Clyveland' Ecclesia de Elvington'.

In archidiaconatu Estriding'. Ecclesia de Baynton' *(Bainton)*
Ecclesia de Berghthorp' *(Bugthorpe)*. Ecclesia de Goushill'
(Goxhill).

In archidiaconatu Notingham. Vicaria ecclesie de Sutton'.[1]
Ecclesia de Radeclyf' *(Ratcliffe on Soar)*. Ecclesia de Houton'
(Hawton). Ecclesia de Gonaldeston' *(Gonalston)*. Ecclesia[2]
ecclesie de Lenton'. Ecclesia de Warsop'. Vicaria de
Suthleverton' *(South Leverton)*. Ecclesia de Kilvington'.

(Fo.533v) In archidiaconatu Richem'. Vicaria ecclesie de Gayrstang'
(Garstang). Vicaria ecclesie de Kircham in Amundernes'
(Kirkham). Ecclesia de Hale. Ecclesia de Haverington'
(Harrington). Ecclesia de Botil *(Bootle)*. Ecclesia de Burton'
in Kendale. Ecclesia de Melsamby *(Melsonby)*. Ecclesia de
Patrickbrumpton' *(Brompton Patrick)*. Ecclesia de Stavelay
(Staveley).

In ecclesia Ebor'. Prebenda de Bolum *(Bole)*.

In ecclesia Suwell'. Prebenda de Oxton' et de Crophill
(?Cropwell Secunda) quam tenet dominus Johannes de Houton'.

In ecclesia collegiata Hoveden'. Vicaria prebende de
Saltmersk *(Saltmarsh)*. Vicaria prebende de Skelton'.

In spiritualitate de Alverton'. Vicaria ecclesie de Alverton'
(Northallerton).

> 1. There appear to be five! Any light? See *Reg. Melton,*
>   fo.375 (N.F.454) - "Sutton' in Hattefeld iuxta Retteford'".
>
> 2. *Sic*, probably for 'vicaria'.

193 (NO HEADING). Itherius de Concoreto, papal nuncio, to the
archbishop and his suffragans, enclosing:-

1) A re-issue dated at Avignon 13 Dec. 1329, of the bull
quoted in No.178 concerning fruits of vacant benefices.

2) A bull of John XXII, under the same date, ordering the
collection of all moneys raised from such fruits.

Itherius therefore orders the archbishop and his suffragans to
pay to the official subcollectors, the A. and C. of St Mary's,
York, all moneys due on this account, and to cite non-payers to

appear within a month of the day of citation. London, under the nuncio's official seal, 1 Sept. 1332.

194 (Fo.534; N.F.669)   RESERVATIO ABSOLUTIONIS A REATU PERJURII IN ACTU JUDICIALI ECCLESIASTICE CURIE VEL SECULARIS SIVE (ACTU)[1] EXTRAJUDICIALI SIC JUDICATIONIBUS COMMISSI. To the dean and chapter of York Minster, announcing the archbishop's decision to reserve to himself all cases of absolution from sentences incurred as a result of perjury in law-courts (except where the perjurer was in imminent danger of death), and ordering them to publish this decision and explain it in the vulgar tongue. They were to certify before Easter (4 Apr.). Bishopthorpe 20 Nov. 1332.

Willelmus etc. dilectis filiis decano et capitulo ecclesie nostre cathedralis Beati Petri Ebor' salutem, graciam et benedictionem. Sedet tristis ecclesia mater nostra ejulans et deplorans filiorum interitum quos aqua baptismatis regeneravit, nesciens[2] imponere dolori dum filios hujusmodi tantos in viam perditionis nisi Deus adciescat *(sic, for* 'adquiescat'?*)* immanium criminum suorum detestanda feritate suadente in dies terribiliter prolabi funestis doloribus intuetur ad mortis eterne properare discrimina quasi considerans universos seque paucissimos convertentes. Sane inter cetera malorum incentiva reatus perjurii hiis diebus tot Christifideles immerito nuncupatos sua (Fo.534v) absorbet voracitate et variis viis suis pestiferis intercludit adeo quod nisi fons venie venas misericordie aperiret conici *(sic, recte* 'conjici'*)* possit verisimiliter et presumi quod sicut Dathan et Abiron terra absorbuit propter peccata. Sic mundus totis fraudibus et perjuriis inherens et intentus ea occasione inferni subito descenderet in profundum. Quis enim hiis diebus religionem juramenti abumit *(sic)* infringere pro modico temporali, et quis alios in laqueum perjurii desistit inducere dum per hoc consequi sperat terenum *(sic, recte* 'terrenum'*)* aliquod, quod ambitum quis perjuri formidat incurrere sacris eloquiis talibus comminatas *(sic).* Nullus profecto incomoda seu discrimina a perjurii prodenncia *(sic)* debite meditatur. Nam ex hiis non[3] tantum eliditur privata utilitas set *(sic).* Deus offenditur, respublica leditur, proximus corrumpitur, justi opprimuntur, injusti proterviis afficiunter et de suis maliciis gloriantur, auctoritas judicis eluditur et elusa confunditur, dum sua reddet judicia falsa secutus testimonia perjurorum, heredes veri exheredantur quorum hereditates ex hoc indebite usurpantur, legitima matrimonia dissolvuntur et plerique vetitis nuptiis copulantur et alia absurda multotiens insecuntur *(sic, recte* 'insequuntur'*)* in grave periculum animarum. Set *(sic)* talium confessi .... *(illeg.)* ut plurimum librum in manibus gestantes

1. Conjectural. MS. much worn.

2. Some such word as 'finem' has been omitted.

3. Interlined.

ea horrenda tanquam detestante facinora ponderant nec discuint
ut deberent. Quinimmo paulominus a justis ipsos enuneruint
(sic, recte 'enumeruint') et confortant condignas penitencias
pro suis sibi excessibus nullatenus injungentes, unde audaciam
assumunt repetitis vicibus talia et majora gratus *(sic, recte*
'gratis') perpetrandi dum oleum infunditur et nichil vini
acerbius ministretur, et sic facilitas venie prebet incentivum
avidius deliquendi. Eapropter nos ad debite considerationis
intuitum prout Deus dederit talia revocantes, appetentes etiam
talibus et tantis occurrere maliciis et de remedio presente pro
viribus providere, omnem et omnimodam potestatem ab hujusmodi
perjuriis sive in curia laica sive Christiana sive in actu
extrajudiciali qui indictatio vulgariter nuncupatur ea committi
contigerit in futurum vel que commissa sunt absolutione nondum
subsecuta (aliquos)[1] absolvendi seu pro ipsis qualemcumque
penitenciam injungendi preterquam in mortis articulo a
quibuscumque penitenciariis nostris et aliis nobis subditis
secularibus vel regularibus et a quibusvis aliis quibus id[2] a
sede apostolica nullatenus est indultum tenore presentium
admittimus, auferimus nobisque et examini nostre et audiencie
nostre personali dictam potestatem insolidum ex certa sciencia
revocamus, predictis penitenciariis nostris vel aliis
quibuscumque secularibus vel regularibus predictis in virtute
sancte obediencie firmiter injungentes ac sub interminationis
anatematis *(sic, recte* 'anathematis') districtionis inhibentes
ne quis eorum auctoritate apostolica in hac parte non munitus
quemquam de subditis nostris in casibus perjuriorum vel aliquo
eorum de quibus premittitur absolvere presumat seu hujusmodi
absolutionis impendende in officium se intrudat aut eidem se
ingerat quovismodo. Quocirca vobis mandamus in virtute sancte
obediencie qua nobis tenemini firmiter injungentes quatinus
presens mandatum nostrum in omnibus et singulis suis articulis
in capitulis, congregationibus et convocationibus vestris et
omnibus et singulis ecclesiis vobis subditis, diebus dominicis
et festivis intra missarum solempnia dum major aderit populi
multitudo, distincte et aperte publicetis et in materna lingua
clero et populo evidentius exponatis seu publicari et exponi per
alios faciatis, scituri quod de diligencia vestra quam in
executione presentis mandati nostri impenderitis explorabimus
veritatem, ac nuncio nostro in hac parte jurato latori
presentium super porrectione eorum adhibemus plenam fidem. Et
quid in premissis feceritis et qualiter hujusmodi mandatum
nostrum fueritis executi, nos in festo Pasche proxime futuro
reddere curetis debite certiores per vestras litteras
patentes harum seriem continentes. Ab ejusdem mandati
executione interim et presertim in tempore quadragesime minime
desistentes. Valete. Datum apud Thorp' juxta Ebor' XII
kalendas Decembris anno domini millesimo CCC. tricesimo
secundo et pontificatus nostri sextodecimo.

1. Conjectural. MS. worn.

2. Interlined.

114

This is followed by a note stating that similar letters with the necessary verbal changes were sent to the Archdeacons of York, Cleveland, East Riding, Nottingham and Richmond or their officials, to the chapters of the collegiate churches of Southwell, Beverley and Ripon, and to the keepers of the spiritualities of Howden, Northallerton and Allertonshire.

195 MONITIO QUOD .. COMMISSARII EPISCOPI LINCOLN' ATTEMPTATA PER EOS CONTRA PRIOREM ET CONVENTUM ORDINIS BEATE MARIE DE MONTE CARMELI REVOCENT ET SUBDUCANT. Archbishop Melton, as papally-appointed guardian of the privileges of the Carmelites in England, to Masters John de Marcham, Ralph de Walgrave and Robert de Welton, commissaries of the Bishop of Lincoln, ordering them to cease from vexing the Carmelites of St Mary's, Lincoln, by citing them to appear. Bishopthorpe 21 Nov. 1332.

Willelmus etc. conservator privilegiorum religiosorum virorum .. priorum et fratrum ordinis Beate Marie de Monte Carmeli in Anglia a sede apostolica specialiter deputatus discretis viris Magistris Johanni de Marcham, Radulfo de Walgrave et Roberto de Welton' salutem et mandatarum apostolicarum reverenciam debitam impartiri. Querelam religiosorum virorum prioris et fratrum predicti ordinis conventus Lincoln' gravem recepimus continentem quod vos venerabilis patris domini Lincoln' Episcopi vos *(sic)* commissarii pretendentes set *(sic)* nullam omnino jurisdictionem in dictos religiosos notorie exemptos et sedi apostolice immediate subjectos optinentes priorem et fratres dicti conventus Lincoln' ad comparendum coram vobis ad certos diem et locum fecistis ut dicitur ad judicium evocari, contra ipsos ulterius ad actus aliquos de facto nimis voluntarie pretendentes, in ipsorum prejudicium non modicum et sedis apostlice injuriam et contemptum,que si ita sint non poterunt sub connivencia tolerari. Vobis igitur bona fide consulimus, vosque pro honore vestro requirimus et rogamus ac nihilominus auctoritate qua fungimur in hac parte districtius vos monemus quatinus si relata veritate nitantur, facientes de necessitate virtutem, omnia et singula contra ipsorum exemptionem et privilegia sedis apostolice per vos attemptata studeatis absque reluctatione cautius subdicere et quatenus de facto processerant revocare, ut videamini graciam facere super eo quod vobis invitis possit juris necessitas extorquere, alias autem juxta tradita nobis a sede apostolica potestatem contra vos quatenus jura dictaverant nos oportebit procedere ut tenemur, licet vobis graciose declaramus sub spe revocationis hujusmodi ista vice. Diu et feliciter in domino valeatis. Datum apud Thorp' juxta Ebor' XI kalendas Decembris anno gracie M.CCC XXXII et pontificatus nostri sextodecimo.

196 PRO QUESTU SANCTI ANTONII. To the dean and chapter of York Minster and all the clergy, regular and secular, of the city, diocese and province of York. Letters patent of recommendation for those collecting for the hospital of St Antony in Vienne,

whose business is to be preferred above that of all others
except the collectors for the fabric fund of York Minster.
Valid until the feast of St Laurence *(10 Aug.)* 1335. A note is
added on the work of the said hospital and the papal
indulgences available to benefactors. Bishopthorpe 13 Nov.
1332.

Willelmus etc. salutem in sinceris amplexibus salvatoris.
Vobis omnibus et singulis in virtute sancte obediencie necnon
in remissionem peccaminum injungimus et mandamus quatinus
procuratores et eorum nuncios hospitalis Sancti Antonii Vienn'
diocesis ad colligendum elemosinas quas pro sustentatione
pauperum infirmorum hospitalis (Fo.535; N.F.670) predicti a
Christi fidelibus conferri contigerit deputatos, necnon et
substitutos questores ab eisdem, quotiens ad vos venerint pro
negotio memorato pre aliis questoribus quibuscumque,
procuratoribus et nunciis fabrice nostre ecclesie Ebor'
dumtaxat exceptis, quos non sive causa rationabili singulis
aliis volumus et petimus anteferri, velitis favorabiliter
admittere et tractare, negotium hujusmodi tam clero quam
populo vobis subjectis in capitulis celebrandis et ecclesiis
vestris infra missarum solempnia et aliis locis quibus
videritis expedire efficaciter exponentes et caritatis
intuitu promoventes, proviso quod quicquid collectum fuerit in
hac parte faciatis predictis procuratoribus vel eorum nunciis
integre et fideliter liberari, sub pena excommunicationis
majoris quam contravenientes poterunt non immerito formidare.
Non obstante inhibitione si qua fuerat alias vobis facta. Hoc
autem mandatum nostrum taliter tamque fideliter et debite
compleatis quod vestra obediencia vobis cedat ad meritum dum
apud nos se commendabilem exhibeat in fructuoso opere quoad
piam subventionem pauperum et hospitalis superius expressorum.
In cujus rei testimonium litteras nostras fieri fecimus has
patentes, usque ad festum Sancti Laurencii anno domini
M.CCC.XXXV tantummodo duraturas. Datum apud Thorp' juxta Ebor'
idibus Novembris anno domini millesimo CCC tricesimo secundo,
et pontificatus nostri sextodecimo.

Quia in hospitali Sancti Antonii Vienens' diocesis tanta
est egenorum, debilium et infirmorum tam virorum quam mulierum
multitudo de singulis mundi partibus confluencium quibus cum
sibi ipsis nequeunt subvenire de hospitali predicto juxta
facultates sibi a Deo collatas singula eis necessaria
ministrantur, nec aliqui redditus certi dicto hospitali sunt
assignati, unde tot egeni, debiles et infirmi sustentari valeant
nisi quatenus devotio fidelium per universum orbem ipsius
caritatis intuitu duxerit elargiri et ideo diversi Romanorum
pontifices omnes Christi fideles in singulis mundi partibus
constitutos attentius exhortantur ut de bonis sibi a Deo
collatis fratribus et nunciis hospitalis predicti ad opus
hujusmodi pauperum et infirmorum grata conferant subsidia
caritatis, singulis benefactoribus ejusdem indulgencias
subscriptas concedentes, videlicet Urbanus papa septimam partem

penitencie unum annum et XL dies, item Alexander papa septimam partem penitencie unum annum et XL dies. Item Innocencius papa unum annum et XL dies item Gregorius papa unum annum et XL dies. Quas quidem indulgencias sanctissimus in Christo et dominus noster dominus Johannes papa XXII ratificat et confirmat. Fratres enim hospitalis predicti concedunt participationem omnium bonorum que in dicto hospitale et cellis suis fiunt et fient in perpetuum omnibus eorum benefactoribus qui dictam fraternitatem assumunt, et qui oves, porcos et alia animalia seu quecumque bona juxta posse suum eisdem largiuntur.

197 LITTERA PRO LIBERATIONE THOME JAY ALUTARII LONDON'. Request to the King to set free Thomas Jay, tawyer, of London, who had been imprisoned as an unregenerate excommunicated person for refusing to appear in the Court of York to answer in a suit brought against him by Robert de Grendon', tailor, of London. Thomas had now repented and received absolution. Bishopthorpe 30 Nov. 1332.

198 ABBATI ET CONVENTUI BEATE MARIE EBOR' PRO DECIMA QUADRENNIALE. To the A. and C. of St Mary's, York, subcollectors of the quadrennial tenth, enclosing a letter from Itherius de Concoreto, papal nuncio, dated London 16 Nov. 1332. In this Itherius orders the archbishop, before the feast of St Hilary *(13 Jan.)*, and the Bishops of Durham and Carlisle within the octaves of the said feast, to cite the subcollectors of the said tenth to appear before the nuncio in his lodging in London. They were to certify that they had done so. Given under the nuncio's seal. The archbishop orders the A. and C. so to appear, and to certify by letters patent before the feast of the Epiphany *(6 Jan.)* that they would so so. Bishopthorpe 4[1] Dec. 1332.

    1. Date given thus, but 'kalends', 'nones' or 'ides' probably omitted.

199 (Fo.535v) CERTIFICATIO SCRIPTA DOMINO ITHERIO PRO .....[1] To Itherius de Concoreto acknowledging the receipt of the above letter, and reporting the citation of the following sub-collectors:- the A. and C. of St Mary's York for the archdeaconries of York and Cleveland, the A. and C. of Jervaulx for the archdeaconry of Richmond, the P. and C. of Kirkham for the archdeaconry of East Riding and the P. and C. of Thurgarton for the archdeaconry of Nottingham. Bishopthorpe 8 Jan. 1333.

    1. Hole in MS.

200 ALIA CERTIFICATIO EIDEM PRO DENARIIS SANCTI PETRI. To the same, acknowledging his letters dated under his official seal at London 13 Nov. 1332, which order the payment of Peter's Pence at his lodging in London before Candlemas *(2 Feb.)*. The archbishop says that he has arranged for eleven pounds ten shillings sterling to be paid in by Simon de Swanneslond', citizen of London, by the required date. Bishopthorpe 16 Jan. 1333.

201 CAPTIO CONTRA JOHANNEM FILIUM STEPHANI. Request to the King for the arrest of John son of Stephen, who had remained obdurate under a sentence of excommunication for more than forty days. Bishopthorpe 8 Mar. 1333.

202 LITTERA AD ORANDUM PRO REGE ET SUO EXERCITU. Mandate to the Archdeacon of York or his official to call upon all the faithful throughout his archdeaconry to pray for the good success of the King and his army, going to repel a Scottish invasion, with an indulgence of forty days for those complying. Overton 5 Apr. 1333.

Willelmus etc. Archidiacono etc. In agendis omnibus prosperiorem evenire speremus effectum cum in ipsorum ingessu pariter et progressu ad illum qui omnium est dispositor atque rector fideles Christi spe firma suum dirigant intuitum, ipsius presidium devotis precibus jugiter postulantes. Cum igitur serenissimus princes (*sic, recte* 'princeps') et dominus noster dominus Edwardus Dei gracia Rex Anglie illustris cum suo exercitu ad partes boreales regni sui dirigat gressus suos pro tranquillitate et securitate partium predictarum et incolarum commorantium in eisdem ad compescendum furiosum impetum Scotorum, et ipsorum presumptuosam rabiem repellendum, qui Deum pre oculis non habentes, personis cujuscumque sexus vel etatis seu locis religiosis et piis in nullo penitus deferentes, villas, ecclesias et alia loca sacra non sive multorum innocentium tam clericorum quam laicorum interitu in dictis partibus et precipue in terris et locis Anglie Marchie Scotie confinibus crudeliter invaserunt, combusserunt, devastarunt et alia enormia inibi perpetrarunt, ac bona ecclesiastica et prophana dampnabiliter rapuerunt et etiam asportarunt, et quod deterius est de ipsorum et aliorum redditu et regressu ad perpetrandum homicidia, incendia et alia flagitiosa scelera pejora prioribus speratur in proximo nisi eis Deo duce manu armata occurratur celeriter ex adverso. Nos attendentes fructum uberem quem speramus ex devotis hujusmodi ordinibus divinam ad hoc clemenciam inclinantibus provenire, et idcirco (Fo.536; N.F.671) in caritatis visceribus intimius affectantes vestrorum subditorum animos ad devotionem hujusmodi quantum possum excitare, vos injungimus et mandamus quatinus in singulis ecclesiis parochialibus[1] archidiaconatus Ebor' predicti ac collegiatis conventualibus exemptis et non exemptis faciatis in[1] singulis missis decetero celebrandis pro salubri statu et prospero dicti domini nostri Regis ipsiusque exercitus et sibi ac suis adherentium mentionem fieri specialem, ita quod orationes illas que pro pace dici consueverunt presbiteri in suis missis cum devotione debita dicant ac ipsi et alii Christi fideles clerici et laici pro salubri expeditione ipsius domini Regis et suorum preces Deo fundant devotas, ut ipse Deus et dominus

1. Interlined.

noster in cujus manu corda sunt regum, et quo vult ea vertit pro
sua pietate gressus suos et actus dirigat et disponat, ipsumque
dominum nostrum Regem cum suis ab adversis protegat et defendat,
necnon pacis optate tranquillitam cujus tempore et non alio bene
colitur pacis auctor, et sibi de inimicis suis triumphum
concedat, quodque superatis hostibus victor redeat magnificus,
ad Dei honorem, regni salvationem et totius utilitatem ecclesie
Anglicane.   Et nos de ipsius Dei omnipotentis misericordia,
gloriose virginis Marie matris sue, beatorum apostolorum Petri
et Pauli necnon sanctissimi convessoris Willelmi omniumque
sanctorum meritis et[1] precibus[1] confidentes, omnibus parochianis
nostris et aliis quorum diocesani hanc nostram indulgenciam ratam
habuerint et acceptam, de peccatis suis vere contritis,
penitentibus et confessis, qui pro eisdem domino nostro rege
suoque exercitu, sibique et suis adherentibus devote oraverint ut
est dictum, quadraginta dies de injuncta sibi penitencia Deo
propitio misericorditer relaxamus, indulgencias etiam in hac
parte rite concessas et imposterum concedendas ratas habentes
pariter et acceptas. Valete. Datum apud Overton' nonis Aprilis
anno domini M.CCC tricesimo tertio et pontificatus nostri
sextodecimo.

    1. Interlined.

203 LITTERA QUESTUARIA HOSPITALI SANCTI LEONARDI EBOR'. To all the
clergy, secular and regular, of the city and diocese of York.
Letters patent of recommendation for John de Thorp' of
Pocklington and William de Milington', official collectors on
behalf of St Leonard's Hospital, York. Valid for one year from
the date of issue. Bishopthorpe 14 Apr. 1333.

204 (NO HEADING). Note of a list of vacant benefices sent to the
A. and C. of St Mary's, York, according to the regular form
(See no.192). Bishopthorpe 16 Apr. 1333.

    ... In ecclesia Ebor'. Decanatus Ebor'. Prebenda de
Suthneubald *(South Newbald)*. Precentoria ecclesie Ebor'.
Prebenda de Holme. Prebenda de Rikhale *(Riccall)*. Prebenda que
dicitur Butavant *(Botevant)* quam habuit Magister Robertus de
Rypplingham. Cancellaria ecclesie Ebor'. Prebenda de
Stilington' *(Stillington)*. Succentoria eccesie Ebor'.

In ecclesia Beverl'. Prebenda Sancti Petri.

In ecclesia collegiata Suwell'. Prebenda de Wodeburgh'
(Woodborough).

In ecclesia Rypon'. Prebenda de Nunwyk' *(Nunwick)*.

In ecclesia Hoveden'. Prebenda de Skelton'.

In archidiaconatu Ebor'. Ecclesia de Castelford' *(Castleford)*.
Ecclesia de Donyngton' *(Dunnington)*.

In archidiaconatu Cliveland'. Ecclesia de Kyrkeby under le
Knoll' *(Kirby Knowle)*.

In archidiaconatu Estriding'. Ecclesia de Kyrkeby in
Hundolfsdale *(Kirby Underdale)*. Ecclesia de Northferiby *(North
Ferriby)*.

In archidiaconatu Notingh' Medietas ecclesie de Cotegrave
(Cotgrave). Ecclesia de Knesale *(Kneesall)*. Ecclesia de
Epreston' *(Epperstone)*. Ecclesia de Strelleye *(Strelley)*.

205 LITTERA AD ORANDUM PRO REGE MISSA DECANO CHRISTIANITATIS EBOR'.
Mandate to the dean of Christianity in York to join with the
archbishop in prayers for the good success of the King and his
army going to repel a Scottish invasion, and in a procession
to be held in York on the coming Friday *(16 April)* from
Holy Trinity, Micklegate, to St Mary's Abbey and to certify by
letters patent. Bishopthorpe 14 Apr. 1333.

Willelmus etc. decano etc. Solent sub timore domini
ordinata principia properis clarere initiis et vehiculo sue
gracie exitus sortiri felices cum omnis potestas a domino Deo
sit, ab ejusque nutu omnia prospera dependeant et adversa.
Hinc pro statu domini nostri Regis qui cum suo exercitu ad
expugnandum servitiam et crudelem rabiem Scotorum, qui nuper
villas, ecclesias et alia loca sacra, non sine multorum
interitu innocentium, in terris et locis Anglie Marchie Scotie
confinibus crudeliter invaserunt, combusserunt devastarunt
bonaque ecclesiastica et prophana rapuerunt et asportarunt et
alia enormia inibi perpetrarunt, et quod deterius est de
ipsorum Scotorum redditu et regressu ad perpetrandum
homicidia, incendia, depredationes et alia flagitiosa scelera
pejora prioribus timetur in proximo nisi eos Deo duce manu
forti occurratur celeriter ex adverso, et pro defensione populi
et ecclesie Anglicane versus partes boreales regni sui dirigat
gressus suos, processionem solempnem per nos et clerum ac
populum nostre civitatis Ebor' hac instanti die Veneris proxime
jam futuro pro eodem domino nostro Rege suoque exercitu
censuimus faciendam, ut in suis actibus divina gracia ac
sanctorum suffrigiis eo facundius fulciantur, quo in processione
hujusmodi plures convenerint oratores, in qua ad honorem Dei et
exaltationem sui nominis gloriosi, et ut pro dicto domino nostro
Rege suoque exercitu devotis insistatur laudibus solempniis
excolendis ad implorandum Dei omnipotentis graciam et ad
devotionem utinam fidelium adhoc salubriter indicendam, nostram
intendimus presenciam apud Ebor' per Die graciam congruo tempore
exhibere. Quocirca tibi firmiter injungendo mandamus quatinus
premunias clerum et populum dicte civitatis[1] (Fo.536v) tam
exemptum quam non exemptum ut nobis in ecclesia conventuali
Sancte Trinitatis Ebor' in Mikelgate ante horam primam dicte
diei Veneris occurrant, nobis ad dicta exsolvenda solempnia
laudabiliter et cum devotione debita astituri ac ad monasterium
Beate Marie Ebor' cum processione hujusmodi accessuri. Et
super eo quod feceritis nos summo mane dicte diei Veneris
certifices per tuas litteras patentes harum seriem continentes.

1. There is a small drawing of a cross in the lower margin.

Vale. Datum apud Thorp' juxta Ebor' XVIII kalendas Maii pontificatus nostri anno sexto decimo.

206 LITTERA MISSA AD CERTIFICANDUM DE BENEFICIIS VACANTIBUS. Mandate to the official of the Archdeacon of York to provide, before St John Baptist's Day *(24 June)* a list of all vacant benefices for use by the A. and C. of St Mary's, York, sub-collectors appointed by Master Itherius de Concoreto, nuncio and collector of the papal tax.

Note of similar letters sent to the officials of the Archdeacons of Richmond, Cleveland, East Riding and Nottingham, and, *mutatis mutandis,* to the dean and chapter of York Minster. Bishopthorpe 11 May 1333.

207 CREATIO JOHANNIS DE LOBORSANA[1] CLERICI IN NOTARIUM PUBLICUM. The archbishop to John de Loborsana, clerk, of the diocese of Rodez, enclosing a bull of Pope John XXII, given in full and dated Avignon 20 Oct. which empowers the archbishop to appoint John de Loborsana, if he be found suitable, as notary-public by papal authority, and gives the oath which he should take. After examination, John was appointed by letters patent. Bishopthorpe 9 June 1333. Notarial instrument to this effect drawn up by Master John de Barneby, notary-public and the archbishop's *scriba,* and witnessed by Masters Robert de Nassington' D.C.L. precentor of York, Adam de Haselbech' canon of Howden and Peter Vaurelli, lawyer. Under the notarial mark of John de Barneby.

Willelmus etc. Johanni Lobarsana clerico Ruthenen' diocesis etc. Litteras sanctissimi in Christo patri et domini domini Johannis etc. vera bulla plumbea et filo canabi etc. recepimus tenorem qui sequitur continentes:- Johannes etc. Archiepiscopo etc. Ne contractui memoria deperiret inventum est tabellionatus officium quo contractus legitimi ad cautelam presentium et memoriam futurorum manu publica notarentur, unde interdum sedes apostolica predictum officium personis que ad illud reperiuntur idonee concedere consuevit ut illud prudenter et fideliter exequantur et ad eas cum necesse fuerit in hiis que ad officium ipsum pertinent fiducialiter recurratur. Hinc est quod nos dilecti filii Johannis Lobarsana clerici Ruthernen' diocesis supplicationibus inclinati fraternitati tue de qua fiduciam gerimus in domino specialem concedendi auctoritate nostra dictum officium eidem clerico dummodo non sit conjugatus nec in sacris ordinibus constitutus, si ipsum ad illud post diligentem examinationem ydoneum esse repereris, juramento prius ab eo juxta formam presentibus annotatam recepto, plenam et liberam tenore presentium concedimus facultatem. Forma autem juramenti quod ipse clericus prestabit talis est:- Ego Johannes Lobarsana clericus non conjugatus nec in sacris ordinibus constitutus, Ruthen' diocesis, ab hac hora in antea fidelis ero Beato Petro et sancte Romane ecclesie ac domino meo domino Johanni pape XXII

1. Also called 'de Lobarsana'.

et successoribus suis canonice intrantibus. Non ero in
consilio, auxilio, consensu vel facto ut vitam perdant aut
membrum vel capiantur mala captione, consilium quod mihi per se
vel litteras aut nuncium manifestabunt ad quorum (*sic*, but
rectius 'eorum'?) dampnum scienter nemini pendam (*sic, recte*
'pandam'). Si vero ad meam noticiam aliquid devenire contingat
quod in periculum Romani pontificis atque ecclesie Romane
vergeret seu grave dampnum, illud pro posse impediam, et si hoc
impedire non possem procurabo bona fide id ad noticiam domini
pape perferri. Papatum Romanum et regalia Sancti Petri ad jura
ipsius ecclesie specialiter si qua eadem ecclesia in civitate
vel terra de qua sum oriundus habeat, adjutor eis ero ad
defendendum et retinendum seu recuperandum contra omnes
homines. Tabellionatus officium fideliter exercebo contractus
in quibus exigitur consensus partium fideliter faciam, nil
addendo nil minuendo sine voluntate partium quod substanciam
contractus inmutet. Si vero in conficiendo aliquod
instrumentum unius solius partis sit requirenda voluntas, hoc
ipsum faciam ut scilicet nil addam vel minuam quod inmutet
facti substanciam contra voluntatem ipsius. Instrumentum non
conficiam de aliquo contractu in quo sciam intervenire seu
intercedere vim vel fraudem. Contractus in prothocollum
redigam, et postquam in prothocollum redigero maliciose non
differam contra voluntatem illorum vel illius quorum est
(Fo.537; N.F.672) contractus. Super eo conficero publicum
instrumentum salvo meo justo et consueto salario, sic me
Deus adjuvet et hec sancta Dei evangelia.- Datum Avinion'
XIII kalendas Novembris pontificatus nostri anno sexto-decimo. -
Nos itaque ad laudabile testimonium quod de tuis meritis, vita,
conversatione et moribus recepimus intuitum convertentes, quia
te non conjugatum nec in sacris ordinibus constitutum, ad
tabellionatus officium auctoritate apostolica exercendum
sufficientem et ydoneum esse reperimus examinatione prehabita
diligenti, tibi a quo juramentum juxta formam in dictis
litteris apostolicis, annotatem et superius hic transcriptam
recepimus, tabellionatus officium auctoritate apostolica
concedimus, et notarium publicum tenore presentium te creamus,
ac de dicto tabellionatus officio per pennam, calamarium et[1]
pergamentum presencialiter investimus. In quorum omnium
testimonium presentes litteras seu presens publicum
instrumentum per Magistrum Johannem de Barneby clericum,
notarium publicum et scribam nostrum scribi et publicari ac
signo suo consueto signari mandavimus nostrique sigilli
appensione fecimus muniri. Acta et data sunt hec in manerio
nostro de Thorp' juxta Ebor' nono die mensis Junii anno domini
M.CCC. tricesimo tertio, indictione prima et pontificatus
dicti domini nostri pape decimo septimo, presentibus discretis
viris magistris Roberto de Nassington' utriusque juris
professore precentore ecclesie Ebor', Ada de Haselbech'
canonico ecclesie Houdon' nostre Ebor' diocesis et Petro
Vaurelli jurisperito testibus ad premissis vocatis specialiter
et rogatis. Et ego Johannes Thome de Barneby super Doue

    1. Interlined.

122

clericus Ebor' diocesis publicus auctoritate apostolica et
imperiali notarius ac domini Ebor' archiepiscopi scriba sub
anno, indictione, mense, die, pontificatu et loco superius
annotatis in presencia testium prescriptorum dictis examinationi,
concessioni et investiture ac juramenti receptioni et aliis
omnibus et singulis de quibus premittitur presens interfui,
eaque sic fieri vidi et audivi, ac de mandato domini Ebor'
archiepiscopi supradicti in hanc publicam formam redegi,
dictasque litteras apostolicas in nulla fui parte suspectas, ut
prima facie apparuit, vidi, legi et palpavi, ac eas fideliter
hic transcripsi, hecque omnia signo meo consueto in testimonium
rogatus signavi.

208 ISTA LITTERA CONCERNIT TRAVAS[1] ECCLESIE BEATE JOHANNIS BEVERLAC'.
The archbishop to Itherius de Concoreto, explaining that
Nicholas de Hugat', canon of Beverley, was justified by ancient
and accepted precedent in claiming dues of corn from the
parishioners of the chapel of Barmby Moor dependent on the
church of Pocklington, and they should not therefore be cited
to make answer concerning them. York (no date, ? 1333).

Itherio de Concoreto etc. Willelmus etc. Quia locorum
specialium et personarum singularium consuetudines et privilegia
cum facti sint et in facto consistant, ab hiis qui in partibus
morantur longinquis possunt probabiliter ignorari, meritorium
credimus ipsa in noticiam deducere, ne prejudiciale contra ea ab
aliquo indebite usurpetur vel ex ignorancia attemptetur. Vestram
igitur prudenciam volumus non latere quod ecclesie nostre
collegiate Beati Johannis Beverl' canonici sunt in possessioni
percipiendi travas de omnibus et singulis dignitatibus, officiis,
prebendis ecclesiis parochialibus et aliis beneficiis
ecclesiasticis quibuscumque archidiaconatus Estriding', tam ex
largitione regum quam concessione pontificum ecclesie Ebor'
predecessorum meorum confirmatione sedis apostolice subsecuta,
in quibus et ex quibus consistunt ipse prebende et quod
hujusmodi perceptione travarum usi sunt a tempore cujus contrarii
memoria non habetur, quodque dominus Nicholaus de Hugat canonicus
dicte ecclesie ratione prebende sue in eadem percepit toto
tempore suo, et predecessores sui qui pro tempore fuerunt totis
temporibus suis, travas a parochiis ecclesie de Pokelington'
decanatui ecclesie nostre Ebor' annexe, et locis infra limites
parochie ejusdem ecclesie consistentibus, perceperunt pacifice
et quiete, scientibus bone memorie magistro R. de Pikering'
predecessore decani qui nunc immediati et predecessoribus ipsius
omnibus et singulis in decanatu predicto ac singulis aliis
dignitates, officia, prebendas, ecclesias parochiales et alia
quecumque beneficia in archidiaconatu Estriding' obtinentibus
et hujusmodi travas a parochiis beneficiorum suorum absque
contradictione qualibet solvi tolerantibus per tempora
supradicta quod ita notorium in diocese Ebor' et etiam in
provincia existit quod in dubium ab aliquo non poterit revocari
et cardinales sedis apostolice dignitates, prebendas, ecclesias

1. A thrave is a measure of corn.

et beneficia alia ecclesiastica in dicto archidiaconatu
habentes, quos non est verisimile velle indebita aut
inconsueta agnoscere seu subire, perceptionem hujusmodi
travarum a parochiis suis tolerarunt et permittunt absque
contradictione qualibet in presenti et hujusmodi solutionis
onus parochiali ecclesie de Elveley *(Kirk Ella)* pro tempore
quo ipsius regimini prefuistis sicuti et prioribus temporibus
subierunt quod cum sit factum satis recens a vestra in toto
non credimus memoria excidisse. Et idcirco cum ea immutari
minime debeant que longevo tempore servata inconcusse
prescriptione legitima sunt munita, aliaque auctoritate
sufficienti, amicitiam vestram quam injuste vexatis credimus
velle prospicere et mederi ex corde rogamus quatinus
subjectos nostros parochianos capelle de Barneby ecclesie de
Pokelington' annexe coram vobis eo quod hujusmodi travas dicto
domino Nicholao de Hugat' ratione dicte prebende sue debitas,
cujus intentio non est nec fuerit dominum nostrum papal vel
suos in perceptione primorum fructuum perturbare seu
prejudicare in aliquo sicut vobis datur intelligi,
persolverunt modo debito et consueto ad procurationem
quorundem temerariam evocatos, a vestro examine velitis
dimittere et eos ea occasione seu alio quesito colore nullatenus
molestare. Velitis etiam ob reverenciam sedis apostolice et
nostri rogaminis interventu benigne permittere quod dictus
dominus Nicholaus appellationes pro se et dictis parochianis ad
sedem eandem et curiam Ebor' pro tuitione ad conservationem
juris sue ecclesie Beverl' et prebende sue in eadem libere
prosequi valeat ut est justum. Pro certo, amice carissime,
dictas travas ipsi ecclesie Beverl' subtrahere in quibus revera
fundata extitit et dotata nihil aliud est quam cum ipsis
sublatis nihil vel modicum in redditibus ultra restet ipsius
ecclesie fructum subvertere et in gravi cultus divini
detrimentum et multorum ecclesie perniciem ministrorum
relinquere desolatam, quod nostris temporibus qui cultum
divinum prosperari et numerum ministrorum augeri cupimus absit
eveniat seu futuris. Diu feliciter et prospere in domino
valeatis, nobis quod vestro cederit beneplacito rescribentes.
Datum Ebor'

209 (Fo.537v) CONCERNENTIA TRAVAS BEVERL'. The archbishop to the
dean of York Minster, asking him to name a day, if possible
before the feast of All Saints (1 Nov.), when it would be
convenient for him to appear at York to settle a dispute between
him and N(icholas) de H(ugat), provost of Beverley, the chapter
of Beverley Minster and the clergy of the archdeaconry of East
Riding, concerning thraves due from the church of Pocklington.
No place or date (? Autumn, 1333).

Willelmus etc. Decano etc. Ad hec libenter intendimus et
vigilis solicitudinis studium adhibemus ut subditis nostris,
presertim quos in sinu dilectionis recollegimus carioris,
dissensionis materiam precidamus. Sane inter vos et dilectum
clericum nostrum N de H prepositum ecclesie nostre Beate

Johannis Beverl' occasione travarum que de portione bladi
ecclesie de Pokelington' ab antiquo debita sibi ratione prebende
sue quam optinet in dicta ecclesia Beverl' competere dinoscantur
gravis, quod moleste ferimus, sit discordia suscitata, nos
consideratis dispendiis, scandalis et periculis que, quod absit,
ex comminata briga[1] travarum pervenire poterunt si duraret,
vobis et capitulo ecclesie Beverl' et etiam clero nostro
archidiaconatus Estriding' qui in ultima visitatione nostra de
modo colligendi travas hujusmodi nobis aliqualiter sunt
conquesti, quorum querela vester nobis adhuc pendet indecisa,
dicte controversie finem felicem apponere in votis gerimus pre
ceteris desiderabilibus cordis nostri. Ad quod Beverl'
capitulum credimus inducere si vos et clerus dicti
archidiaconatus velitis coram nobis ad aliquem brevem diem apud
Ebor' convenire super aliqua bona via pacis in premissis nobis
mediantibus amicabiliter tractaturi, devotionem igitur vestram
nobis caram requirimus et in domino exhortamur quatinus,
pensatis causarum satis ambiguis et imminentibus ex eis
incommodis velitis, quamcitius comode vacare poteritis apud
Ebor' personaliter accedere, diem adventus vestri nobis per
latorem presentium rescribentes, ut super hoc dominum N., clerum
et capitulum supradictos ut tunc ibidem conveniant possimus
facere premuniri. Nos autem tunc interponimus efficaciter
partes nostras et proficere credimus Deo duce, talemque viam
pacis invenire que Deo grata, utilis ecclesiis, vobisque et
aliis personis ecclesiasticis debeat acceptabilis merito
reputari. Et ideo excusationis diffugium non queratis si
placuerit in premissis quoniam sic librabitur equalante *(sic)*
negotium quod debebitis rationabiliter contentari. Et vellemus
quod modis omnibus citra festum Omnium Sanctorum proxime futurum
quid tunc circa hoc melius vacare poterimus fuisset tractatus
hujusmodi inchoatus.

    1. 'Brawl'.

210 LITTERA AD REPELLENDUM JOHANNEM DICTUM LE HARPUR EXCOMMUNICATUM.
To all Christian people. Order to shun John called Harpour
(sic) of Fangfoss as excommunicated until he should repent and
seek absolution. York 11 Oct. 1333.

211 LITTERA AD DELIBERANDUM J(OHANNEM) LE STOROUR DE FROTHINGHAM.
To the King. Request for the release from prison of John le
Storour of Frodingham, arrested at the archbishop's request for
remaining contumacious under excommunication, but now
repentant. York 9 Oct. 1333.

212 DIMISSIO ECCLESIE DE ASSCHEBY LYNC' DIOCESIS. Note that Sir
John de Sancto Paulo, rector of Aschebydavid *(Castle Ashby)* in
the diocese of Lincoln surrendered the same in the presence of
the archbishop on receiving the living of Sutton in the diocese
of Salisbury. York 26 Oct. 1333.

213 LIBERATIO ROBERTI DE CAYTON' CENTUM SOLIDORUM. The archbishop
to Sir Nicholas de Sigelesthorn', receiver of Beverley, to pay
to Robert de Cayton, the archbishop's bailiff there, the sum
of a hundred shillings, agreed by indenture as due from his
fief for the first term of the current year. York 10 Dec.
1333.

Willelmus etc. domino Nicholao de Sigelesthorn' receptori
nostro de Beverl' etc. Libera Roberto de Cayton' ballivo
nostro Beverl' C solidos pro feodo suo de primo termino istius
anni, quam quidem summam pecunie tibi super tuo compoto per
estimationem presentem et indentura inter vos inde confecta
plenius volumus allocari. Vale. Datum Ebor' IIII idus
Decembris anno domini M.CCC.XXXIII et pontificatus nostri XVII.

214 COMMISSIO EPISCOPO ARKMAK' AD DEDICANDUM CALICES, ALTARIA ETC.
To Rowland, lately Archbishop of Armagh. Licence during
pleasure under the archbishop's seal to confirm, reconcile
churches, bless altars and church furnishings and to confer
the first tonsure on suitable persons, etc., in the city and
diocese of York. York 15 Jan. 1334.

215 LICENCIA AD CONFIRMANDUM JOHANNEM FILIUM NICHOLAI DE APPILBY.
Licence to John, Bishop of Avranches, to confirm John son of
Nicholas de Appilby anywhere within the city or diocese of
York. Cawood 22 Mar. 1334

216 PRO PENSIONE CUJUSDAM FRATRIS ORDINIS MILICIE TEMPLI. Note
of a letter to the prior of the Hospitallers in England, asking
for the five marks' annual pension due from the preceptor of
Newland to be paid to Thomas Screche, a former Templar now
dwelling at St Oswald's Priory, Nostell. In the same form as
the letter on behalf of Ralph de Roston'. Cawood 4 Oct. 1334.

217 (Fo.358; N.F.673) LITTERA MISSA PAPE AD HABENDUM DOMINUM
EXCUSATUM SUPER CONSECRATIONE EPISCOPI DUNOLM'. To the pope,
excusing himself for his precipitate action in confirming
the election of Robert de Graystones as Bishop of Durham, since
he was unaware that Richard de Bury had already been provided to
the see. The archbishop adds that he has instructed his kinsman
Master William de La Mare, treasurer of York Minster, to visit
and submit to Peter, cardinal-priest of St Stephen in Caelio
Monte, in the matter of the treasurership, despite inducements
to take the case into the King's court. Unfinished. No place
or date (? 1334).[1]

Printed: J. Raine, *N.R.*, p.371.

1. See Le Neve, *Fasti Ecclesie Anglicane, 1300-1541* (London,
1963), VI p.13.

218 DOMINO NEAPOLIONI CARDINALI PRO EODEM. The archbishop to
Napoleon, cardinal-deacon of St Adrian, quoting the above
letter and asking him to use his good offices on the writer's

behalf both with the Pope and with Cardinal Peter. No place or date (? 1334).

219 (Fo.358v) DOMINO P.[1] DEI GRACIA TITULI SANCTI STEPHANI IN CELIO MONTE PRESBITERO CARDINALI PRO EODEM. The archbishop to Peter, cardinal-priest of St Stephen in Coelio Monte, quoting No. 217 and protesting that neither he nor William de la Mare has any sinister intentions in the matter of the treasurership of York Minster. No place or date (? 1334).

Reverendo in Christo patri et domino, domino Dei gracia titulo Sancti Stephani in Celio Monte presbitero cardinali, Willelmus etc., cum devota sui recommendatione reverenciam omnimodam et honorem. Cum preminencie (*sic, recte* 'preeminencie') status et sciencie donis potioribus habundetis lateribus vicarii Jesu Christi familiarius assistentes ac debentes aliis signa bonitatis, dignetur quatinus circumspecta vestra maturitas excusationes nostras benigne suscipere et ipsas in tranquille mentis judicio debite ponderare. Ecclesia siquidem Dunolm' etc., *ut proxima supra usque ibi* 'recollegit', sicque sperata briga inter eos per nostri mediationem, laudetur altissimus, est sopita. Ob reverenciam sedis apostolice et vestram benevolenciam permerendam consanguineum nostrum Magistrum Willelmum de la Mare induximus cum effectu ut vestro conspectui personaliter et humiliter se presentet, se super Thesauraria Ebor' quam possidet vestre gracie submissurus, licet secundum jura regni Anglie peritorum judicio jus habeat in eadem, ad cujus defensionem per plurimos excitatur, quibus sub spe vestre gracie nostrum secutum consilium non assentit, in quo negotio contra vos nunquam quicquid fecimus quod justo judicio hominem offendere debuit sive Deum, licet forsan secus habuerit assertio decretorum. Paternitatem igitur vestram reverendam attentius quo possumus requirimus et rogamus quatinus illius exemplo qui cum natus fuerit misericordie recordatur, contra nos vestre si placeat cohibentes indignationis acultum, nos habere velitis super sinistris nobis impositis excusatos, quousque auditis nostris responsionibus via pateat veritatis, nos qui hoc desideranter appetimus ad vestre benevolencie graciam admittentes, nobis que vestri motum animi transcribentes, et si in aliquo nos erasse vel deliquisse constiterit vestre volumus gracie subjacere que predicatur ab omnibus munifice liberalis dicto etiam nostro consanguineo ne penitus remaneat desolatus aperire dignemini viscera pietatis, facientes sibi de gracia quod oratio non presumit, dignetur quoque coram vestra sperata bonitas erga dominum nostrum summum pontificem ignoranciam nostram probabilem in facto electionis supradicte prout satis novit vestre peritie sublimitas excusare, devotionem nostram humilem eidem si placuerit comendantes, quo in executione sedis apostolice mandatorum non torpescet sed faciet fideliter que debebit perseverantis constancie voluntantis. Ad vestra etiam beneplacita offerimus specialiter nos paratos quibus nos

1. Interlined.

127

experiri velit vestra paternitas reverenda, quam diutius
conservet in prosperis nostri clemencia salvatoris. Scriptum ...

220 (Fo.539; N.F.674) (NO HEADING) Recipient not named. The
archbishop thanks him, and reports that he has heard with
pleasure from J. de Thoresby of the agreement made at Eynsham,
and about letters sent to Sir Geoffrey le Scrop'. He says
that he will write to the pope and cardinals, and asks the
recepient to transcribe the letters, and gives him discretion
to do what he can with regard to the Curia. He hopes to see
him soon. No place or date.

Pater et domine reverende, venit nobis in suavitate
ordoris relatio J. de Thoresby pacem factam apud Eynesham nobis
hillariter *(sic)* nunciatis, de qua revera gaudemus et vobis
grates referimus speciales, et de litteris domino Galfrido le
Scrop' pro nobis missis et ostensis nobis benevolenciis presertim
tempore persecutionis quod continuari amicabiliter petimus in
futurum et utinam vobis possimus rependere vices gratas juxta
vestrum consilium. Scribimus domino nostro summo pontifici
et aliquibus dominis cardinalibus prout ex copiis litterarum
nostrarum videre poteritis quas propter hoc fecimus includi
velitis, namque si placet domino nostro summo pontifici ac
amicis vestris cardinalibus transcribere prout nobis expedire
magis novit vestra industria circumspecta. Pauca vobis
scribimus qui scitis de exiguis exima cogitare, ordinationi
vestre que versus curiam facienda fuerint committentes. Ad
vota vera vestra offerimus nos paratos, desiderantes in
proximo vos videre. Vobis arideant diutine dies leti.
Datum etc.

221 (NO HEADING) A list of benefices, unexplained but possibly
vacant.

In archidiaconatu Ebor'. Ecclesia de Ouston' *(Owston)*.
Ecclesia de Tottewyk' *(Todwick)*. Medietas ecclesie de Roderham
(Rotherham).

In archidiaconatu Estriding'. Ecclesia de Louthorp' *(Lowthorpe)*.

In archidiaconatu Clyveland'. Ecclesia de Steyngreve
(Stonegrave).

In archidiaconatu Richmund'. Ecclesia de Daneby *(Danby)*.

In capella Beate Marie et sanctorum angelorum Ebor' *(St Mary
and the Holy Angels, York)*. Sacristia ejusdem capelle.

222 EXECUTIO BREVIS REGII CONTRA CONSPIRATORES ET FALSOS JURATORES.
The archbishop to the dean of Nottingham, enclosing a writ (given
in full and dated Towcester 16 March 1334) in which the King, in
reply to a petition presented by the Community of the realm in
the last parliament held at York, commands that all malefactors,
felons, conspirators, false swearers and barrators shall be
excommunicated throughout the realm. The dean is ordered to

enforce this command throughout his deanery for the coming year, and to send copies of the writ to all churches therein. Southwell 20 April 1334.

Writ printed: Rymer, *Foedera*, II(2) p.108.

223 LITTERA QUESTUS PRO HOSPITALE SANCTI LEONARDI EBOR'. Licence to William de Milington' from Pocklington, principal proctor of the Hospital of St Leonard at York, and to Roger de Doway, William de Boulton' and Richard de Grymeston', sub-proctors, to collect alms for the said hospital. Bishopthorpe 19 May 1334.

224 LITTERA DIRECTA OFFICIALI CURIE EBOR' AD TRACTANDUM CUM[1] DOMINO[1] CANTUAR' SUPER BAJULATIONE CRUCIS. The archbishop to the official of the Court of York, acknowledging his letters and giving him discretion to deal with any trouble which may arise over the carrying erect of the Cross of Canterbury in the archbishop's visit to the northern province, maintaining the rights of the church of York but avoiding needless provocation. He has arranged for the receiver, Master Richard de Snoweshull', to pay the expenses of the official, his household and one notary, and sends him a copy of the archives dealing with the dispute. He asks for a reply. Ketton 3 June 1334.

Willelmus etc. Receptis discretionis vestre litteris, quoad .. decanum faciatis quod amplius videbitur expedire, et nos in ea parte faciemus in omnibus ut scripsistis, circumspectionem vestram rogantes quatinus si dominum archiepiscopum Cantuar' ad partes nostre diocesis personaliter contigerit declinare, si vos detis obviari priusquam fines ipsius nostre diocesis accedere se contingat, eidem nostre litteras credencie quas cum earundem copia hiis inclusa vobis transmittimus liberantes, quarum virtute secum tractetis super bajulatione crucis sue et nostre prout vobis inspiraverit gracia salvatoris et sicut in nostra presencia alias ordinastis, verumtamen quia hac vice tractatus hujusmodi minime poterit adimpleri, faciatis .. officialis .. archidiaconorum .., sequestratores et .. decanos nostros et alios ministros nostros locorum per que faciet suum transitum archiepiscopus memoratus premuniri quod eidem domino .. archiepiscopo secundum vim, formam et effectum aliarum litterarum nostrarum eis in hac parte directarum moniciones faciant, modo tamen quo magis poterunt curiali, et quod quantum fieri poterit ad iracundiam minime provocetur, ita quod in omnem eventum jus et jurisdictio nostra ecclesie nostre Ebor' salva in omnibus preserventur, que omnia vestre industrie committimus ordinanda. Scribimus enim magistro Ricardo de Snoweshull' receptori nostro Ebor' quod vobis pro expensis vestris et familie vestre et unius notarii quem vobiscum habeatis in eundo et redeundo versus dictum dominum Cantuar' et ab eo unam summam pecunie liberet prout vobis et sibi videbitur expedire. Mittimus etiam vobis unam copiam articulorum (Fo.539v) super quibus inter predecessorem nostrum

1. Interlined.

et .. archiepiscopum Cantuar' qui tunc fuerat tractatus ut
credimus aliqualiter habebatur, quos domino archiepiscopo
Cantuar' poteritis ostendere, et voluntatem suam super hiis
cautius explorare, super quo et omnibus premissis nos reddatis
quesumus plenius certiores tempore oportuno. Valete. Datum
Ketton' III nonas Junii pontificatus nostri anno XVII.

225 INSTRUMENTUM SUPER RECEPTIONE BREVIS REGII SUPER BAJULATIONE
CRUCIS CANTUAR'. Notarial instrument drawn up by John Thomas
of Barnby upon Don, notary public, recording the archbishop's
reception, in the house of the Franciscans at Newcastle-upon-
Tyne, of a royal writ (given in full and dated Newcastle-upon-
Tyne 12 June 1334) directing him not to interfere with the
carrying of the Cross of Canterbury before its archbishop in his
province, since the said archbishop was coming and returning on
the king's business. Witnessed by Master Adam de Haselbeche
canon of Howden, Richard de Otringham canon of Beverley and
William de Popelton' rector of Brafferton, and the king's
messenger Robert Spigurnel, and authenticated by the notarial
mark of John Thomas. Newcastle-upon-Tyne 15 June 1334.

Royal writ printed: Rymer, *Foedera*, II(2) pp.114-15.

In nomine domini amen. Anno ab incarnatione ejusdem
secundum cursum et computationem ecclesie Anglicane M.CCC.
tricesimo quarto, indictione secunda, mensis Junii die
quintadecima, pontificatus sanctissimi in Christo patris et
domini nostri domini Johannis divina providencia pape XXII
anno decimo octavo venerabilis pater dominus Willelmus Dei
gracia Ebor' archiepiscopus Anglie primas, quoddam breve clausum
excellentissimi principis domini Edwardi eadem gracia Regis
Anglie illustris et magno sigillo ejusdem michi a diu cognito
sub cera glauca signatum sibi directum et per Robertum
Spigurnel ministrum predicti Regis ex parte ejusdem domini
Regis et pro eo traditum et liberatum in mei notarii publici
testiumque subscriptorum ad dicti Roberti Spigurnel presencia
recepit, cujus tenor sequitur in hec verba:-   Edwardus etc.

(The royal writ follows.)

Acta sunt hec in domo fratrum minorum Novi Castri super Tynam
sub anno, indictione, mense, die et pontificatu predictis,
presentibus Magistro Adam *(sic, recte* 'Ada'*)* de Haselbeche
canonico ecclesie Hoveden', dominis Ricardo de Otringham
canonico ecclesie Beverlacen' et Willelmo de Popelton' rectore
ecclesie de Braferton' Ebor' diocesis, testibus ad premissa
vocatis et rogatis. Et ego Johannes Thome de Barneby super
Done, clericus Ebor' diocesis, publicus apostolica et imperiali
auctoritate notarius, dicti que venerabilis patris scriba,
premissis omnibus et singulis prout suprascribuntur presens
interfui, eaque sic fieri vidi et audivi, scripsi dictumque breve
regium fideliter
hic transcripsi et
copiavi et in hanc
publicam formam

redegi, meoque signo
et nomine consuetis
signavi rogatus.

226 LITTERA AD PROHIBENDUM NE QUIS AUDIAT PREDICATIONEM FRATRIS
HENRICI DE STAUNTON' HEREMITE. To the dean of Christianity in
York. Mandate to accounce publicly in all the churches of York
that no-one, on pain of excommunication, was to listen to the
preaching of Henry de Staunton', hermit, since his doctrines had
been examined by the archbishop and found to be erroneous and
perverse. A report was to be made before the feast of the
Assumption of the Blessed Virgin *(15 Aug.)*. Cawood 5 Aug. 1334.

Willelmus etc. decano nostro Christianitatis Ebor' etc.
Splendorem solitum fidei Christiane per actus indiscretos ac
improbos simplicium quid prudencie proprie innitentes in errores
varios prolabuntur et doctrina non sana fidelium corda corrumpunt
quasi tenebrosi fumi caligine obfuscari non potest pati
presidentis officium, qui ex debito astringitur solicite
vigilare ut heretica pravitate ab ecclesie finibus extirpata
fides catholica properetur et capiat jugiter incrementum. Sane
fidedigna relatio nuper ad nostrum pluries perduxit auditum quod
frater Henricus de Stanton' *(sic)* heremita et ut asserit
capellanus, in primitivis dumtaxat instructus et literali
intellectui, qui occidit[1] plus quam oportuit insistens, usurpans
licet non missus officium predicandi, articulos fidem catholicam
concernentes quampluries continentes errores, in civitate nostra
Ebor' docuit et nimis presumptuose publice predicavit, qui cedunt
multum in offensam divini nominis et opprobrium fidei
Christiane, ex cujus doctrina sacrilega et perversa, procurante
satore malorum operum, secta quedam hominum sub pietatis specie
insurrexit, diffidium et scisma inter clerum et populum excrevit,
convicia, opprobria, contentiones, rixe, conspirationes,
conventiculeque illicite fiebant et fiunt, ac datur conjugibus
audacia et occasio et econtra suos perperam dimittendi maritos.
Nos, igitur, scire volentes si suggesta nobis veritatem haberent,
eidem heremite dictos articulos erroneos, quos ex causa silemus,
obici fecimus, assistentibus nobis theologis et aliis jurisperitis
seriosius, et exponi et ad defensionem sui audienciam plenam
prebuimus coram illis in nostra presencia constituto, qui licet
plures ex dictis articulis sibi objectis quos veram fidem
catholicam continere firmavit modo suo defendere niteretur,
extantibus multis super negatis articulis ipsum deferentibus
et accusantibus, ac super hiis volentibus eum convincere
criminosum, demum cum nesciret rationibus supra factis in
contrarium respondere se errasse fatebatur, veniam indulgeri
sibi humiliter postulando. Et nos ipsi auditis persuasionibus
suis cum dictis peritis super hiis et dictis articulis erroneis
collationem habuimus solertem, ac ipsum heremitam super
litteraturam examinavimus, videlicet an ydoneus foret ad
proponendum publice pabulum verbi Dei, per quam quidem collationem
et examinationem super hoc prehabitas comperiumus ipsos articulos

1. *Sic*. Perhaps used in the rare sense 'pesters'.

predicatos per eum doctrinam non sanam sed periculosam multum
ac veritati contrarium continere, ac ipsum minus ydoneum ad
docendum populum nobis subditum predicationis que officium
exercendum, et quod ejus simplicitas, dum spem impunitatis vel
severitatem vindicte promitteret presumendo, de preteritis ad
futura multam posset processu temporis pestilenciam de facili
emittere, et idcirco sibi sicut necessarie oportuit, quamquam
prout ex laudabili fidedignorum testimonio accepimus penitencie
gravitas et vite merita in aliis sibi multipliciter suffragentur,
officium interdiximus predicandi audiendi confessiones nisi in
mortis articulo et absolvendi injungendique penitenciam
salutarem, affectantes igitur veritatis vias notas esse
fidelibus, et quod erroribus heretice pravitatis non latenter
ad subversionem morum ... ne (illeg.) pant aditus precludatur,
tibi in virtute obediencie firmiter injungendo mandamus
quatinus in singulis (Fo.540; N.F.675) ecclesiis civitatis
nostre Ebor' premissa coram astante populo in multitudine
copiosa dum missarum aguntur solempnia in lingua vulgari et
materna publice detegens et exponens omnibus et singulis
subditis nostris ne ad predicationem dicti fratris Henrici
decetero accedant, cum predicantem audiant, nec ipsum sequuntur
imposterum ut doctorem seu predicatorem veritatis c .... (illeg.)
ratione premissorum potestatem abstulimus predicandi, nec sibi
peccata sua confessantur cum absolvere nequeat, nec sibi in hiis
ad....eant (illeg.)aut intendant sub pena excommunicationis
majoris quam in contravenientes fulminare intendimus et rebelles
hac instanti die dominica et sequente, diebus que festivis
intermediis, inhibeas seu facias inhiberi artius vice nostra.
Et super eo quod feceris in premissis nos citra festum
Assumptionis Beate Marie Virginie certifices distincte et aperte
per tuas litteras patentes harum seriem continentes. Vale.
Datum apud Cawod' nonis Augusti anno domini M.CCC.XXXIIII et
pontificatus nostri XVII.

227 IN ECCLESIA CATHEDRALI EBOR'. A list of benefices, with their
titles and annual value, in the minster and diocese of York.
(Unexplained, but apparently those held by aliens or alien
priories, and probably the list mentioned as being sent to the
king in response to the writ of privy seal mentioned in no.228
below.)

Napoleon, cardinal-deacon of St Adrian, holds the prebend of
Cave (South Cave). Title unknown, value 160 marks.

Gaucelinus Johannis, cardinal-priest of St Marcellinus and
St Peter, holds the prebend of Driffield. Collation by the
king, value 150 marks.

Peter, cardinal-bishop of Praeneste, holds the archdeaconry of
York. Papal provision, value £67. He holds also the prebend
of Wystowe (Wistow). Papal provision, value 150 marks.

John Gaitani, cardinal-deacon of St Theodore, holds the prebend
of Laghton' in Morthyng' (Laughton). Papal provision, value
110 marks.

Peter de Mortuomari, cardinal-priest of St Stephen in Coelio Monte, holds the treasurership of York Minster. Papal provision, value £194. He holds also the prebend of Richale *(Riccall)*. Papal provision, value 70 marks.

Hannibal, cardinal-priest of St Laurence in Lucina, holds the archdeaconry of Nottingham. Papal provision, value £17 10s.

George de Saluciis holds the prebend of Massam *(Masham)*. Papal provision, value £250.

Gaillard de Duroforti holds the prebend of Wetewang *(Wetwang)*. Papal provision, value 180 marks.

Bertrand de Bardis holds the prebend of Fenton. Collation by the King, value 80 marks.

Bertrand de Fargis holds the prebend of Oswaldwik' *(sic)* *(Osbaldwick)*. Papal provision, value 50 marks.

Adrian de Flisco holds the archdeaconry of Cleveland. Collation by the King, value £36 4s 6d.

William de Flisco holds the prebend of Fridaythorpe. Papal provision, value £60.

Ursus de Filiis Ursi holds the prebend of Northneubald' *(North Newbald)*. Papal provision, value 80 marks. He holds also the sub-deanery of York Minster. Papal provision, value 80 marks.

Gaspard de Bonisvilla holds the prebend of Bolum *(Bole)*. Papal provision, value 24 marks.

Manuel de Flisco holds the prebend of Ampelford *(Ampleforth)*. Papal provision, value 60 marks.

John Morel holds the prebend of Hustewayte *(Husthwaite)*. Papal provision, value 40 marks.

IN ECCLESIA COLLEGIATA BEVERL'.

Master Geoffrey de Cropo Sancti Petri holds the prebend of St Michael's Altar. Papal provision, value £17.

Bertrand de Cardalhoco holds the prebend of St Andrew's Altar. Papal provision, value £27.

IN ECCLESIA COLLEGIATA SUWELL'.

Master John de Pinibus holds the prebend of Suthmuskham *(South Muskham)*. Papal provision, value 20 marks.

Master John de Monte Clero holds the prebend of the Sacristy. Papal provision, value 100s.

IN ECCLESIA COLLEGIATA RYPON'.

William de Cosancia holds the prebend of Thorpe. Collation by Archbishop Greenfield, value 45 marks.

IN ARCHIDIACONATU EBOR'.

The P. and C. of Lewes hold the churches of Conyngesburgh' *(Conisbrough)* value 55 marks, and Brathwell' *(Braithwell)* value 20 marks, for their own use. They hold also the church of Halifax with the chapels of Eland' *(Elland)* and Hepotunstal *(Heptonstall)* value 150 marks. The title to all these is unknown. They hold also the following annual pensions, - from Herthill *(Harthill)* 26s 8d, from Dynington' *(Dinnington)* 6s 8d, from Parva Sandale *(Long Sandall)* 6s 8d, from Fisschelak' *(Fishlake)* 20s, from Magna Sandale *(Sandal Magna)* 6s 8d, from Wakfeld' *(Wakefield)* 60s, from Douesburi *(Dewsbury)* 63s 4d, from Byrton' *(Kirkburton)* 3s, from Roderham *(Rotherham)* 23s 4d, from the vicarage of Halifax £4 13s. The titles to all these are unknown. They hold also a pension of £21, at the three terms of the year, from the Earl of Lancaster, representing the tithe of the rents which originally belonged to the Earl of Warenne in the county of York.

Master Paul de Monte Florum, of the king's household, holds the chapel of Tikhill *(Tickhill)* within Tickhill Castle, to which some unspecified parish churches in the archdeaconry of Nottingham are annexed, and receives two parts of the garb tithes of Tickhill. Title unknown, value 5 marks.

The P. of Ecclesfield holds the church of Eklesfeld' *(Ecclesfield)* with two parts of the church of Scheffield' *(Sheffield)* and the chapel of Bradefeld' *(Bradfield)*. The rector of Ecclesfield is instituted by the archbishop at the presentation of the A. of St Wandrille. Value 160 marks.

The P. of Pontefract holds the church of Pontefract, value 45 marks, and a pension of 10 marks from the vicarage thereof. He holds also the church of Silkeston' *(Silkstone)* with the chapels of Borneslee *(Barnsley)* and Calthorn' *(Cawthorne)* value £86, the church of Ledesham *(Ledsham)* value 20 marks, and pensions of 6 marks from the church of Slartburn' *(Slaidburn)* and 4s from the church of Kypas *(Kippax)*. He holds also the church of Darthyngton' *(Darrington)*, value 20 marks, and the tithes of corn and hay from the vill of Norton, together with half the tithe of wool and lambs from the same, and half the tithe of corn, hay, wool and lambs from the vill of Chevyt *(Chevet)* in the parish of Roreston' *(Royston)*, value £10. He holds also pensions of 8s from the church of Wath and 20s from the priory of Monk Bretton, and the chapel of St Nicholas in Pontefract, value 10 marks. The titles to all these are unknown.

The A. and C. of Clairvaux hold the mediety of the church of Roderham *(Rotherham)* value 25 marks, and have let it in perpetual farm to the A. of Rufford for the same sum. Title unknown.

The P. of Holy Trinity, York (Fo.540v) holds the church of Ledes *(Leeds)*, value 120 marks, the mediety of the church of Hotonpaynel *(Hooton Pagnell)*, value 16 marks, and he receives pensions of £10 from the vicarage of Leeds and 12 marks from the church of Adel. The titles to all these are unknown.

Peter Guimaberti holds the church of Fisshelak' *(Fishlake)* as rector. Papal provision, value 60 marks.

William de Cosancia holds the church of Wakfeld' *(Wakefield)* as rector. Collated by the archbishop, value 50 marks.

Master Peter de Cosancia holds a portion in the church of Birton' *(Kirkburton)*. Presented by William de Cosancia, value £10.

IN ARCHIDIACONATU ESTRIDING'.

Master Theobald de Tretis holds the church of Cotingham *(Cottingham)*. Presented by the Queen-mother Isabella, by reason of the custody of Sir Thomas Wake, granted to her by Edward II, value 100 marks.

The A. and C. of Aumâle hold the churches of Pagula *(Paull)*, value 25 marks, Skelkeling *(Skeckling)*, value 25 marks, Birstall *(Burstall Garth)*, value 10 marks, Kylnse *(Kilnsea)*, value 16 marks, Wythornse *(Withernsea)*, value 12 marks, Outhorn' *(Owthorne)*, value 20 marks, and Aldburgh' *(Aldbrough)*, value 36 marks, by the gift of Stephen Count of Aumâle and William de Fortibus his son. They hold also the following pensions:- from the church of Esington' *(Easington)* 23s, from the church of Skipse *(Skipsea)* 26s 8d, from the church of Kayngham *(Keyingham)* 13s 4d, from the church of Parva Coldon' *(Cowden Parva)* 20s. The titles to all these are unknown.

Raymond de Fargis, cardinal-deacon of St Maria Nova, holds the church of Hornse *(Hornsea)* by exchange with Isarnus de Rapistagno the last rector of his prebend *in partibus transmarinis*. Value 50 Marks.

The A. and C. of Cîteaux hold the church of Scardeburg' *(Scarborough)* with the chapels annexed thereunto by gift of King Richard I. Value 160 marks of which the vicar gets 20 marks.

IN ARCHIDIACONATU RICH'.

The P. of Lancaster holds the church of Lancaster, and was instituted rector by the archdeacon on presentation of the A. of Sées. Value 40 marks.

Master John de Insula holds the church of Fanham *(Farnham)* and was instituted rector by the archdeacon on presentation of Sir Nicholas de Stapilton' knight. Value £10.

The P. and C. of Lenton hold the following churches, portions
and pensions by papal provision or collation by his ordinaries
(ex collatione sedis apostolice et ordinariorum ipsius):-
the church of Lenton, value 20 marks; the church of St Mary,
Nottingham, value 60 marks; the church of Beston *(Beeston)*,
value 15 marks; the church of Radford, value 10 marks; a
portion of the church of Thorp' in Gleb' *(Thorpe in the Glebe)*,
value 20s; a portion in one part of the church of Cotegrave
(Cotgrave), value 40s; a portion in the church of Rotyngton'
(Ruddington), value 6 marks; one part of the church of Langar,
value 30 marks; a pension of 14s from the vicarage of Beston'
(Beeston); a pension of 16s from the church of St Peter,
Nottingham; a pension of 5 marks from the church of Stapelford'
(Stapleford); a pension of 6s 8d from the church of Leyndeby
(Linby); a pension of 15s from the church of St Peter,
Nottingham;[1] a pension of 20d from the church of Remeston'
(Rempstone); a pension of 2s from the church of Cortelingstok'
(Costock); a pension of 5s from the church of Barton' *(Barton
in Fabis)*; a pension of 12s 6d from one part of the church of
Cotegrave *(Cotgrave)*.[1]

Master Paulinus *(sic)* de Monte Florum holds the following
churches, which are annexed to the chapel of Tikhill' *(Tickhill)*,
by grant of Queen Philippa:- the church of Ludham *(Lowdham)*,
value 24 marks; the church of Estmarkham *(East Markham)*, value
30 marks; the church of Westmarkham *(West Markham)*, value 12
marks; the church of Walesby, value 12 marks; the church of
Harworth, value 20 marks; the church of Wethelay *(North
Wheatley)*, value 16 marks. He receives also a pension of 12s
from the church of 'Langley'.

The P. and C. of Blyth hold the following church, chapels,
portions and pensions:- the church of Blida *(Blyth)* with the
chapels annexed to it, annual value 75 marks; a portion in the
church of Claworth' *(Clayworth)*, value 40s; a portion in the
church of Elton, value 2 marks; a portion of the tithes of
Marnham *(High Marnham)*, value 20s; a portion in the church of
Weston' *(Weston-in-the-Clay)*, value 2 marks; a portion in the
church of Wetelay *(North Wheatley)*, value 40s. Granted by
Sir Roger de Baully of Normandy.

Peter Kyng' holds the church of Weston' *(Weston-in-the-Clay)*
as rector, value 18 marks. Patrons the P. and C. of Blyth.

Bertrand de Pocheto Dei, Bishop of Hostien' et Valetren'
(Ostia and Velletri) holds the church of Leek' *(Leake)* by
papal provision. Value 50 marks.

Francis, nephew of Cardinal Napoleon de Urbe *(Orsini)*, holds
the church of Fardon' and Baldirton *(Farndon-cum-Balderton)*,
which is a prebend of the cathedral church of Lincoln by
papal provision. Value 80 marks.

1. The repetition, in the cases of St Peter's Nottingham
   and Cotgrave may be due to a mistake.

IN SPIRITUALITE DE HOVEDENSCHIRE.

Bertrand, cardinal-deacon of St Maria in Aquiro, holds the church of Brantingham. Papal provision, value 100 marks.

Gaucelin, Bishop of Albi, holds the church of Hemyngburgh *(Hemingbrough)*. Papal provision, value 160 marks.

Arnald, cardinal-deacon of Via St Eustachii, holds the prebend of Thorp' *(Owsthorpe)* in the collegiate church of Hovedon' *(Howden)*. Papal provision, value 45 marks.

228 CERTIFICATIO MISSA REGI SUPER BENEFICIIS ALIENIGENARUM IN ANGLIA. To the King acknowledging a writ of privy seal (given in full, written in French and dated Windsor 3 Aug. 1334) asking for a list of benefices etc. held by aliens, with their titles and value. The archbishop replies that he has made the necessary inquiries and that he encloses a list (probably 227). Southwell 14 Sept. 1334.[1]

    1. The last two lines of this entry are written on fo.541.

229 (Interleaved. N.F.676) (NO HEADING) Writ of Edward I, ordering Archbishop Melton to relax the sequestration imposed on the ecclesiastical goods of Master Thomas de St Albano, one of the executors of the late Archbishop Greenfield, since the said Master Thomas had appeared before the Court of Exchequer and been quitclaimed of a debt of £193 17s 5½d, owing to the said Archbiship Melton. Witnessed by William de Norwico. Westminster 10 Oct. 1334.

230 (NO HEADING) John Salmon, Bishop of Norwich and Chancellor, to the archbishop, acknowledging safe receipt of his letters concerning the arrangements for a safe-conduct to the Curia for Robert Bruce and some of the Scottish bishops, and saying that these should really be sent, not to the King, but to the Bishop of Hereford. He returns some of the documents under his seal for textual corrections, but says that he is keeping others in case they have to be used when the King is abroad, since he proposes shortly to cross the seas. London 18 Apr.[1]

    Venerabili etc. J. etc. ecclesie Norwycen' minister, reverenciam debitam tanto patri cum dilectione sincera. Litteras vestras processum notificationis quarundam litterarum de conductu pro Roberto de Brus et quibusdam prelatis de Scotia ad curiam Romanam citatis nobis tanquam cancellarium domini nostri Regis directas tangentes recepimus, quibus litteris coram consilio ejusdem[2] domini nostri Regis lectis et examinatis, videbatur eidem consilio quod pro eo quod quicquam de negotio

    1. The year is uncertain, but probably 1320. John XXII's bull of safe-conduct for Bruce (No.55) was published on 8 Jan. in that year. It is not clear why the entry is out of chronological sequence.

    2. Interlined.

predicto ad instanciam dicti domini nostri Regis non est factum, omnia ex mero motu domini pape procedunt, certificatorium per vos faciendum non dicto domino nostro Regi nec alicui ejus officiali, sed domino Hereforden' episcopo qui vobis illa ex voluntate dicti domini pape nunciavit fieri oporteret, propter quod quamdam notam certificatorii hujusmodi dicto domino Hereforden' per vos faciendi de avisamento consilii dicti domini nostri Regis factam in qua aliqua mutantur et juxta cedulam in dicta nota contentam alia sunt addenda, vobis sub sigillo nostro mittimus per latorem presentium quem cum certificatorio hujusmodi juxta notam illam et correctioni secundum tenorem dicte cedule faciendo expectamus ad nos festinanter reversurum, quem pro honore dicti domini nostri Regis et vestro velitis quantum poteritis festinare. Litteras vestras nobis directas penes nos retinemus pro eo quod dictus dominus noster Rex ad partes transmarinas in brevi est profecturus, ut si forsitan in eventu aliquo illis uti expediret antequam certificatorium per vos faciendum habere possemus utatur eisdem. Bene et diu in domino valeat vestra paternitas reverenda. Scriptum London' XVIII die Aprilis.

231 (NO HEADING) Lewis de Beaumont, Bishop of Durham, to the archbishop, acknowledging the receipt of his letters and those of the pope at Durham on 11 Mar., and saying that he has committed them to Alexander de Karliol', guardian of the Franciscans at Newcastle. Durham 14 Mar. 1320.

232 (Fo.541; N.F.676 *bis*) LITTERA QUESTUS CONCESSA DOMUI SANCTI SEPULCHRI JERUSALEM'. Note of a licence to collect alms for the hospice of the Holy Sepulchre at Jerusalem. Bishopthorpe 23 Oct. 1334.

233 LITTERA PRO MONASTERIO DE TORKESEY LINCOLN' DIOCESIS. Note of a mandate to the archdeacon and clergy of Nottingham to allow the proctors of the P. and C. of Torksey to collect alms throughout the archdeaconry. Cawood 2 Dec. 1334.

234 LITTERA ELIGENDI CONFESSORIS PRO DOMINO WILLELMO DE ERGHUM MILITE. Licence, during the archbishop's pleasure, to Sir William de Erghum knight to choose his own confessor. Cawood 4 Jan. 1335.

235 INTIMATIO CORONATIONIS PAPE BENEDICTI. Benedict XII to the clergy of the province of York, announcing the death of his predecessor John XXII and his own coronation as pope. Avignon 9 Jan. 1335. Note that this information was passed on to the Bishops of Durham and Carlisle, the official of the Court of York and all the clergy of the city and diocese of York. Cawood 14 Mar. 1335.

The text of the announcement to Edward III is printed: Rymer, *Foedera* II(2) p.122.

236 (Fo.541v) BULLA PRO NECESSARIIS ET SECURO CONDUCTU NUNCII PAPE. Benedict XII to the clergy in general. Safe-conduct for Helyothus de Vusenon, papal nuncio sent to Edward III. Avignon 18 Jan. 1335.

237 LITTERA TESTIMONIALIS WALTERO CONVERSO. Letters patent of the archbishop, testifying to the fact that Walter the Convert (lately a Jew called Hagyn) was christened in the church of St Mary, Nottingham, on 30 June 1325, in the archbishop's presence. Under his seal, Cawood 21 Mar. 1335.

238 LITTERA NE IMPEDIANTUR FRATRES AD PREDICANDUM ET CONFESSANDUM. Mandate to the archdeacons of York, Richmond, Cleveland, East Riding and Nottingham, or their officials, to instruct their parochial clergy not to impede the activities of Dominican friars, if duly licensed, from hearing confessions, on pain of ecclesiastical censure. Issued at the request of the prior and brethren of the Dominican house at Pontefract. Cawood 23 Jan. 1335.

Willelmus etc. Presumptuosam illorum audaciam refrenare sollicite cupimus qui spreta doctrina[1] doctoris eximii et predicatoris egregii videlicet Sancti Pauli, cujus predicatio mundum docuit universum, non plus sapere quam oportet sed ad sobrietatem salubriter suggerentis prudencie proprie imitentes in errores varios prolabuntur. Sane ex parte prioris et conventus fratrum predicatorum Pont' nostre diocesis nobis extitit graviter conquerendo monstratum quod nonnulli ecclesiarum rectores et vicarii ac eorum capellani parochiales temere asserere non verentur quinpotius publice predicant, quod confessi fratribus ejusdem ordinis seu alterius mendicantium cujuscumque habentibus licenciam generalem audiendi confessiones et ad hujusmodi ministerium[1] salubriter exercendi nobis presentatis et juxta formam juris admissis tenentur, eadem peccata que ipsis fratribus confessi fuerant iterum confiteri proprio sacerdoti, et quod ipsi fratres presentati ut premittitur et admissi nequeunt sine ipsorum licencia speciale confessiones parochianorum suorum audire nec penitencias eis injungere salutares. Quodque inhibent in ecclesiis suis et alibi publice et occulte quod nullus de parochianis suis alicui fratrum dicti[1] ordinis[1] confiteatur nisi ipsorum habita super hoc licencia speciali. Inhibent etiam et sub pena excommunicationis majoris quod nullus in Paschate ad sacram communionem accedat nisi prius ipsis rectoribus, vicariis seu capellanis eorundem peccata sua confessi fuerant aut aliis ab ipsis habentibus licenciam specialem. Nos igitur attendentes quod dictorum articulorum assertio, predicatio et doctrina redundant in multarum perniciem animarum, et quod ipsis contrarium cunctis Catholicis districtius injungitur observandum, vobis in virtute obediencie firmiter injungendo mandamus quatinus in singulis ecclesiis archidiaconatum predictorum si, prout et quando super hoc

1. Interlined.

139

fueritis requisiti, rectores, vicarios et capellanos de quibus
premittitur moneatis et efficaciter inducatis, eis vice nostra
districtius inhibentes ne quisque eorum premissa vel aliquod
premissorum, utpote a Catholicis mentibus respuenda, predicare,
astruere vel tenere audeat aut defensare quomodolibet vel
docere seu inhibitiones hujusmodi facere decetero quoquomodo
presumant, quodque ipsi fratres predicatores ad audiendum
confessiones parochianorum suorum sibi confiteri volentium
admittant, et eis injungendum penitencias salutares, et suos
parochianos ipsis fratribus presentatis et admissis confiteri
sinant et eis confessis sacramentum eucharistie libere
subministrent. Et si quos contradictores aut rebelles
inveneritis in hac parte, eos ad id, subductis[1] erroribus
predictis penitus et omissis, per quascumque censuras
ecclesiasticas compellatis artius vice nostra, scituri quod
sentencias si quas proinde tuleritis in hac parte faciemus
prout justum fuerit observari et contra eos nichilominus
graviter procedemus. Valete. Datum apud Cawod' X kalendas
Februarii anno domini M.CCC XXXIIII et pontificatus nostri
XVIII.

    1. Interlined.

239 BULLA PRO NECESSARIIS ET SECURO CONDUCTU NUNCII PAPE.
Benedict XII to the clergy in general. Safe-conduct for a
year for John Floto, messenger *(cursor)* of the pope. Note of
a similar safe-conduct for Thomasinus de Bononia. Avignon
31 Jan. 1335.

240 DEPUTATIO CURATORIS THOME ET WILLELMI FILIIS HENRICI DE
MELTON'. The archbishop to Master William de Iafford',
keeper of the altar of St Mary Magdalen in York Minster.
appointing him as guardian to Thomas and John[1] sons of Henry de
Melton' the archbishop's kinsmen, and giving him authority to
receive and quit-claim all payments due to them. Cawood 14 May
1335.

    1. *Sic,* although he is called William in the heading.

241 LITTERA PRO FRATRIBUS AD PREDICANDUM ET CONFESSANDUM. Note of
a letter in the same form as that issued on behalf of the
Dominicans (above, No.238) on behalf of the Augustinian Friars
at York. Bishopthorpe 23 May 1335.

242 PRO FRATRIBUS MINORIBUS DONECASTR'. Similar letter on behalf of
the Franciscan Friars at Doncaster, with additional licence to
beg for alms. Bishopthorpe 3 June 1335.

243 (Interleaved. N.F.677) (NO HEADING) This appears to be the
text of an agreement made between John Stratford, Archbishop of
Canterbury, and Archbishop Melton, at the instance of the King,
the bishops and the magnates, concerning the carrying of the
cross erect and other matters concerning their respective

rights. Under their seals. Place not given. No date. (The
extreme possible dates are 26 Nov. 1333 to 5 Apr. 1340, but it
appears likely that the agreement was made soon after 4 July
1335, on which day Melton revoked an interdict imposed upon
places in the northern province where the Cross of Canterbury
was carried erect (below, No.249).)[1] In nomine (domini amen)[2]
Cum inter Cantuar' et Ebor' archiepiscopis super bajulatione
crucis utriusque archiepiscopi extra suas provincias per totum
regnum Anglie coram se deferende materia fuisset ..... suborta,
demum inspirante domino excellentissimo principe domino E. Dei
gracia Rege Anglie illustri venerabilibus in Christo patribus
dominis Johanne Cantuar' Willelmo tunc (Ebor Dei) gracia
archiepiscopis et quibusdam utriusque provincie episcopis
suffraganeis ac nobilibus et proceribus ejusdem regni
intervenientibus pro bono pacis incolarum regni et (utriusque
provincie) sub hac forma quievit, videlicet quod uterque
archiepiscopus crucem suam coram se erectam per totum regnum
Anglie in qualibet ecclesia etiam metropolitica qualibet
civitate et quolibet loco ejusdem regni publice, libere et
quiete ferre valeat et coram se facere bajulari; habeat etiam
archiepiscopus Cant' qui est et[3] erit[3] pro tempore crucem et
hastam ejus ..... voluerit longiorem. Ebor' vero habeat crucem
suam et hastam ejusdem prout habet et predecessores hiis uti
solebant retroactis temporibus. Et si (contingit) .....
archiepiscopos in parliamentis seu tractatibus regiis vel aliis
locis quibuscumque suam simul exhibere presenciam ipsi .....[4]
archiepiscopi et eorum cruciferarii (simul intrantes in)
parliamentis insuper tractatibus dicti regni domino Rege
presente, archiepiscopus Cantuar' a dextris Regis et Ebor'
sedeat a sinistris et cruces eorum modo ..... (aliud) Regi
placuerit collecentur. Cumque vero placuerit archiepiscopo
Ebor' ecclesiam Christi Cantuar' cathedralem ingredi, ad honorem
Dei et gloriosi martiris Beati (Thome) ..... jocale aureum ex
libero anime sue judicio et propria devotione et pura ac mera
et spontanea voluntate offerat in ecclesia prelibata. Et si
contra ..... Cantuar' ingredi Ebor', ad honorem Dei et Beatorum
Petri et Willelmi aliquod jocale aureum vel argenteum modo
simili offerat tunc ibidem. Per pre ..... aliqu..... ad
premissa ..... nichil officii potestatis jurisdictionis vel
subjectionis seu dignitatis aut prerogative seu juris primacie
vendicet, excerceat vel (habeat) ..... Cantuar' archiepiscopum
Ebor' seu ecclesiam, civitatem, diocesem aut provinciam Ebor',
seu loca, res vel personas eorundem, set sint et permaneant
Cant', et W(illelmus archi)ep(iscopus) ..... subjectus Cant',

1. The text of this entry is badly worn along one side, and
   in places, marked ....., it cannot be recovered even under
   ultra violet light. The general tenor of the letter is
   quite clear.

2. Conjectural.

3. Interlined.

4. Blank in MS.

que et Ebor' ecclesie suis prerogativis, privilegiis, juribus
et honoribus plene et libere gaudeant et utantur perpetuis
futuris (temporibus) .. ' igitur et concordiam supradictos
prefati archiepiscopi ac excellentissimus Rex predictus,
episcopi, proceres et nobiles ac periti utriusque provincie
appro(baverunt) ..... expresse et bona fide dicti
archiepiscopi promiserunt quod quantum in eis est premissa
omnia celeriter procurabunt per sedem apostolicam approbari
et etiam ..... perpetua provincie utriusque. Et nos
predicti ..... archiepiscopi presentibus sigilla nostra
apposuimus in testimonium omnium premissorum. Actum et
datum etc.

    1. Blank in MS.

244 (Fo.542; N.F.678). LICENCIA DEDICANDI SUPERALTARIA ET ALIA PRO
FRATRIBUS MINORIBUS DON'. Licence to the Franciscans of
Doncaster to have altars, super-altars and ecclesiastical
ornaments dedicated by any Catholic bishop. Bishopthorpe
3 June 1335.

245 NEGOTIUM DE ALTO PASSU. To the clergy of the Minster, city,
diocese and province of York. Testimonial letters for the
proctors of the Hospital of Altopascio to collect alms in the
above territories for one year, according to the letter of
Pope John XXII (not quoted) of which a transcript is
enclosed. Under the archbishop's seal. Bishopthorpe 9 June
1335.

A memorandum (added in the margin) adds that the licence was
renewed for one year from 25 Jan. with the provision that it
should cause no prejudice to funds for the crusade. The
collectors are named as John de Bristoll' and Andrew de
Cundale. Cawood, 25 Jan. (year not given).

246 (NO HEADING) The archbishop to Simon, Bishop of Whithorn,
summoning him to pay his obligatory visit to York within
three months, and saying that he will write to the Kings of
England and Scotland to arrange for safe-conduct. No date
(between 4 May 1328 and 5 Apr. 1340).

    Printed: J. Raine, *N.R.*, p.374.

247 BREVE AD ORANDUM PRO REGE. The archbishop to the archdeacon
of York, quoting a letter (given in full and dated
Newcastle-upon-Tyne 28 June 1335) in which the King asks for
the good success of his expedition against the Scots. The
archbishop adds an indulgence of forty days for those taking
part, together with ratification of all similar indulgences
granted or to be granted in this matter. Bishopthorpe
5 July 1335.

    The King's letter is printed: Rymer, *Foedera* II(2), p.129
under the date 18 June.

248 (Fo.542v) COMMISSIO IN NEGOTIO PROVISIONIS FACTE NICHOLAO DE WARRUM DE WARTRE. Commission to the Prior of Warter, in virtue of papal letters (enclosed but not quoted) to examine Nicholas de Warrum of Warter, a poor clerk, and if he were worthy to assign to him a benefice in the gift of the P. and C. of Lewes. Bishopthorpe 7 July 1335.

249 RELAXATIO SEQUESTRI INTERPOSITI IN ECCLESIIS EBOR' PRO BAJULATIONE CRUCIS CANTUAR'. Mandate to the dean of Christianity in York, to relax, so far as concerned places in the city of York through which the body of St William was carried in procession according to the annual custom, the interdict otherwise imposed on all places in the city, diocese and province of York through which the Archbishop of Canterbury travelled with his cross carried erect. Bishopthorpe 4 July 1335.

Willelmus etc. decano etc. Cum nuper interdictum interponi fecerimus ecclesiasticum in omnibus locis nostrarum civitatis, diocesis et provincie per que venerabilis pater dominus Cantuar' archiepiscopus cruce sua coram se erecta transierit seu moram fecerit pro tempore transitus sui hujusmodi atque more, ad honorem tamen Dei et Beate Marie matris sue virginis gloriose sanctique Willelmi confessoris beatissimi cujus corpus per civitatem Ebor' istis anni temporibus consueverat deportari, prefatum interdictum ad loca per que idem corpus sanctum deferri contigerit dummodo ibidem presens fuerit se non extendere volumus, sed habundanti ipsum interdictum quoad loca predicta et pro tempore memorato dumtaxat tenore presentium relaxamus, et predicta loca ab hujusmodi eximiuntur interdicto, eodem tamen interdicto quoad alia loca et tempore in suo robore permanente, que omnia et singula per te locis et temporibus de quibus videritis expedire volumus publicari. Valete. Datum apud Thorp' juxta Ebor' IIII nonis Julii anno domini millesimo CCC tricesimo quinto, et pontificatus nostri XVIII.

250 COMMISSIO IN NEGOTIO PROVISIONIS WILLELMI DE ESCHTON'. Commission to Masters Richard de Erium and Richard de Cestria, canons of York, to provide William de Aschton' *(sic)* of Cartmel, a poor clerk, to any benefice in the city or diocese of York in the gift of the prior and brethren of the Hospitallers in England. Bishopthorpe 20 Aug. 1335.

251 COMMISSIO IN NEGOTIO WALTERI NATI HENRICI DE THORNTON'. Commissions to Masters Simon de Islep' and Peter de Dalderby, canons of Lincoln, to provide Walter son of Henry de Thornton of Lincoln diocese, a poor clerk, to any benefice in the gift of the A. and C. of Thornton. Cawood 26 Aug. 1335.

252 (NO HEADING) Mandate to the clergy of the diocese of York to restrain hermits, other than members of approved orders, from preaching and collecting alms, unless they could produce licences from the archbishop, and to compel obedience by ecclesiastical censure. Bishopthorpe 12 Oct. 1335.

W etc. Licet perquamplurimum fuerit Christi fidelibus pabulum verbi Dei, nulli tamen ad predicationis officium exercendum reputantur ydoney (sic) nisi qui ad id legitime recepti fuerint atque missi. Quocirca vobis mandamus quatinus omnes et singulos heremitas infra nostram diocesem fidelium elemosinas petentes et colligentes cujuscumque fuerint conditionis aut habitus, alios a fratribus ordinis approbati, sibi predicationis officium temere assumentes, non permittatis publice exponere verbum Dei nisi inde vobis ostenderint nostras litteras speciales quod eis potestatem hujusmodi commiserimus exercendi. Et si contradictores seu rebelles inveneritis in hac parte, eos per quascumque censuras ecclesiasticas compellatis se ab hujusmodi vetitis abstinere. Valete. Datum apud Thorp' juxta Ebor' IIII idus Octobris anno domini M.CCC.XXXV.

253 LITTERA QUESTUS SANCTI JOHANNIS BEVERL'. To John de Bristoll'. Renewal, during the archbishop's pleasure, of the licence to collect alms on behalf of the church of St John of Beverley. Bishopthorpe 12 Oct. 1335.

254 LITTERA QUESTUS SANCTI ANTONII VIENN' ET SANCTI SPIRITUS. To the same. Licence for one year to collect alms on behalf of the Hospitals of St Anthony in Vienne and San Spirito in Saxia, in Rome. No place. 20 Sept. 1335 (possibly a mistake for 'XII Kalendas Novembris', i.e. 21 Oct.).

255 COMMISSIO PROVISIONIS THOME DE LEKBURN'. Commission to Master John de Aton', canon of Lincoln, to provide Thomas de Lekburn', a poor clerk of the diocese of Lincoln, to a benefice in the gift of the Provost of Beverley. Cawood 18 Nov. 1335.

256 LITTERE DIMISSORIE. Letters dimissory to Walter Bull of Farndale, clerk, to receive all minor and holy orders from any Catholic bishop. Cawood 29 Nov. 1335.

257 LITTERA CURATORIS THOME DE MELTON'. Letters patent under the archbishop's seal appointing William de Feriby, clerk and member of his household, as guardian of Thomas, son of Henry de Melton, the archbishop's late brother. Cawood 5 Dec. 1335. Marginal note that the payment of forty shillings of the said pension[1] was made by decree (per decretum).

1. Which is not otherwise mentioned.

258 PRO DECIMA SEXANNALI COLLIGENDA. To the A. and C. of St Mary's, York, quoting bulls of John XXII and Benedict XII (not given in full) concerning the collection of the sexennial tenth for the crusade and appointing them collectors in the archdeaconries of York and Cleveland and in Allertonshire. Cawood 6 Jan. 1336.

Willelmus etc. abbati et conventui monasterii Beate Marie
Ebor' etc. Litteras apostolicas recepimus eo qui sequitur sub
tenore:- *Johannes, etc. Non absque grandi mentis amaritudine
etc. Item, Benedictus etc. archiepiscopo Ebor' ejusque
suffraganeis etc. Ad eripiendum terram sanctam redemptoris
nostri cruore preciosessimo (sic, recte 'preciosissimo')
rubricatam de fedorum Agarenorum etc.,* que bulle resident in
registro inter alias bullas, volentes igitur in premissis
mandatis apostolicis parere humiliter ut tenemur, vos de quorum
circumspectione, fidelitate et industria fiduciam optinemus,
secundum formam litterarum predictarum in archidiaconatibus Ebor'
et Clyvelandie collectores dicte decime assignamus et etiam
deputamus, et ad petendum, exigendum et colligendum pecuniam de
eadem decima sexannali proveniente de singulis beneficiis
ecclesiasticis, dignitatibus, prebendis ac officiis, et
personatibus quibuscumque tam nostre ecclesie cathedralis Ebor'
et ecclesiarum nostrarum collegiatarum et aliarum infra dictos
archidiaconatus consistentium quam spiritualitatum de Alverton'
et Alvertonschire, ac proventibus et redditibus ecclesiasticis
quorumcumque (Fo.543; N.F.679) personarum ecclesiasticarum
exemptarum et non exemptarum per dictos archidiaconatus
constitutis personis et bonis hospitalis Sancti Johannis
Jerusalem' et aliorum militarium ordinum et aliis personis
ecclesiasticis qui obtenta licencia debita in isto sacro
passagio personaliter transfretabunt dumtaxat exceptis, et ad
salvoponendum et vestro periculo custodiendum pecuniam sic
collectam, proviso quod attenta temporis brevitate in ipsius
decime sexannalis petitione, exactione, collectione, receptione
et custodia cum omni diligencia et sollicitudine procedatis, non
deferendo in hiis alicui persone cujuscumque status, ordinis,
conditionis aut dignitatis existat, quodque pecuniam de dicta
decima sexannali tam vos quam ceteras personas ecclesiasticas
archidiaconatum predictorum contingentem habeatis et solvatis
apud Ebor', ac integre liberetis nobis vel deputandis a nobis in
singulis eisdem terminis vel saltem statim et sine mora post
lapsum cujuslibet termini supradicti in loco tuto sub forma qua
in eisdem litteris apostolicis precipitur deponendam et fideliter
conservandam. Indeque reddatis cum requisiti fueritis fidelem,
plenam et legitimam rationem. Hec autem omnia et singula ac
plenam hujusmodi negotii executionem in archidiaconatibus
predictis cum cohercionis canonice potestate vobis committimus
et injungimus in virtute obediencie cum celeritate omnimoda
exequenda, salva nobis potestate omnes et singulos a censuris
ecclesiasticis quas in ipsos vel eorum aliquem cum vobis in
premissis non pervenerint seu pervenerit canonice fulminaveritis
in forma juris absolvendi[1]* ac super dictis erregia[2] reatibus
dispensandi[1]* ac interdictum quodcumque in loca sacra, pia vel
religiosa ea occasione interpositum debite relaxandi. Scituri
quod si in hujusmodi negotii executione negligentes fueritis vel
remissi, contra vos per excommunicationis et suspensionis

1. *.....1.* Interlined between these points.

2. *Sic.* Probably for "arregia", arrears.

sentencias omnesque censuras ecclesiasticas districtius
procedemus et nichilominus vestras negligencias et defectus
domini nostri summi pontificis auribus curabimus intimare.
Valete. Datum apud Cawode VIII idus Januarii anno domini
millesimo CCC tricesimo quinto et pontificatus nostri XIX.[1]

1. A marginal note adds that power to absolve those
   excommunicated for non-payment at Candlemas, 2 Feb.,
   and to relax interdicts, was deputed to the Prior of
   Kirkham. Cawood, 1335/6, exact date not given.

259 BREVE TANGENS ECCLESIAM DE BEFORD'. Letters patent of
Edward III presenting William de Beltoft' clerk to the church of
Beeford, the presentation to which had formerly belonged to the
Templars. Berwick-on-Tweed 12 Jan. 1336.[1]

1. Marginal note 'Hic deberet registrari dispensatio domini
   Nicholai de Appilgarth' que erronie registratur in
   archidiaconatu Clivel'.' See *L.R.S.* vol.LXXI No.458.

260 LITTERA PRO[1] PROCURATIONE LEGATORUM DOMINI PAPE. Hugh, Bishop
of St Paul's in Trastavere, papal nuncio, to the vicar-general,
official-principal and receiver of York, enclosing a bull of
Benedict XII (given in full and dated Sorques 31 July 1335)
addressed to the clergy of England and ordering them to receive
the said Hugh and Roland de Aste as nuncios, and to provide on
their behalf, for expenses, six pounds a day for Hugh and
fifty shillings for Roland. Hugh acknowledges payment of these
expenses, at the hand of John Junctyn of the *società* of the
Perugii of Florence, for the seventy-six days which the nuncios
spent in the city, diocese and province of York, not counting
twenty days paid for by the Bishop of Durham and twenty-three
days spent in Scotland, and gives permission for moderate
taxation to recoup the sum of a hundred and fourteen pounds
incurred. Under his seal. York 10 Feb. 1336.

Hugo miseratione divina episcopus Sancti Pauli
Trastrivensis sedis apostolice nuncius, venerabilibus viris
vicario et officiali sigillifero et receptori Ebor' vel eorum
loca tenentibus et eorum cuilibet salutem in domino
sempiternam. Litteras apostolicas vera bulla plumbea in filo
canapis more Romane curie impendenti bullatas nos in hiis verbis
noveritis recepisse:- Benedictus etc. (*to the clergy of England,
and Scotland, regular and secular*). Cum nos venerabilem fratrem
nostrum Hugonem episcopum Trastriv' et dilectum filium
magistrum Rollandum de Aste canonicum Landunen' capellanum
nostrum causarum nostri palacii auditorem apostolice sedis
nuncios ad partes regnorum Anglie et Scotie pro certis negotiis
statum eorundem regnorum pacificum conserventibus providerimus
destinandos. Universitatem vestram rogamus, monemus et hortamur
attente, per apostolica vobis scripta mandantes quatinus eosdem
nuncios et eorum quemlibet cum per partes vestras transitum
fecerint ob nostra et ejusdem sedis reverencia benigne

1. Interlined.

recipientes et honeste tractantes, sibi de securo conductu et
pro suis ac familiarium suarum necessariis eidem episcopo in
sex libris et dicto capellano in quinquaginta solidis Turonen'
parvorum singulis diebus eundo, morando et redeundo, cum super
hiis per ipsos vel eorum aut alterius ipsorum nuncium vel
nuncios in aliquibus locis vel loca moram trahere contingerit,
volumus quod non solum earundem sed vicinarum partium sicut
iidem nuncii pro hujusmodi oneribus dividendis et facilius
supportandis expedire viderint, vos archiepiscopi, episcopi,
electi, abbates, priores, decani, prepositi, archidiaconi,
archpresbiterplebani et alii ecclesiarum prelati, vestrique
vices gerentes et alie persone ecclesiastice, religiose et
seculares, ac capitula et collegia et conventus, exempti et
non exempti, Cistercienses, Cluniacenses, Cartucienses,
Premonstratenses, Sanctorum Benedicti et Augustini et aliorum
ordinum, necnon magistri et preceptores hospitalis Sancti
Johannis Jerusalem, Sancte Marie Theotonicorum et
Calatravensium[1] et aliorum quorumcumque locorum ecclesiasticorum
contribuere in subventionibus tenemini antedictis, sic itaque
mandatum nostrum hujusmodi efficaciter adimplere curetis quod
possitis exinde merito comendari. Alioquin sentenciam quam ipsi
rite tulerint in rebelles, super quo sibi tenore presentium
plenarie concedimus postestatem, ratam habebimus et faciemus,
actore domino, usque ad satisfactionem condignam, appellatione
postposita, inviolabiliter observari (Fo.543v) non obstantibus
si aliquibus sit ab eadem sede indultum quod nunciis sedis
ipsius aliquam procurationem exhibere vel in ipsa contribuere,
nisi ad eos dessenderint (*sic, recte* 'descenderint') se
..... *(illeg.)* a minime teneantur, seu quod interdici suspendi
vel excommunicari non possint per litteras apostolicas non
facientes plenam et expressam ac de verbo ad verbum de indulto
hujusmodi mentionem, aut quibuslibet privilegiis et
indulgenciis apostolicis quibusvis personis, locis et ordinibus
sub quavis forma verborum ab eadem sede concessis de quibus
quorumcumque totis tenoribus in nostris litteris specialis et
expressa mentio sit habenda, et per que presens mandatum nostrum
posset quomodolibet impediri. Datum apud Pontem Sorgie Avinion'
diocesis II kalendas Augusti pontificatus nostri anno primo:-
Cum itaque litterarum predictarum virtute a reverenda in Christo
patre domino Dei gracia archiepiscopo Ebor' per manum discreti
viri Johannis Junctyn' de societate Peruch' de Florencia civis
pro nostris et familie nostre necessariis expensis septuaginta
et sex dierum quibus pro dictorum negotiorum nobis commissorum
prosecutione in civitate, diocese et provincia Ebor' fuimus seu
erimus non computatis XX diebus pro quibus a domino Dunelm'
(habuimus[1] nec[1]) et XXIII diebus quibus fuimus in Scotia, centum
et quatuordecim libras sterlingorum receperimus et in earum
solutione idem dominus archiepiscopus et ejus capitulum ac omnes

1. Neither the Teutonic Knights nor the brethren of the Order
   of Calatrava seem likely to have been plentiful in the
   province of York.

2. Probable reading.

alii clerici et persone ecclesiastice beneficiate, seculares
et regulares, exempte et non exempte, per civitatem, diocesem
et provinciam Ebor' constitute contribuere teneantur, ut ab
ipsis omnibus excepto dicto domino Dunelm' episcopo et ipsius
diocese a quo ut supradictum pro XX diebus habuimus predictam
pecunie quantitatem, inclusa tamen parte ipsum dominum
archiepiscopum tangente, et expensas debitas occasione
premissorum factas et faciendas, moderata taxatione per vos
facta vel facienda secundum debitam taxationem, additis tamen
in ipsa taxatione facienda de dictis personis ecclesiasticis
duobus vel tribus ad hoc ydoneis, levare recipere et si opus
fuerit per censuram ecclesiasticam ad solvendum eosdem
compellere possitis. Et si qui ex hoc excommunicationis
sentenciam incurrerint eosdem absolvere valeatis, vobis tenore
presentium concedimus et committimus potestatem, inhibentes
vobis sub excommunicationis pena, quam si contrarium faceritis
in vos canonica monitione premissa ferimus (in spiritus[1]) ne in
taxatione vel premissorum exactione scienter aliquem vel
aliquos indebite aggravetis, nos etiam super premissis et ea
contingentibus vobis tenore dictarum litterarum committimus
vices nostras. In quorum testimonium sigillum nostrum
presentibus duximus appendendum. Constat nichi scriptori de
rasura facta supra in XXVII linea indiccionibus[1] debitam
taxationem.[2] Datum apud Ebor' die X mensis Februarii anno
domini M CCC XXXV.

1. Probable reading.

2. No such erasure appears in the text.

261 (NO HEADING) Similar letter from Roland de Aste, the other
papal nuncio, acknowledging the receipt of forty-seven and
a half pounds. Under his seal. York 10 Feb. 1335 (1337 in
MS.) with a similar clause about the erasure.[1]

1. No such erasure appears in the text.

262 COMMISSIO IN NEGOTIO PROVISIONIS ALANI DE CORBRIGG'. Note of a
commission to the official of the Court of York and the priors
of St Andrew's, York and Marton, together or separately, to
provide Alan Corwell' of Corbridge to a benefice in the gift
of the P. and C. of Durham, *observato prius in hac parte facto
per Magistrum Ricardum de Cestria et ulterius* ... No place.
27 Feb. 1336.

263 LITTERA MISSA REGI PRO DECIMA A CLERO CONCESSA. The archbishop
to King Edward, acknowledging the receipt of his letters under
the great seal, in which he orders the archbishop to summon a
meeting of convocation for the purpose of granting a tenth. The
archbishop reports that the clergy were reluctant, being already
over-burdened, but that after much persuasion they agreed to
grant a tenth in the seventh year, being already obliged to pay
a sexennial tenth to the pope. Rossington 15 May 1336.

Serenissimo etc. Edwardo etc. Willelmus etc. Litteras
vestras sub magno sigillo de cancellaria vestra recepimus, inter
cetera continentes quod ob ardua et urgentia negotia vestra ad
mandatum vestrum clerum nostrarum diocesis et provincie faceremus
citra festum Pentecostis *(19 May)* plenius convocari, et ab eodem
clero ob urgentes necessitates et evidentes utilitates in
defensionem regni vestri contra rebelles inimicos vestros
competens ad usus vestros subsidium poteremus. Nos vero mandatis
regiis cum promptissima parere diligencia debite satagentes
statim receptis per nos dictis litteris regiis in plena
convocatione dicti cleri ea occasione facta graciari et
favorabiliori nitide quo novimus, exposito per nos eodem negotio
vestro, propositisque ex parte ejusdem cleri variis
excusationibus impotencie sue tum propter depredationes bonorum
suorum, combustiones et alia infortunia que partibus borealibus
multis retroactis temporibus contigerunt, demum causas
petitionis nostre ipsis de clero ut premittitur expositas et
maxima affectione quam penes vos gerimus ipsi iidem de clero ab
intimis advertentes decimam bonorum suorum ecclesiasticorum pro
uno anno sex annos proxime futuros, in quorum singulis dominus
papa dictum clerum una decima oneravit immediate subsequente,
libere concesserunt eodem anno septimo levandam et etiam
persolvendam dum tamen illi quorum beneficia de novo sunt taxata
secundum eandem novam taxationem tamen decimam vobis teneantur
solvere memoratam. Ille vobis graciam multiplicet et confirmet,
hostium vestrorum annuat et triumphum per quem reges regnant et
principes dominantur. Datum apud Rosington' idibus Maii.

264 PRO CONSIGNATIONE TRUNCORUM PRO DECIMA SEXANNALI COLLIGENDA. To
the archdeacon of York or his official, quoting a bull of John
XXII *Pridem ad supplicem precum* etc. which is preserved in the
register, in virtue of which he orders the papal commands to be
read and explained in English throughout the archdeaconry, and
a chest to be placed in each church for the reception of the
sexennial tenth. This chest is to be locked with three keys, one
to be sent to the archbishop under seal, and the other two to be
given to the persons named below (not in fact named). A report
was to be made by letters patent before the feast of St Peter's
Chains *(1 Aug.)*. Scrooby 23 May 1336.

Note of similar letters to the Archdeacons of Richmond,
Nottingham, Cleveland and East Riding, or their officials. Same
place and date.

Willelmus etc. Archidiacono Ebor' etc. litteras apostolicas
nuper recepimus quarum tenor sequitur in hec verba:- Johannes
etc. Archiepiscopo Ebor' ejusque suffraganeis etc. Pridem ad
supplicem precum etc. que bulla cum aliis in registro continetur.
Quarum auctoritate litterarum vobis in virtute obediencie qua
sedi apostolice et nobis tenemini firmiter injungendo mandamus
quatinus dictas litteras apostolicas in singulis ecclesiis,
regularibus, collegiatis et parochialibus archidiaconatus Ebor'
legi, publicari et in ligua *(sic, recte* 'lingua'*)* materna

149

exponi, et in eisdem ecclesiis missam semil *(sic, recte*
'semel') qualibet ebdomada solempniter celebrari, truncos
concavos poni, ac ceteras ordinationes apostolicas adimpleri
et servari faceatis secundum ipsarum per omnia formam et
exigenciam litterarum, proviso quod cujuslibet trunci
consignati prima clavis nobis sub sigillo vestro
transmittatur inclusa, et due claves alie subscriptis
personis statim cum facte fuerint liberantur fideliter
conservande. De die vero receptionis presentium et quid in
premissis feceritis nos citra festum Sancti Petri quod
dicitur Ad Vincula distincte et aperte certificetis per
litteras vestras patentes harum seriem continentes. Valete.
Datum apud Scroby X kalendas Junii anno domini M CCC XXXVI et
pontificatus nostri XIX. Et memorandum quod eisdem die et loco
scriptum fuit archidiaconis Richem', Not', Clyveland' et
Estriding' vel eorum .. officialibus sub eadem forma mutatis
mutandis.

265 PRO PROBATIONE TESTAMENTIUM TENENTIUM DOMINI APUD THORP'[1].
Memorandum of a letter to the Dean of Christianity in York to
admit to probate the wills of the archbishop's tenants in
Bishopthorpe, making no charge. No place, 14 Feb. 1335.

> 1. This entry has been inserted in the lower margin. It is
> out of chronological order.

266 (Fo.544; N.F.680) COMMISSIO IN NEGOTIO PROVISORIO JOHANNIS DE
CARLETON'. Commission to the official of the Court of York and
the Prior of St Andrew's, York, of the order of Sempringham,
to provide John de Carleton', a poor clerk, to a benefice in the
gift of the P. and/or C. of Durham. Cawood 29 Aug. 1336.

267 COMMISSIO IN NEGOTIO PROVISORIO JOHANNIS DE SIBTHORP'.
Commission to the official of the Court of York and the Prior of
Thurgarton to provide John de Sibthorp', son of Robert de
Screkyngton' of Sibthorpe to a benefice in the gift of the prior
and/or brethren of the Hospitallers in the city or diocese of
York. Cawood 31 Aug. 1336.

268 EXECUTIO BREVIS REGII DE VENIENDO AD CONCILIUM APUD NOTINGHAM,
DIRECTA .. OFFICIALI CURIE EBOR'. To the official of the Court
of York or his commissary general, enclosing a royal writ (given
in full and dated Perth 24 Aug. 1336) of summons to a parliament
to be held at Nottingham on 23 Sept. to discuss relations with
the Kings of France and Scotland. The official is ordered to
summon the archdeacons of the diocese in person and the clergy
by two proctors with full and sufficient powers. Cawood
8 Sept. 1336.

> Royal writ printed: Rymer, *Foedera* II(2) p.150.

269 DECANO ET CAPITULO PRO EODEM. Similar mandate to the Dean and
Chapter of York Minster. Cawood 9 Sept. 1336.

270 DUNOLM' ET KARL' EPISCOPIS PRO EODEM. Similar mandate to the Bishops of Durham and Carlisle or their vicars-general. Cawood 9 Sept. 1336.

271 (Fo.544v) LITTERA QUESTUS SANCTI SPIRITUS ET SANCTI ANTONII VIENN' Note that licences to collect alms were granted to John de Bristoll' as follows:- for the hospital of San Spirito in Saxia at Rome for three years from the ensuing Michaelmas, and for that of St Anthony's in Vienne for two years from the last feast of St Lawrence (10 Aug.). Cawood 16 Sept. 1336.

272 LITTERA WYGORN' EPISCOPI MISSA DOMINO PRO JURISDICTIONE GLOUCESTR'. The Bishop of Worcester (Simon Montacute) to Archbishop Melton, complaining that Master Thomas Crok', claiming to be the archbishop's commissary in the peculiar of Churchdown, who was himself accused of adultery with Agnes, wife of John Dyrlaunde of Gloucester, was through enmity vexing John Hamelyn, rector of Holy Trinity, Gloucester, by citing him to appear before the official in York Minster to answer unspecified charges. He asks that the case may be settled before the Prior of the Hospital of St Oswald (at Worcester) under his privy seal. Hartlebury 9 Oct. 1336.

Pater reverentissime *(sic)* et domine predilecte, novit vestra paternitas reverenda quod secundum canonicas sanctiones ecclesiasticus ordo confunditur nisi cuiquam sua jurisdictio preservetur, et tales jurisdictionem hujusmodi exercere debent qui morum sunt honestate preclari. Volentes tanquam amici juris singulis justiciam imparturi, sane pater in jurisdictione vestra peculiari de Chirchedon' juxta Gloucestr' quemdam habetis magistrum Thomam Crok' qui vestrum commissarium se pretendit ibidem, de incontinencia enormiter diffamatum et presertim de adulterio cum Agnete uxore Johannis Dyrlaunde Glouc' per longa tempora jam transacta infra jurisdictionem nostram commisso judicialiter coram .. officiali nostro convicto, qui prout fama testatur publica sic hujusmodi errorem continuat quod scandalum suscitatur in populo et perniciosum ministratur exemplum dum presidens qui a talibus alios cohibere deberet ipsos committere non veretur. Idemque commissarius sic presensus dilectum filium dominum Johannem Hamelyn rectorem ecclesie Sancte Trinitatis Glouc' nostre diocesis citavit verbaliter quod compareat coram officiale vestro in ecclesia cathedrale Ebor' super incertis articulis quos noluit ut asseruit declarare, ut sic maliciose graveret eundem, licet idem rector se paratum offerret coram eodem commissario in omnibus stare juri et facere quod exigunt canonica instituta, super quibus obiciendis eidem, in ipsius pauperis rectoris gravamen, nostre jurisdictionis elusionem et animarum periculum animis notum. Quemobrem, pater reverende, vestre dominationis benivolenciam quam semper invenimus nobis gratam affectuose rogamus quatinus premissis dignemini celeri remedio sic mederi quod vestri vel nostri subditi et precipue rector noster predictus decetero non gravaretur, immo fiat eis et ei infra vestram jurisdictionem ibidem justicie si libeat

complementum, ne maliciose ad loca remota cum gravibus trahantur
laboribus et expensis. Et quia dictus commissarius dicti
rectoris notorie asseritur inimicus, velitis negotia que dictus
commissarius eidem obicere voluerit religioso viro priori
hospitalis vestri Sancti Oswaldi Glouc' committere decidenda
adjucto (*sic, recte* 'adjuncto') sibi aliquo alio prout
decreveritis faciendum. Nos quidem pater reverende
jurisdictionem vestram illibitam conservari petimus pro viribus
in omnibus velut nostram paratus ad omnia vestra beneplacita que
penes nos volueritis corde letissimo prosequenda. Ad ecclesie
regimen paternitatem vestram reverendam conservet altissimus, et
post hujus vite decursum transferat ad superna. Scriptum apud
Hertlebur' sub sigillo nostro privato in festo Sancti Dyonisii.

273 LITTERA QUESTUS PRO MAGISTRIS ET FRATRIBUS HOSPITALIS SANCTI
THOME MARTIRIS DE ESTBRIGG' CANTUAR. To the clerby of the
diocese and province of York. Testimonial for the official
collectors on behalf of the hospital of St Thomas the Martyr,
at the East Bridge in Canterbury, with an indulgence of forty
days for those contributing. Valid for one year. Under the
archbishop's seal. Bishopthorpe 19 Nov. 1336.

274 LITTERE EXECUTORIE BULLE DECIME SEXENNALIS ET PASSAGIO TERRE
SANCTE CAPITAULO[1] DIRECTE. To the chapter of York Minster,
telling them to execute the commands about the sexennial tenth
and the Crusade, contained in five papal bulls (not quoted) of
which the archbishop is sending them copies under his seal.
Bishopthorpe 10 Dec. 1336.

   1. The words 'Decano et' are crossed out.

275 OFFICIALI PRO EODEM. The like to the official-principal of
York. Same place and date.

276 LITTERA FACTI JOHANNI DE BRISTOLL' DE QUESTORIBUS. The
archbishop to John de Bristoll', citizen of York, giving him
authority to see that no pardoners were to collect money in the
diocese of York unless they were licensed to do so by the
archbishop or by the said John acting on his authority. Valid
until the first Sunday after Michaelmas (5 Oct.). Cawood
13 July 1337.

277 BREVE REGIUM SUPER DECIMA BIENNALE DOMINO REGI CONCESSA. To the
P. and C. of Kirkham, enclosing a royal writ (given in full,
witnessed by R. de Sadynton' and dated York, 4 June 1337)
ordering the appointment of suitable persons to collect the two
biennial tenths promised by the clergy in the event of the
pope's withdrawing the sexennial tenth, as he had done, and to
pay all money already collected into the exchequer at York on
the morrow of Trinity Sunday (16 June). The P. and C. of
Kirkham are appointed under the archbishop's seal. Ripon
7 June 1337. Note of similar letters to the Abbots of St Mary's
York and Jervaulx, and to the P. and C. of Thurgarton.

Willelmus etc. Priori et conventui de Kirkham etc. Mandatum
regis recepimus in hec verba:- Edwardus etc. Willelmo etc. Cum
vos ac ceteri prelati et clerus vestre provincie nobis in
subsidium quorundam arduorum negotiorum nos ac defensionem regni
nostri multipliciter contingentium duas decimas de bonis et
beneficiis vestris ecclesiasticis et ejusdem cleri (Fo.545; N.F.
681) benevole concesseritis solvendas quolibet anno ad festa
Purificationis Beate Marie Virginis *(2 Feb.)* et Nativitatis
Sancti Johannis Baptiste *(24 June)*, tali videlicet conditione
quod si decimam sexannalem in subsidium passagii ultramarini per
felicis recordationis dominum Johannem papam nuper impositam
contingeret revocari vel saltem quod duplicis decime exactio
eodem tempore non concurreret, quicquid nomine ipsius decime
sexannalis pro annis et terminis supradictis collectum existeret
vel exigendum restabat in solutionem nobis assignaretur, cederet
et exigeretur loco hujusmodi decime per vos ac prelatos et
clerum supradictos nobis concesse quousque nobis de dictis duabus
decimis separatim ut premittitur nobis concessis foret plenarie
satisfactum, sicque jam dicta decima sexannalis per
sanctissimum patrem dominum Benedictum divina providencia papam
duodecimum totaliter revocata, ac diverse pecuniarum summe de
decimis predictis levate et collecte existant de quibus nobis
nondum est responsum, nos tam de summis illis quam de eo quod
adjuc de eisdem decimis restat solvendum responderi volentes
prout decet vobis mandamus firmiter injungentes quod aliquos
viros fidedignos de quibus confiditis ad denarios de dictis
provenientes et nondum collectos ad opus nostrum in diocese
vestra levandum et colligendum absque dilatione aliqua assignetis,
ita quod iidem sic assignati totam pecuniam que de termino seu[1]
terminis[1] adhuc venturis de dictis decimis est solvendam ad
eundem seu eosdem terminos ad scaccarium nostrum nobis solvant
injungentes illis quod dictos denarios de decimis predictis
provenientes ante confectionem presentium collegerunt districtius
ex parte nostra, quod omnes denarios per ipsos de eisdem decimis
collectos de quibus nobis seu ad mandata nostra nondum ut
premittitur est responsum habeant ad scaccarium nostrum apud
Ebor' in crastino Sancte Trinitatis proxime future absque
prolongatione ulteriori in thesaurariam nostram liberandum, et
nihilominus quod sint ibidem in propriis personis suis ad eundem
diem ad reddendum nobis compotum de decimis predictis per ipsos
sic receptis sub periculo quod incumbit. Et hoc sicut nos et
honorem nostrum ad defensionem regni nostri et expeditionem
negotiorum predictorum diligitis modis omnibus faciatis, et de
nominibus illorum qui dictam pecuniam in dicta diocese vestra ut
predictum est colligendum et levandum deputati existunt
thesaurario et baronibus de dicto scaccario nostro apud Ebor'
sive dilatione aliqua constare faciatis. Et remittatis ibi tunc
hoc brevi. Teste R. de Sadyngton' apud Ebor' quarto die Junii
anno regni nostri undecimo. - Quocirca de vestris fidelitate et
circumspecte industria plenius confidentes vobis firmiter
injungendo committimus et mandamus quatinus dictum breve et omnia

1. 'seu terminis' repeated.

contenta in eodem secundum eorum, vim, formam et effectum
quatenus de jure tenemini exequamini cum effectu, ad que vobis
quatenus ad nos attinet cum cohercionis canonice potestate
committimus vices nostras per presentes, sigilli nostri
appensione muniti, proviso quod nec in uno anno due decime
colligantur. Datum apud Rypon' VII idus Junii anno domini
M.CCC. tricesimo septimo et pontificatus nostri vicesimo.

Memorandum quod eodem (die) scriptum fuit abbatibus Beate Marie
Ebor' et de Jerovall' ac priori et conventui de Thurgarton'.

278 REVOCATIO DECIME SEXANNALIS CUM EXECUTIONE EJUSDEM. To the
official of the Court of York or his commissary, enclosing
letters of Benedict XII (given in full and dated Avignon 18
Dec. 1336) forwarded by Bernard Sistre the papal nuncio. By
these letters Benedict revokes the order for the payment of
the sexennial tenth for the Crusade, and orders the money to
be refunded, on pain of double payment and interdict. The
archbishop orders this refunded money to be handed over to the
King in accordance with the recent decision of the clergy in
convocation, and orders the official to see that this is done,
on pain of excommunication for those who do not pay. The
payment is to be made by the Saturday before the Nativity of
the Blssed Virgin (6 Sept.). A report is to be made by
letters patent. Otley 20 Aug. 1337.

Willelmus etc. officiali curie nostre Ebor' ejusve
commissario etc. Litteras apostolicas per dominum Bernardum
Sistre domini nostri pape et sedis apostolice in Anglia nuncium
nobis missas nuper recepimus in hec verba:- Benedictus etc.
archiepiscopo Ebor' ejusque suffraganeis etc. Ex cotidiana
instancia nobis licet immeritis superne dispositionis arbitrio
super cunctas orbis ecclesias incumbentia super earum curia
solicite vigilamus, easque cum possumus ab honeribus (*sic, for*
'oneribus') libenter exivimus et ab eis gravamina summovemus,
dudum siquidem fere Johannes papa XXII predecessor noster
totis aspirens desideriis ad subventionem quinimmo recuperationem
terre hereditatis dominice, videlicet Terre Sancte, auctoritate
apostolica de fratrum suorum consilio, de quorum numero tunc
eramus passagium generale ad terram ipsam indixit, et ut tantum
negotium felicibus prosperatur auspiciis, imposuit decimam
omnium reddituum ecclesiasticorum, videlicet VII kalendas
Augusti pontificatus sui anno XVII *(26 July 1333)* per universas
mundi partes usque ad sex annos extunc computandos certis
terminis cum certis modificationibus persolvendam mandans vobis
quod per vos et alios quos ad colligendum et exactionem
duceretis hujusmodi decime assumendum tam a vobisipsis quam
ceteris aliis personis ecclesiasticis vobis subjectis et
exigeretis eandem. Idem quoque predecessor in impositione
hujusmodi decime voluerit quod vos hujusmodi decimam collectam
ab aliis et quam de vestris redditibus subvereretis singuli
videlicet vestrum una cum capitulo ecclesie cathedralis infra
ipsarum ecclesia aut alibi prout magis expedire cognosceretis
in tutiori loco repositam vestris et ipsius capituli expensis

faceretis cautius custodiri assignandam cum idem predecessor
vellet, sive in dicte terre sancte subsidium sive contra hostes
fidei convertandam eidem si forte decimam ipsam hujusmodi
commissam custodie vel ejus partem aliquam in usus alios
converti vel usurpari contingeret eos qui in hoc culpabiles
forent excommunicationis incurrere voluit sentenciam ipso facto
prout in litteris precessoris ejusdem super hiis confectis
vobis directis plenius et seriosius continetur. Cum autem in
nonnullis provinciis atque regnis juxta ordinationes et
modificationes in dictis litteris contentas executio et solutio
et dispositio seu repositio facte fuerunt certe partis decime
supradicte et adhuc restet alterius partis ejusdem decima
exactio seu solutio facienda, ac predictum passagium propter
impedimenta aliqua que peccatis exigentibus videntur obicere
dicto passagio prestitisse sic pro presenti tempore quod
dolenter referimus impeditum. Nos decens et congruum
reputantes quod postquam causa secuta non est nec vicinitus
sequi speratur propter quam impositio ac solutio hujusmodi
decime facte fuerunt ejus deinceps exactio et solutio debeant
omnino cessare, quinimmo eorum que pro dicta decima sunt
soluta sit restitutio facienda, de fratrum nostrorum consilio
vobis et vestrum cuilibet districtius inhibemus ne decetero ad
levationem, collectionem vel exactionem hujusmodi decime per vos
vel per alios procedere quomodlibet presumatis. Nos enim
omnes processus et sentencias excommunicationis, suspensionum et
interdicti quos contra inhibitionem hujusmodi per vos vel
auctoritate commissionis vel subdelegationis vestre per
quoscumque haberi vel fieri seu (Fo.545v) ferri vel promulgari
continget decernimus cassos, vacuos, irritos et inanes et
nullius penitus existere firmitatis, precipientes nichilominus
vobis et vestrum cuilibet ut prefatam decimam si quam propterea
per vos vel alios colligistis, etiam si juxta ordinationem
predecessoris ejusdem una cum capitulis cathedralium ecclesiarum,
infra ipsas ecclesias aut alibi in tutioribus locis reponi
fecistis, et singulis personis ecclesiasticis a quibus exacta
extitit et soluta, si dicte persone adhuc superstites rebus
humanis existant et presint eisdem beneficiis ratione quorum
hujusmodi decimam persolverunt, alioquin si forte dicte persone
defecerint vel alias dicta beneficia dimiserint eisdem
beneficiis ratione quarum hujusmodi decima extitit persoluta,
in utilitatem predictorum beneficiorum per certas personas que
super hoc vobis ratione reddere tenantur fideliter committendum
infra unius mensis spacium post receptionem presentium cum
integritate quantum ad vos pertinet restituatis et per alios
restitui faciatis alioquin extunc singuli vestrum si ultra
predictum tempus predictam decimam eisdem contra preceptum
hujusmodi restituere seu restitui facere differatis, duplum
ejus personis seu beneficiis hujusmodi infra alium mensem
solvere teneamini. Quod si forte duplum ipsum eis ut
premittitur infra dictum tempus restituere distuleritis,
ingressum ecclesie vobis noveritis interdictum. Capitula
vero suspensionis sentenciam incurrere volumus ipso facto.
Nulla vobis super hiis remissione, donatione vel gracia eorum

155

quibus hujusmodi debet fieri restitutio valitura, vobis
nichilominus penas alias juxta nostrum arbitrium
proculdubio subituris si super hoc detecti fueritis
committere negligenciam vel maliciam sive fraudem. Ceterum
volumus et mandamus quod omnes sentencias excommunicationis,
suspensionis et interdicti in quascumque personas, caputula,
collegia seu conventus eorumque ecclesias sive loca, occasione
hujusmodi decime institutis terminis non solute prolatas,
absque difficultate qualibet relaxetis, imposita tamen eisdem
personis pro modo culpe penitencia salutari. Datum Avinion'
XV kalendas Januarii pontificatus nostri anno secundo. - Cum
igitur eorum que pro dicta decima sexannali sunt soluta sit
restitutio facienda, et de voluntate et consensu unanimi decani
et capituli ecclesie nostre Ebor', capitulorum ecclesiarum
collegiatarum, ..abbatum .. priorum.. archidiaconorum ..
rectorum .. vicariorum et totius cleri nostre civitatis et
diocesis pecunia hujusmodi collecta de duobus annis decime
sexannalis jam revocate domino nostro Regi pro decima biennali
sibi ab eisdem concessa in subsidium defensionis regni sui
contra Scotos et alios hostes ante hec tempora sub spe
revocationis hujusmodi assignata fuerit et soluta, vobis
mandamus quatinus dictas litteras apostolicas et contenta in
eisdem ilico publicantes, personas ecclesiasticas supradictas
et alias quarum interest faciatis debite premuniri ut cum
illius rei exactio seu solutio inanis et frustratoria videatur
cujus est incontinenti restitutio facienda collectoribus decime
sexannalis hujusmodi revocate acquietancias receptas de
pecuniarum summis per ipsos solutis nomine decime restituant, et
acquietancias solutionis decime biennalis concesse Regi ut
premittitur cujus loco ipsas cedit, recipiat ab eisdem, ne inde
ipsos contingat in posterum impeti seu gravari. Si qui vero
premissorum ignoranciam pretenderint affectatam vel de eisdem,
quod verisimiliter non credimus, recusaverint contentari,
denuncietis seu denunciari faciatis eisdem peremptorie quod
die Sabbati proxime ante festum Nativitatis Beate Marie Virginis
proxime futurum compareant coram collectoribus dicte decime
sexannalis qui dicte decime biennalis fuerunt per nos
collectores deputati, totam pecuniam nomine dicte decime
sexannalis ab eisdem solutam integraliter recepturi et de
dicta decima biennali satisfacturi sub pena excommunicationis
majoris quam canonica monitione premissa in personas omnium et
singulorum qui restitutionem dicte pecunie solute consecuti
fuerint et de dicta decima biennale non satisfecerint, cum
urgens necessitas et evidens utilitas id exposcant, proferimus
in hiis scriptis, quos omnes et singulos extunc cum vobis
constiterit legitime de eisdem faciatis cum solempnitate qua
convenit sic per nos excommunicatos fuisse et esse publice
nunciari. Et de omni eo quod feceritis in premissis nos
oportuno tempore certificetis distincte et aperte per litteras
vestras patentes harum seriem et dictorum excommunicatorum nomina
representent. Valete. Datum apud Otteley XIII kalendas
Septembris anno domini millesimo CCC XXXVII et pontificatus
nostri XX.

279 (NO HEADING) Note of similar letters sent to 1. the dean and chapter of York Minster and 2. the collectors of the sexennial tenth throughout the diocese and 3. the Bishops of Durham and Carlisle, *mutatis mutandis*. Otley 20 Aug. 1337.[1]

> 1. The last few lines of this letter are written at the top of Fo.547; N.F.683.

280 (Interleaved. N.F.682) (NO MARGINAL HEADING) CE SONT LES OFFRES FAITES AL ROI DE FRAUNCE PAR LE ROI DENGLETERRE PUR ESCHURE LA GUERRE. This appears to be a copy of the terms offered by Edward III to the King of France at the beginning of the Hundred Years' War, sent as a manifesto to various magnates and royal officials. 1337. (French)

> Printed: Rymer, *Foedera*, II(3), pp.187-8. English translation, A. R. Myers, *English Historical Documents*, vol.IV, pp.62-3.

281 (Fo.547; N.F.683. Continued.) BREVE PRO SUBSIDIO DOMINO NOSTRO REGI CONCEDENDO. The archbishop to the Archdeacon of York or his official, enclosing a royal writ (given in full and dated Westminster 28 Aug. 1337) ordering him to summon the clergy of the diocese to meet at York on the Wednesday after the feast of the Nativity of the Blessed Virgin (10 Sept.) prepared to grant an aid towards the expenses of a war with France, details of which are enclosed in a roll.[1] The archdeacon is ordered to summon the clergy, cause the roll to be published throughout his archdeaconry, and to reply before the appointed day, enclosing a list of the clergy summoned. Cawood 3 Sept. 1337.

Note of similar letters, with copies of the roll, to the Archdeacons of Richmond, Cleveland, Nottingham and East Riding, and to the dean and chapter of York Minster. Same place and date.

> Willelmus etc. Archidiacono etc. Mandatum regium recepimus in hec verba:- Edwardus etc. Willelmo, etc. Justum est et consonum rationi ut per communia subsidia communibus periculis occurratur. Sane licet nos desiderantes omnino habere pacem cum domino Regi Francie, qui nonnullas terras nostras in ducatu predicto[2] nobis diu detinuit et adhuc detinet minus juste, sibi pro optinenda restitutione terrarum hujusmodi quicquid debuimus reverenter et humiliter facerimus offerentes ulterius ad captandum ipsius benivolenciam maritagia filii nostri primogeniti nunc Ducis Cornubie,[3] clare memorie Johannis Comitis Cornubie fratris nostri tunc viventis[4] et sororis nostre carissime jam Comitisse Gerl',[5] pecuniam etiam pro suo libito et alia que in

> 1. Presumably No.280.
>
> 2. Aquitaine.
>
> 3. Edward, later known as the Black Prince.
>
> 4. John of Eltham, Earl of Cornwall, died 13 Sept. 1336.
>
> 5. Eleanor of Woodstock, Countess of Guelderland.

cedula hiis inclusa plenius annotantur, ipse tamen hiis
omnibus obauditis, machinans nos et nostros omnino deprimere,
ut usurpata super nos possit retinere liberius et sibi
facilius attrahere residuum quod habemus, movet nobis guerram
fortissimam tam in terra quam in mari, nolens nec paci nec
pacis tractatui consentire, propter quod ad reprimendum ipsius
et Scotorum ac aliorum inimicorum nostrorum maliciam oportet
pro defensione ecclesie et terrarum nostro regimini subditarum
nos opponere manu forti, que quidem defensio tantum requirit
profluvium expensarum quod sine magno fidelium nostrorum
presidio illas non possumus supportare. Quamobrem amorem gratum
et bene dispositum quem ad nostri conservationem honoris et
defensionem ecclesie et terrarum predictarum confidimus vos
habere ex corde, rogamus quatinus ponderatis debite quantis
periculis nos et nostri subicimur in hac parte, prelatos et
clerum vestre diocesis tam exemptos quam non exemptos apud
Ebor' die mercurii proxime post festum Nativitatis Beate Marie
proxime futurum citius quo poteritis convocare faciatis, ita
quod prelati .. decani .. abbates .. priores .. archidiaconi,
rectores ecclesiarum et alii beneficiati quos expedire videritis
personaliter tunc compareant coram vobis coram quibus singula
contenta in dicta cedula et alia que movere poterunt clare et
publice faciatis exponi, inducentes eosdem ut quilibet in
alleviationem expensarum hujusmodi nobis prout facultates sue
permisserint talem subventionem faciant qualem tanta necessitas
jam exposcit, et rescribentes nobis cum omni celeritate quod et
quantum vos et alii singuli nobis duxeritis concedendum. Ad hec
faciendum dictam cedulam in singulis ecclesiis dicte diocesis
et locis aliis quibus expedire videritis diebus solempnibus et
festivis quando major aderit populi multitudo publicari patenter
et exponi, aut fideles nostri super hiis informati nobis
libentius temporaliter subveniant et pro nobis apud Deum votivis
precibus intercedant, ad quod eas monitis efficacibus excitetis,
taliter super hiis vos habentes quod vestram debeamus
gratitudinem merito commendare. Teste meipso apud
Westmonasterium XXVIII die Augusti anno regni nostri undecimo. -
Cujus auctoritate mandati vobis in virtute obediencie firmiter
injungendo mandamus quatinus prelatos et clerum dicti
archidiaconatus tam exemptos quam non exemptos super hiis
premuniatis celeriter vice nostra, ipsosque peremptorie citetis
quod prelati .. decani .. abbatis,.. priores .. archidiaconi,
rectores ecclesiarum et alii beneficiati quos expedire
videritis, attenta forma ipsius mandati regii, dicto die
mercurii in ecclesia nostra cathedrale Ebor' publice compareant
coram nobis, contenta in dicta cedula et alia tunc per nos
exponenda eisdem que ipsos merito movere debeant audituri, et
in alleviationem expensarum de quibus premittitur domino nostro
Regi congruam juxta suarum exuberantiam facultatum
subventionem prout ista necessitas exegerit concessuri et
ulterius facturi et recepturi quod dicti mandati regii qualitas
exegit seu natura. Propterea cedulam hiis annexam copiam
cedule de qua superius fit mentio et contenta in eadem in
singulis ecclesiis dicti archidiaconatus et locis alii, diebus

solempnibus et festivis, ad felicis utinam effectus expressos in
mandato regio faciatis juxta formam ejusdem publicari et patenter
exponi. Et super eo quod feceritis in premissis et quolibet
premissorum nos citra dictum diem mercurii distincte et aperte
certificetis per litteras vestras patentes, harum seriem et
prelatorum, decanorum, abbatum, priorum, archidiaconorum,
rectorum ecclesiarum et aliorum beneficiatorum in hac parte
citatorum plenius continentes, scituri quod nisi presens
mandatum nostrum, quin potius regium, fueritis celeriter et
debite executum, vestram inobedienciam graviter procellamus.
Valete. Datum apud Cawode III nonas Septembris anno domini
M.CCC.XXXVII et pontificatus nostri XX.

Et memorandum quod eisdem die et loco scriptum fuit archidiaconis
nostris Rich', Clyvel', Notingh' et Estriding' sub eadem forma
ac.. decano et capitulo ecclesie nostre Beate Petri Ebor', cum
copia cedule hiis annexe.

282 COMMISSIO FACTA ABBATI MONASTERII BEATE MARIE EBOR' ET
ARCHIDIACONI OFFICIALI NOTINGHAMIE A COLLIGATA DICTAM MEDIETATEM
DECIMARUM BENEFICIORUM DOMINO REGI CONCESSAM. Commission to the
A. and C. of St Mary's York to collect the mediety of the tenth,
granted at York to the King, from the archdeaconries of York,
Richmond, East Riding and Cleveland, and to quit-claim those who
paid. Cawood 13 Sept. 1337.

Note of a similar commission to the official of the Archdeacon of
Nottingham in respect of that archdeaconry. Same place and date.

283 (Fo.547v) (NO HEADING) The archbishop to the Bishops of Lincoln
and Coventry and Lichfield, enclosing a bull of Benedict XII
(given in full and dated Avignon 5 Apr. 1337) which orders him to
make a full inquiry into the state of the finances of the abbey
of Louth Park, which was claiming a reduction of taxation on
account of poverty caused by excessive taxes imposed by John
XXII, floods and the sterility of the abbey's lands. Previous
attempts to obtain a report on this had been unsuccessful. If
the archbishop found that the taxation had been excessive, he
was to reduce it. Upon inquiry, he found that the revenues of
the house amounted to a hundred and six marks nine shillings
annually, of which a hundred and five marks, two shillings and
sevenpence came from the diocese of Lincoln and twenty shillings
from the diocese of Coventry and Lichfield (sic) and that the
present taxation was excessive. He therefore orders the said
bishops to reduce it according to his assessment. Under his
seal. Notarial instrument by John Thomas de Barneby super Done,
notary-public, witnessed by Masters Thomas de Neville D.C.L.,
rector of Guisborough and William de la Mare, canon of York
Minster, also by Sir William de Popelton' rector of Harewood
and William de Fakenham, clerk, from the diocese of Norwich.
Cawood 15 July 1337.

Willelmus etc. executor ad infrascripta a sede apostolica
specialiter deputatus .. Lincoln' .. Coventr' et Lich' episcopis

ac omnibus et singulis ecclesiarum prelatis, collectoribus
decimarum et eorum commissariis ... ac aliis .. quorum
interest etc. Litteras apostolicas veras et integras, non
cancellatas, non rasas, non abolitas, sed omni prorsus
suspicione carentes, vera bulla plumbea et filo canapis ad
modum curie Romane bullatas recepimus, tenorem qui sequitur
continentes:- Benedictus, etc. archiepiscopo etc.
Significarunt nobis dilecti filii .. abbas et conventus
monasterii de Parco Lude Cistercien' ordinis, Lyncoln'
diocesis, quod olim pro parte ipsorum exposito felicis
recordationis Johanni pape XXII predecessori nostro quod
propter immoderatam et intolerabilem exactionem decime ac
solutionem ipsius, in qua dictum monasterium est excessive
taxatum, et propter inundationes aquarum que terras dicti
monasterii occupabant, earumque terrarum sterilitatem, dictum
monasterium adeo erat collapsum et in suis redditibus et
facultatibus diminutum, diversisque creditoribus obligatum, quod
non solum hospitalitas et elemosinarum largitiones inibi sicut
consueverant non poterant exerceri, sed iidem .. abbas et
conventus qui in pulcro numero hactenus existere noscebantur,
alieque persone degentes ibidem, soluta dicta decima, non
poterant ex residiis proventibus et redditibis quos in rebus
temporalibus dumtaxat sibi assignatis optinent etiam tenuiter
sustentari, nec alia eas incumbentia onera supportare, ac
supplicato eidem predecessori ut super taxatione dicte decime
moderanda et taxanda juxta ipsius monasterii exigenciam
facultatum eis de oportuno dignaretur remedio providere. Idem
predecessor venerabili fratri vestro .. episcopo Lincoln' suis
dedit litteris in mandatis ut vocatis qui existerent evocandi
de premissis plenam informationem reciperet et quicquid per eam
reperiret eidem predecessori plene, particulariter et distincte
per litteras suas vel alia documenta referret. Idemque
episcopus juxta ipsarum continentiam litterarum super premissis
informatione recepta illam prefato predecessori tunc viventi
remisit, dictusque predecessor informationem hujusmodi sic
remissam dilecto filio nostro Petro titulo Sancte Praxedis
presbitero cardinali examinandam commissam sibi postmodum
referendam et quod interim dicto predecessore viam universe
carnis ingresso nobis que ad apicem summi apostolatus assumptis
idem cardinalis nobis super hiis fecit relationem plenarium et
fidelem. Verum quia in hujusmodi remissione facta per episcopum
memoratum attestationes testium per eum receptorum inserte non
fuerant, nos iterato eidem .. episcopo et dilecto filio ..
decano ecclesie Lincoln' per nostras litteras commisimus ut
vocatis qui forent evocandi de premissis expositis predecessori
prefato plenam informationem recipere eamque cum
attestationibus[1*] producendorum testium coram eis nobis
remittere procurarent, qui juxta litterarum ipsarum nostrarum
tenorem hujusmodi informatione recepta eam cum dictorum testium
per eos receptorum attestationibus[1*] remiserunt. Nosque iterum
cardinali prefato examinationem ultimi processus hujusmodi

   1*...1* Interlined in the margin.

nobis remissi faciendam commisimus nobis postmodum referendam.
Licet igitur cardinalis prefatus hujusmodi examinationem fecerit,
eamque nobis fideliter retulerit et prudenter cum per relationes
hujusmodi nobis non[1] plene liqueat de predictis, considerantes
quod de hiis dicto predecessori et nobis expositis circumspectio
tua poterit plenius informari fraternitati tue per apostolica
scripta committimus et mandamus quatinus de premissis te
diligenter studeas informari, et si predicta exposita inveneris
esse vera, dictam taxationem ad statum moderatum et rationabilem
juxta ipsius monasterii exigenciam facultatum auctoritate nostra
reducas, et secundum hujusmodi moderationem tuam eandem decimam
auctoritate predicta statuas perpetuis futuris temporibus
persolvendam, contradictores per censuram ecclesiasticam
appellatione postposita compescendo. Datum Avinion' nonis
Aprilis pontificatus nostri anno tertio:- Nos igitur Ebor'
archiepiscopus executor prefatus, volentes apostolicis reverenter
parere mandatis, de veritate premissorum diligenter inquisivimus
et de hiis studuimus juxta dictarum continentiam litterarum nos
plenius informare. Et quia plena hujusmodi informatione recepta
invenimus omnia et singula predicta exposita et suggesta sedi
apostolice esse vera, ac quod fructus, redditus et proventus
annui monasterii de Parco Lude predicti ubicumque existentes,
qui omnes et singuli in rebus temporalibus dumtaxat sibi
assignatis consistunt communibus temporibus et annis centum sex
marcarum et IX solidorum sterlingorum valorem annuum non
excedunt nec excesserunt, ex causis pretensis et earum occasione
a multis annis et temporibus retroactis, dictam informationem
sub testimonio bone consciencie intentione pura sequentes dictam
taxationem intollerabilem et enormiter excessivum ratione et
equitate previis juxta ipsius monasterii facultatum exigenciam
moderantes, et ad statum rationabilem auctoritate apostolica
reducentes consideratis in hac parte considerandis de
jurisperitorum consilio nobis assistentium eadem auctoritate
apostolica qua fungimur in hac parte dictum monasterium de Parco
Lude terras, fructus, redditus, proventus et bona ejusdem in
dyocesi Lincoln' consistent, ad centum quinque marcas, II solidos
et iiii denarios[1] sterlingorum et in dyocese Coventren' et Lich'
existentium ad XX solidos ejusdem monete valorem annuum taxamus
et taxando moderamus decernentes statuentes et ordinantes
auctoritate predicta decimam hujusmodi secundum dictam
taxationem per nos in hac parte factam, moderatam et ad statum
rationabilem reductam perpetuis futuris temporibus
persolvendam et quod juxta eandem taxationem dictum monasterium
seu abbas et conventus predicti vel procuratores eorundem pro
eis in predictis decimis et similibus ac aliis impositionibus
quibuscumque solvere teneantur. Et quod deinceps secundum
immoderatam et intollerabilem taxationem priorem decimas seu
alias impositiones solvere compelli non debeant neque possunt
inhibentes auctoritate qua supra vobis dominis Lincoln',
Coventren' et Lich' episcopis et successoribus vestris qui erunt
pro tempore, vestris que et ipsorum vicariis generalibus ..

1. Interlined.

officialibus et ministriis omnibus, ecclesiarum prelatis et
quibuscumque decimarum seu aliarum impositionum collectoribus
in hoc casu et eorum locum tenentibus, necnon Christi fidelibus
quibuscumque (Fo.547 bis; N.F.684) in virtute sancte obediencie
qua dicte sedi apostolice tenemini et tenentur, et sub pena
excommunicationis majoris, ne a dicto monasterio de Parco Lude
seu abbate et conventu ejusdem seu procuratoribus ipsorum
ultra nostram taxationem predictam nomine decime vel alterius
impositionis seu exactionis cujuscumque aliquid presumatis seu
presumant exigere vel etiam extorquere. Et si quid contra
nostram taxationem seu ordinationem premissam, immo verius
apostolicam, actum, usurpatum vel attemptatum fuerit, illud
auctoritate apostolica decernimus irritum et inane. In quorum
omnium testimonium presentes litteras nostras seu presens
publicum instrumentum per Johannem de Barneby publicum
auctoritate apostolica et imperiali notarium scribi et
publicari mandavimus et sigilli nostri appensione muniri. Acta
et data sunt hec apud Cawode anno domini millesimo CCC
tricesimo septimo, indictione quinta, mensis Julii die XV,
presentibus discretis viris Magistris Thoma de Nevill' juris
civilis professore rectore ecclesie de Gisburgh' nostre Ebor'
diocesis, Willelmo de la Mare canonico ecclesie Ebor', domino
Willelmo de Popelton' rectore ecclesie de Harwode dicte
diocesis et Willelmo de Fakenham clerico Norwycens' dyocesis,
testibus ad premissa vocatis et rogatis.

Et ego, Johannes Thome de Barneby super Done clericus
Ebor' diocesis, publicus apostolica et imperiali auctoritate
notarius, premissis omnibus et singulis dum per venerabilem
patrem .. dominum Ebor' archiepiscopum Anglie primatem,
executorem prefatum fiebant, sub anno domini, indictione,
mense, die et loco predictis, et pontificatus dicti domini
nostri pape anno tertio, presens una cum dictis testibus
interfui, et ea sic fiere vidi et audivi, scripsi et in hanc
publicam formam de mandato dicti executoris redegi, meoque
signo et nomine consuetis signavi rogatus.

284 (NO HEADING) Peter, cardinal-priest of St Praxedis, and
Bertrand, cardinal-deacon of St Mary in Aquiro, papal nuncios,
to Archbishop Melton, enclosing a bull of Benedict XII (given
in full and dated Avignon 23 June 1337) empowering them to
summon, and depute business to, any of the clergy, regular or
secular, of France or England. In virtue of this they summon
the archbishop to London for three days before the morrow of
Candlemas (31 Jan.-2 Feb.), to consult with them about a
parliament which the King has summoned for that day (3 Feb.).
Under their seals. London 3 Jan. 1338.

Divina miseratione Petrus titulis Sancte Praxedis
presbiter et Bertrandus Sancte Marie in Aquiro diaconus
cardinales, apostolice sedis nuncii pro magnis et arduis
negotiis, prosecutioni quorum insistimus ad regna Francie et
Anglie destinati, venerabili etc. Archiepiscopo Ebor' salutem
et sinceram in domino caritatem. Litteras sanctissimi patris

et domini nostri domini Benedicti divina providencia (pape) XII
sua vera bulla plumbea more curie Romane bullatas patentes
recepimus, tenorem qui sequitur continentes: Benedictus etc.
cardinalibus etc. Cum vos ad Francie et Anglie regna pro magnis
et arduis negotiis destinemus, nos cupientes ut super dictis
negotiis eo efficacius et utilius procedere valeatis quo
majori per vos fueritis auctoritate injuncti convocandi ad vos
venerabiles fratres nostros archiepiscopos et episcopos ac
dilectos filios electos, abbates .. priores .. archidiaconos,
prepositis .. et alios prelatos et personas .. capitula quoque
quarumcumque ecclesiarum necnon et predicatorum et minorum ac
heremitarum Sancti Augustini, et quorumcumque ordinem (*sic, recte*
'ordinum') fratres generaliter et specialiter, et injungendi et
imponendi eis et cuilibet ipsorum quorumcumque pro
(prosecucioni[1]) negotiorum nobis commissorum videritis expedire,
contradictores insuper vel rebelles aut inobedientes auctoritate
nostra appellatione postposita compescendi non obstantibus ei
eis vel eorum aliquibus communiter vel divisim a sede apostolica
sit indultum quod interdici, suspendi vel excommunicari non
possit, seu si eisdem predicatoribus, minoribus et heremitis et
aliis ordinibus vel eorundem ordinum fratribus ab eadem sit sede
concessum quod iidem fratres de quibus suis negotiis secularibus
se intromittere minime teneantur per litteras dicte sedis nisi
littere ipse plenam et expressam ac de verbo ad verbum fecerint
de concessione hujusmodi mentionem plenam et liberam concedimus
nobis et nostrum cuilibet tenore presentium potestatem. Datum
Avinion' nono kalendas Julii pontificatus nostri anno tertio. -
Nos itaque super dictis negotiis et ea tangentibus efficacius et
utilius procedere cupientes, et quia de vestra circumspectione
atque industria confidimus super agendis in predictis negotiis
et circa ea vobiscum habere colloquium et tractatum et consilium
providum intendentes, vos requirimus et rogamus nihilominus
auctoritate apostolica ut premittitur nobis concessa qua fungimur
in hac parte vobis in virtute sancte[2] obediencie tenore
presentium injungimus et mandamus quatinus ad nos personaliter
venire curetis sic quod London' per tres dies ante crastinum
Purificationis Beate Marie, que dies per dominum Regem Anglie ad
faciendum generale parliamentum super illis que ipsi pro pace et
bono statu ecclesiarum et regni sui ex parte domini nostri
exposuimus et exposituri sumus fuit assignatum, vestram
presenciam habeamus vestroque consilio super premissis tam
provide quam utiliter dirigi valeamus, ad quod etiam parliamentum
credimus vos ex parte domini Regis debere vocari et speramus
talitur vos gesturos quod de obediencia et reverencia qua
tenemini sedi apostolice possitis dignis laudibus commendari.
Datum et nostris sigillis pendentibus sigillatum London' die
tertia mensis Januarii sub anno die Nativitate Domini millesimo
CCC tricesimo octavo, indictione sexta, pontificatus supradicti
domini Benedicti pape XII anno tertio.

1. Probable reading.

2. Interlined.

285 CERTIFICATIO DE BENEFICIIS VACANTIBUS TEMPORE DECIME QUADRIENNALIS. The archbishop to Bernard Sistre canon of St Hilary's, Poitou, papal nuncio in England, acknowledging the receipt on 1 Jan. 1338 of his letter (given in full and dated London, under his seal, 13 Dec. 1337) asking for a list of benefices vacant and owing first-fruits since the time of the quadrennial reservation of these made by John XXII, since the money from these had not yet been received by the papal camera. The list was to be forthcoming by Candlemas (2 Feb.). Melton encloses the following list. Cawood 21 Jan. 1338.

.... Imprimis in ecclesia nostra cathedrale Ebor', prebenda de Wylton' *(Wilton)* per mortem domini Ade de Blida, quam nunc Magister Willelmus de Alberwyk. Apostolica. Prebenda de Fridaythorp' per consecrationem domini Willelmi de Ayreminn' in Episcopum Norwycen' quam Johannes de Flisco. Apostolica. Prebenda de Southneubald' *(South Newbald)* quam Magister Willelmus de la Mare. Ordinario. Prebenda de Stransal' *(Strensall)* quam Willelmus de Flisco. Apostolica. Prebenda de Bolom *(Bole)* per mortem domini Poncii de Podio Bonsacco quam Gasbertus de Bovisvilla. Apstolica. Decanatus ecclesie Ebor' et prebenda de Holm' per mortem Magistri Roberti de Pykering', quem dominus Willelmus de Colby immediate post, apostolica, nunc vero Magister Willelmus la Zouche per electionem capituli et confirmationem nostram, et quam prebendam Magister Thomas Sampson. Ordinario. Precentoria ecclesie Ebor' per dimissionem Magistri Willelmi de Alberwyk', quam Magister Robertus de Nassington'. Ordinario. Prebenda de Rychal *(Riccall)* per consecrationem domini Henrici de Burghassch' in Episcopum Lincoln', quam tunc bone memorie Altissiodoren',[1] nunc Magister Willelmus de Exomia. Apostolica. Etiam cancellaria ecclesie Ebor' et que dicitur Botevant' per mortem Magistri Roberti de Riplingham, quam cancellariam Magister Willelmus de Alberwyk. Ordinario. Et dictam prebendam dominus Johannes de Ellerker. Apostolica et Prebenda de Stilington' *(Stillington)* per mortem domini Johannis de Godelay, quam Petrus de Credonio. Apostolica. Et etiam succentoria ecclesie Ebor' per mortem domini Thome de Stayngfars', quam dominus Ricardus de Wetherby ordinarii auctoritate sunt assecuti.

Item, in archidiaconatu Ebor' videlicet in decanatu Pontefracti ecclesia de Birton' *(Kirkburton)* per mortem domini Roberti de Barneby et ad presentationem prioris et conventus de Lewes domino Ricardo de Thorne. Portio que fuit Magistri Thome de Tinwell' in eadem ecclesia per mortem ejusdem Thome et ad presentationem domini Willelmi de Cusancia rectoris ecclesie de Wakefeld' *(Wakefield)* domino Petro de Cusancia. Ecclesia de Castelford' *(Castleford)* per resignationem domini Ricardi de Wambergh' et ad presentationem domine Philippe Regine Anglie domino Johanni de Peusay.

1. Peter de Mortemart, cardinal-priest of St Stephen in Coelio Monte and canon of Autun, died 14 Apr. 1335.

In decanatu de Aynsty, ecclesia de Hoton' Wandesley *(Hutton Wandesley or Long Marston)* per mortem domini Roberti de Neuby, et ad presentationem domini Petri de Midelton' militis domino Ade de Midelton'.

In decanatu de Craven', ecclesia de Arnecliff *(Arncliffe)* per mortem domini Johannis de Arondel' et ad presentationem domini Henrici de Percy militis domino Willelmo de Barton'. Medietas ecclesie de Ketilwell' *(Kettlewell)* per resignationem domini Rogeri de la Mare et ad presentationem abbatis et conventus de Coverham domino Ade de Aynho. Vicaria ecclesie de Gycleswyk' *(Giggleswick)* per resignationem domini Willelmi de Allerton' et ad presentationem prioris et conventus de Fynkal *(Finchale)* domino Henrico de Lotrington'.

In decanatu Doncastr' ecclesia de Wyrmesworth' *(Warmsworth)* per mortem domini Roberti de Hodesak' et ad presentationem Henrici Graundon' domino Ricardo de Roderham. Ecclesia de Smetheton' *(Kirk Smeaton)* per mortem domini Willelmi de Smetheton' et ad presentationem domine Philippe Regine Anglie domino Willelmo de Drax. Ecclesia de Camesal' *(Campsall)* per mortem domini Michaelis de Meldon' et ad presentationem dicte domine Philippe Regine Anglie domino Thome de Brayton'. Vicaria ecclesie de Brodesworth' *(Brodsworth)* per mortem domini Johannis de Brotherton' et ad presentationem capituli Ebor' domino Johanni de Welleton' fuerant *(sic)* collata.

Item, in archidiaconatu Estriding', videlicet in decanatu de Herthill', ecclesia de Feriby *(North Ferriby)* per mortem Magistri Walteri Bedewyn', in qua Magister Robertus de Bridelington' ad presentationem prioris et fratrum domus Templi[1] de Northferiby. Ecclesia de Elvelay *(Kirk Ella)* per dimissionem domini Ricardi de Ayremyn in qua dictus Magister Robertus de Bridelington' ad presentationem abbatis et conventus de Selby. Ecclesia de Hugat *(Huggate)* per mortem Magistri Willelmi de Stanes, in qua dominus Willelmus de Feriby ad presentationem abbatis et conventus monasterii Beate Marie Ebor'. Ecclesia de Wresill' *(Wressell)* per mortem domini Willelmi de Grendal' in qua dominus Johannes de Grymesby ad presentationem domini Willelmi de Percy militis. Ecclesia de Baynton' *(Bainton)*. Ecclesia de Barton'[2] *(Bainton)* per mortem domini Johannis de Malo Lacu, in qua dominus Willelmus de Brokelsby ad presentationem domini Petri de Malo Lacu.

In decanatu de Dykering, ecclesia de Louthorp' *(Lowthorpe)* per mortem Magistri Roberti de Heselarton', in qua dominus Robertus de Alesby ad presentationem (Fo.548; N.F.685) domini Johannis de Heselarton' militis. Vicaria ecclesie de Naffreton' *(Nafferton)* per mortem domini Johannis de Kirkeby in qua dominus Walterus Norreis ad collationem nostram. Vicaria de Burton' Flemyng' *(Burton Fleming)* per mortem domini Willelmi de Yarwell', in qua

1. Not a Templar house, but a cell of the Augustinian Temple of the Lord at Jerusalem.

2. The repetition here is unexplained.

dominus Johannes de Fordon'.

In decanatu de Bokros, ecclesia de Berghthorp' *(Bugthorpe)* per mortem domini Johannis de Monketon', in qua dominus Robertus de Jarum ad presentationem prioris et conventus de Kirkham. Ecclesia de Kirkeby in Hundaldal' *(Kirby Underdale)* per mortem domini Willelmi de Nesse, in qua Magister Johannes de Kilnehirst'. Medietas ecclesie de Rillington' per dimissionem Magistri Ricardi de Cave, in qua dominus Thomas de Driffeld'. Vicaria ecclesie de Wharrompercy *(Wharram Percy)* per mortem domini Roberti Maryn, in qua dominus Johannes Chaumpneys.

In decanatu Holdrenes', ecclesia de Goushill' *(Goxhill)* per resignationem domini Thome de Lelay, ad presentationem Roberti de Lelaye in qua Magister Robertus de Rudby. Capella[1] per dimissionem domini Hugonis de Nutele in qua Magister Willelmus de Wolfreton' ad presentationem Johannis de Nuttill'. Vicaria ecclesie de Frothingham *(North Frodingham)* per mortem domini Johannis de Raventhorp', in qua dominus Hugo de Kilnese. Vicaria ecclesie de Garton' per dimissionem dicti domini Hugonis, in qua dominus Johannes de Frothingham ad presentationem abbatis et conventus de Thornton', Lincoln' diocesis (qui[2]) fuerant instituti et in corporalem possessionem eorundem beneficiorum ecclesiasticorum inducti, sed qua auctoritate vel ad quorum presentationem seu collationem nondum plene constat, quia per aliquod certificatorium nullus nos reddidit certiores.

Item in prepositura Beverl', ecclesia de Welwyk' *(Welwick)* per mortem Magistri Nicholai de Hugat' quam Magister Ricardus de Cave. Ecclesia de Halsham per mortem Magistri Alani de Cotom, quam dominus Hugo de Notle. Ecclesia de Northburton *(Cherry Burton)* per mortem domini Willelmi de Ebor' quam dominus Willelmus de Hugat' ex collatione prepositi Beverl' sunt sua auctoritate ordinaria ut pretenditur assecuti.

Item, in ecclesia nostra collegiata Ripon', prebenda de Sharrowe *(Sharrow)* per mortem Magistri Rogeri de Brewes que Magistro Alano de Conyngesburgh' auctoritate nostra ordinaria et prebenda de Nunwyk' *(Nunwick)* per[3] mortem[3] Magistri Roberti de Bridelington', que Magistro Ricardo de Cestr' auctoritate apostolica sunt collate.

Item, in ecclesia nostra collegiata Beverl' prebenda Sancti Petri per mortem Magistri Roberti de Pykering' quam dominus Ricardus de Feriby. Apostolica. Sacrista in dicta ecclesia per mortem Magistri Nicholai de Hugat' quam Magister Adam de Hasilbecch' et cancellaria in eadem ecclesia per mortem Magistri Alani de Cotom' quam dominus Willelmus de Feriby collatione ordinaria domini prepositi Beverl' sunt ut pretenditur assecuti.

1. Nuthill chapel.
2. Probable reading.
3. *Bis.*

Item, in archidiaconatu Rich', prout per certificatorium
domini archidiaconi Rich' officialis recepimus tempore
reservationis predicte, subscripta beneficia vacaverunt,
videlicet ecclesie de Welle *(Well)*, de Aynderby *(Ainderby
Steeple)*, de Usburn' *(Ouseburn)*, de Hale, de Haverington'
(Harrington), de Bothill' *(Bootle)*, de Burton' in Kendal', de
Melsamby *(Melsonby)*, de Patrikbrompton' *(Patrick Brompton)*, de
Staveley, de Danby *(Danby Wiske)*, de Halton', de Thornton' in
Lounesdal' *(Thornton in Lonsdale)*, ac vicarie de Gayrestang'
(Garstang) et de Kirkham, sed qualiter[1] ipsa beneficia
vacaverunt, quibus et per quos ipsa beneficia sunt collata seu
cujus auctoritate predictus officialis in suo certificatorio non
expressit, licet hec omnia in mandato nostro eidem specialiter
injuncta erant. Scripsimus enim capitulo ecclesie nostre Suwell'
et officiali archidiaconi Notingh' ad inquirendum de vacatione
beneficiorum hujusmodi que infra jurisdictionem eorundem tempore
predicte reservationis vacaverunt, qui nos super premissis
certificare hactenus distulerunt.

Recepimus tamen per certificatorium religiosi viri domini
abbatis monasterii Beate Marie Ebor' cui scripsimus pro
informatione pleniori optinenda in premissis quod capella Beate
Marie et Sanctorum Anglorum Ebor' *(St Mary and the Holy Angels)*,
ecclesie de Acastr' Malbys *(Acaster Malbis)* in decanatu de
Aynsty; de Milton' *(Great Mitton)* in decanatu de Craven', Bolton'
in Boghland' *(Bolton by Bowland)* in eodem decanatu de Craven';
Magna Sandal' *(Sandal Magna)* in decanatu Pontefracti; de Arkesey
(Arksey), de Dynnington' *(Dinnington)* bis in uno anno, de
Fisshelak' *(Fishlake)*, de Wikerslay *(Wickersley)*, de Peniston',
de Maltby, de Ouston' *(Owston)* bina vice, de Routmersh'
(Rawmarsh), de Tokwyk' *(Todwick)*, de medietate ecclesie de
Roderham *(Rotherham)* in decanatu Doncastr'; necnon ecclesie
Sancti Dionisii *(St Denys)* Sancti Gregorii *(Saint Gregory)*,
Sancte Crucis *(St Crux)* in Ebor', in decanatu Christianitatis
ejusdem; in archidiaconatu Notinghamie, infra videlicet decanatum
Notingh', archidiaconatus Notingh', ecclesia de Gonaldston'
(Gonalston), ecclesia de Strellay *(Strelley)*, ecclesia de
Epreston' *(Epperstone)* et vicaria de Lenton'; infra decanatum de
Neuwerk' ecclesie de Barneby *(Barnby-in-the-Willows)*, de Scarle
(South Scarle), de Houton *(Hawton)*, Knesal *(Kneesall)*, de
Fledburgh' *(Flawborough)*, et Kilmington' *(Kilvington)*, et vicarie
ecclesiarum de Normanton' *(Normanton-on-Trent)* et de Sutton'
(Sutton-on-Trent); infra decanatum de Bingham ecclesie de
Wylford' *(Wilford)*, de Radcliff' *(Radcliffe-on-Trent)*, medietas
ecclesie de Cotgrave et vicarie ecclesiarum de Graneby *(Granby)*
et de Southleverton';[2] infra decanatum de Retford' ecclesia de
Warsop et vicaria ecclesie de Walkringham *(Walkeringham)*. In
ecclesia Suwell', prebende de Oxton' et Clophill, de Eton'
(Eaton) et de Wodburgh *(Woodborough)*. In ecclesia Howden',
prebenda de Skipwyth' *(Skipwith)*. In archidiaconatu Clyvel',

1. Interlined.

2. South Leverton is actually in Retford deanery.

videlicet infra decanatum de Bulmer, ecclesie de Kirkebyknoll'
(Kirby Knowle), de Styvelingflet *(Stillingfleet)*, de
Tyverington' *(Terrington)* et de Elvington'. Infra decanatum
de Ridal' ecclesie de Midelton' *(Middleton-in-Pickering)*, de
Scaleton' *(Scawton)* et de Stayngrif *(Stonegrave)*. Infra
decanatum Clyvel' ecclesia de Lyth' et vicaria ecclesie de
Alverton' *(Northallerton)*. Super ecclesiis et beneficiis
officialis archidiaconi Clyvel' nos non certificavit nec de
aliquo eorundem in suo certificatorio nobis misso, ac
prebenda de Neubald' *(North Newbald)* in ecclesia nostra
cathedrale Ebor'. Ecclesia de Louthorp' *(Lowthorpe)* secunda
vice, ecclesia de Walkington' *(Walkington)* que est de
patronatu prioris Dunelm' tempore dicte reservationis in
predicta nostra diocese vacaverunt, sed qualiter et per quem
modum, quibus et per quos ipsa beneficia collata fuerant nos
per suum certificatorium idem abbas nullatenus informavit.
De aliis quibuscumque ecclesiasticis beneficiis que tempore
dicte reservationis undecumque infra nostram diocesem
vacaverunt nobis non constat plenius per inquisitionem aliquam
nec per aliquod certificatorium sumus aliqualiter informati.

286 COMMISSIO AD COLLIGENDUM DECIMAM BIENNALEM DOMINO NOSTRO REGI
CONCESSAM. Commission to the A. and C. of St Mary's, York, to
collect the triennial[1] tenth, granted by the clergy, assembled
in York Minster on the Wednesday after St Martin's Day (12 Nov.),
to the king as an aid against the Scots and other enemies,
throughout the Minster and other collegiate churches and the
archdeaconries of York, Richmond, Cleveland and East Riding.
The money was to be paid in two parts, at Candlemas (2 Feb.)
and the Nativity of St John Baptist (24 June), and receipts
given. Provision was made that no-one be required to pay
twice on account of papal taxation. Cawood 17 Dec. 1337.[2]

   1. As specified in the text, despite the heading.

   2. This entry continues on to fo.548v, the rest of which
      is left blank.

287 (Fo.549; N.F.686) REVOCATIO COMMISSIONIS MAGISTRI JOHANNIS
DE HERLAWE. To the dean of Pontefract, announcing the
revocation of the commission made to Master John de Herlawe
of the office of conservator of the privileges of the
Hospitallers in England. Cawood 28 March 1338.

288 COMMISSIO IN NEGOTIO DELEGATIONIS WILLELMI DE MAYNWARRING'
LICH' DIOCESIS. The archbishop in his capacity as papal
judge-delegate, to the Prior of St Andrew's, York, and Master
Richard de Cestr', canon of York Minster, authorising them to
act on his behalf in the case of an appeal to the papal curia
by William de Mainwarring *(sic)* of Peover in the diocese of
Lichfield against a sentence of excommunication pronounced
against him by John de Orfford' by authority of the official
of the Court of Canterbury and at the instance of Margery de
Toftes. (Papal letter given in full and dated Avignon 19 Dec.

1337.) Under the archbishop's seal. Cawood 25 May 1338.

Willelmus etc. super et de infrascriptis et inter partes
de quibus infra fit mentio sedis apostolice judex delegatus,
religioso viro priori Sancti Andree Ebor' ordinis de Sempingham
(sic) et Magistro Ricardo de Cestr' canonico ecclesie nostre
Beati Petri Ebor' salutem, graciam et benedictionem. Litteras
apostolicas dudum recepimus in hec verba:- Benedictus etc. Sua
nobis dilectus filius Willelmus de Mainwaryng de Pevere laicus
Lichefeldens' diocesis petitione monstravit quod licet locorum
metropolitanum nullam in subditos suffraganeorum suorum nisi in
certis casibus in jure expressis jurisdictionem habere noscitur
tamen Johannes de Orfford' in civitate London' commorans, ex
potestate ut dicebat ab officiali curie Cantuariensis locorum
metropolitice auctoritate metropolitica sibi in hac parte
tradita, in eundem Willelmum subditum venerabilis fratris nostri
episcopi Lichefelden' suffraganei venerabilis fratris nostri
archiepiscopi Cantuarien' ad instanciam Margerie de Toftes
mulieris dicte diocesis, in eundem Willelmum quamvis nullus de
casibus predictis[1] adesset excommunicationis sentenciam de facto
promulgavit, propter quod pro parte dicti Willelmi fuit ad sedem
apostolicam appellatum. Cum autem dictus laicus sicut asserit
dicte Margerie potenciam merito exhorescens,[2] eam infra civitatem
seu diocesem Lichefelden' nequeat convenire securus, fraternitati
tue per apostolica scripta mandamus quatinus vocatis qui fuerint
evocandi et auditis hinc inde propositis quod canonicum fuerit
appellatione remota decernas faciens quod decreveris per censuram
ecclesiasticam firmiter observari. Testes autem qui fuerunt
nominati, si de gracia, odio vel timore subtraxherint, censura
simili appellatione cessante capellas *(sic, recte* 'compellas')
veritati testimonium perhibere. Datum Avinion XIIII kalendas
Januarii pontificatus nostri anno tertio. - Verum quia variis
et arduis negotiis occupati ad cognoscendum, procedendum seu
decernendum super premissis seu aliquo premissorum seu ad alia
qui *(sic, recte* 'que') de jure seu consuetudine in hoc casu
fuerint faciendum commode intendere non valemus, ad
cognoscendum, procedendum et decernendum super premissis et
quolibet premissorum ac ad ea et eorum singula diffiniendum et
ex(e)quendum necnon ad faciendum omnia alia et singula que de
jure seu consuetudine secundum tenorem et exigenciam hujusmodi
litterarum apostolicarum fuerint faciendum, vobis committimus
vices nostras cum cohercionis canonice potestate. In cujus rei
testimonium has litteras sigilli nostri impressione fecimus
communiri. Datum apud Cawode VIII kalendas Junii anno domini
millesimo CCC tricesimo octavo et pontificatus nostri vicesimo
primo.

1. 'Nostris' crossed out.

2. Possibly a case of 'Hell hath no fury like a woman
   scorn'd'.

289 EXECUTIO CONTRA ILLOS QUI CAPIUNT LANAS ET ALIA BONA VIRORUM
ECCLESIASTICORUM IPSIS INVITIS. The archbishop to the D. and C.

of York Minster, ordering them to announce publicly in all churches and chapels under their jurisdiction, on Sundays and festivals, that all lay persons who seized wool or other goods belonging to the clergy, in the name of a royal subsidy, would be excommunicated unless they repented and made restitution within eight days, and to excommunicate any obdurate offenders. The announcements and sentences were to continue until further notice. The D. and C. were to certify, and to send in a list of the names of delinquents. Cawood 9 Oct. 1338.

Note of similar mandates to the archdeacons of York, Cleveland, East Riding, Richmond and Nottingham, and to the rural deans of Sherburn, Ripon, Otley, Southwell, Laneham, Christianity in York, and Beverley, also to the keepers of the spiritualities of Howden and Howdenshire, Northallerton and Allertonshire. Same place and date.

290 COMMISSIO ABBATI DE THORNTON' LINC' DIOCESIS AD ADMITTENDUM DE ALICIA ATTESEE VOTUM CASTITATIS INFRA DIOCESEM LINCOLN'. Commission to William, Abbot of Thornton, to receive, in the diocese of Lincoln, a vow of chastity from Alice, widow of John Attesee of Ravensor, subject to the archbishop in the diocese of York, and to give her the veil, mantle and ring of her profession, provided that she were of mature age and respectable behaviour, and that there were no canonical impediment. Cawood 24 Jan. 1339.

291 COMMISSIO REGIS AD ARRAIANDUM HOMINES AD ARMA CONTRA NAVIGIUM FRANCIE. Letters patent of Edward III to Archbishop Melton, Henry de Percy, Thomas Wake of Liddel, William Ros of Helmsley and Ralph de Neville, warning them that the French were reported to be planning a seaborne invasion in the following March, and ordering them to summon all the fighting men, magnates, knights, men-at-arms and archers, to be ready for war by the middle of that month on pain of being treated as rebels. The archbishop meanwhile was to summon the clergy, with a view to raising a subsidy. Witnessed by Prince Edward, Duke of Cornwall. Westminster 16 Feb. 1339.

Edwardus etc. dilectis et fidelibus suis venerabili in Christo patri Willelmo etc. Henrico de Percy, Thome Wake de Lydell', Willelmo Ros de Hamelak' et Radulfo de Nevill', salutem. Licet plures ante hec tempora post inceptam guerram inter nos et illos de Francia et eis adherentes pro tuitione et salvatione regni nostri contra hostiles alienigenarum incursus arraiationes et munitiones hominum fieri mandaverimus ut deceret, et eadem tamen mandata nostra nondum sunt sicut convenit executa, in ipsius regni periculum valde grave, et quia jam pro certo didicimus a nonnullis quod dicti hostes nostri Francie et adherentes eisdem galleas et naves guerrinas in copiosa multitudine in certis portibus partium illarum congregarunt, et eas hominibus ad arma et aliis armatis ac victualibus ceterisque necessariis indies parari faciunt et

muniri, et proponunt cum eisdem citra medium Martii proxime
futuri se movere versus dictum regnum nostrum, et navigium ipsius
ac portus et loca prope mare situata pro viribus destruere, et
idem regnum subsequenter invadere, terrasque et possessiones
ibidem occupare, ac dampna, mala et facinora que poterunt
perpetrare, nostrarumque ac magnatum et aliorum fidelium
nostrorum dominia subvertere, nisi ipsorum hostium nequitie
citius et virilius obvietur, per quod super hiis et aliis
dampnis et facinoribus opprobriosis nobis et nostris tam in mari
quam in terra per prefatos hostes nostros factis notorie et
illatis ac etiam[1] super defensione et salvatione regni nostri
ac ecclesie Anglicane, necnon repulsione hujusmodi hostilis
nequitie in presenti parliamento nostro apud Westm' convocato
per custodem dicti regni nostri ac prelatos, magnates et
communitatem ejusdem, deliberatione habita diligenti, de communi
consilio et assensu eorundem quedam ibidem tractata sub modo et
forma subscriptis inter alia executioni ordinavimus demandari.
Nos advertentes quod nisi regnum predictum contra hujusmodi
hostium incursus vigilantius et virilius defensetur, et ipsorum
hostium malicia refrenetur, non solum in nostri et totius regni
nostri ac omnium et singulorum ejusdem obprobrium, dampnum et
dedecus, sed etiam in honoris nostri tam laboriose et
difficiliter adquisiti diminutionem, ac totius Anglicani nominis
vituperim assumptique tanti negotu retardationem, quod absit,
cederet manifeste, et quod omnes et singuli de eodem regno
cujuscumque fuerint status seu conditionis ex ligeancie et
fidelitatis sue debite ad defensionem ejusdem regni et ecclesie
Anglicane ac conservationem tam nostri quam sui honoris proprii
se et sua exponere astringuntur, ac de fidelitate vestra et
circumspectione plenius confidentes, assignavimus vos conjunctim
et divisim ad convocandum et venire faciendum coram vobis et
vestrum quolibet apud Ebor' et alia loca in comitatu Ebor' prout
tam pro celeriori expeditione negotii predicti quam quiete
ibidem venientium videritis faciendum, ad dies quos duxeritis
statuendos omnes tam magnates et proceres comitatus predicti
quam milites et homines ad arma et alios ejusdem comitatus tam
corporibus quam possessionibus potentes quos videritis
convocandos sive fuerint infra libertates sive extra, necnon
custodes terre maritime et arraiationes hominum et conservatores
pacis ibidem, et ad exponendum eisdem pericula imminentia, et
que ex causis premissis in parliamento predicto tractata sunt,
ordinata et concordata, et ad ordinandum de ipsorum consilio et
assensu de electionibus, arraiationibus et munitionibus hominum
dicti comitatus tam ad arma quam aliorum de numero ipsorum contra
dictos hostes si partes illas invaserint, et cum custode regni
nostri predicti si iidem hostes ad alias partes ipsius regni
declinaverint et ingressi fuerint ad terram infra idem regnum
occupandum juxta hujusmodi communem ordinationem profecturorum
et etiam de certo numero sagittariorum ea de cause eligendorum,
et de ipsorum hominum in comitatu predicto profecturorum ductore
et ductoribus et subductoribus deputandis, consideratis quod

1. Interlined.

dicta defensio est communis et quilibet ejusdem regni ad
defensionem illius pro viribus obligatur. Ita quod omnes
hujusmodi homines arraientur et muniantur ac[1] prompti sunt et
parati, et in constabulariis, centenis, et vincenis positi
citra dictum tempus media Martii vel statim post, ita etiam
auod pauperibus et mediocribus hominibus semper paratis
quatenus fieri poterit bono modo et ad omnia alia et singula
ordinandum et faciendum que pro expeditione premissorum
necessaria fuerint et etiam opportuna, et ad ea que sic per
vos et vestrum quemlibet ad prefatos convocandum ex causis
predictis ordinata et concordata fuerint executione cum omni
qua fieri poterit celeritate demandum et demandari faciendum
modis omnibus quibus videritis expedire, et ad certificandum
nosmetipsos in partibus transmarinis et etiam in cancellaria
nostra de arraiatione et numero hominum ad arma, hobelariorum[2] et
sagittariorum predictorum ac de toto facto vestro in hac parte
citra medium[3] Martii[4] supradictum. Dantes vobis et vestrum
cuilibet plenam tenore presentium potestatem omnes illos quos
necgligentes, contrarios, remissos, tepidos vel rebelles
inveneritis in hac parte capiendi, et ipsorum terras et
tenementa, bona et catalla per vicecomitem nostrum comitatus
predicti in manum nostram seisiri et nobis de exitibus inde
responderi ac corpora sic rebellium carcerali custodie mancipari
et in eisdem salvo custodiri faciendi. Ita quod ab eadem ante
regressum nostrum de partibus transmarinis et tunc de ipsos
ordinaverimus per mancipationem seu quovis alio modo nullatenus
deliberentur. Et ideo vobis in fide, dilectione et ligeancia
quibus nobis tenemur districtius injungimus et mandamus quod
cessantibus dilationibus et excusationibus quibuscumque et
pretermissis omnibus aliis circa premissa facienda, exequenda
(Fo.550; N.F.687) et complenda in forma predicta intendatis, ita
quod ob necgligenciam aliquam reprehendi nullatenus debeatis per
quod contra vos manum extendamus regie potestatis. Danius autem
universis et singulis comitatus predicti tam magnatibus,
custodibus et arraiatoribus predictis quam aliis, necnon
vicecomitibus, ballivis et aliis ministris ibidem, tam infra
libertates quam extra, tenore presentium firmiter in mandatis
quod vobis et vestrum cuilibet ac illis quos vos vel aliquis
vestrum ad hoc deputaveritis vel deputaverit in premissis, et
eorum quolibet, sub forisfactura omnium que vobis forisfacere
poterunt, pareant, obediant et intendant prout per vos et
vestrum quemlibet ac deputandos predictos ex parte nostra
fuerint premuniti. Et quod prefatus vicecomes illos quos sic
propter ipsorum rebellionem vel necgligenciam seu tepiditatem
capti fuerint recipiat, et in persona nostra salvo custodiri
faciat in forma supradicta. Nolumus tamen quod potestati per
nos prius tradite prefatis custodibus terre maritime in

1. *Bis.*

2. Light horsemen.

3. Interlined.

4. 'Martium' is crossed out.

comitatu predicto et arraiatoribus hominum ac conservatoribus
pacis nostre ibidem pretextu litterarum presentium in aliquo
derogetur, sed volumus quod commissiones nostre eis inde facte
in sui roboris permaneant firmitate. Et vobis insuper, prefate
archiepiscope, per aliud breve dedimus in mandatis[1] quod clerum
vestre diocesis videlicet tam religiosos et alios regulares quam
alias personas ecclesiasticas coram vobis ad certum diem
convocari similiter faciatis, ad ordinandum et providendum de
ipsorum assensu de subsidio hominum ad arma, sagittariorum et
aliorum quod pro defensione concessionum et beneficiorum suorum
tenentur in hoc casu sicut ceteri invenire, et quos cum aliis in
comitatu predicto eligendum in obsequium nostrum proficisci
volumus juxta ordinationem supradictam contra inimicos
antedictos. In cujus rei testimonium has litteras nostras[2]
fieri fecimus patentes. Teste Edwardo duce Cornubie, Comite
Cestr', filio nostro carissimo, custode Anglie, apud
Westmonasterium XVI die Februarii anno regni nostri XIII.

1. See below, No.293.

2. Interlined.

292 PROCURATIO CARDINALIS SECUNDI ANNI. The archbishop to Peter,
cardinal-priest of St Praxedis, and Bertrand, cardinal-deacon of
St Mary in Aquiro, papal nuncios, or to the Bishop of London
(Richard Bintworth), Master Bernard Sistre Archdeacon of
Canterbury, Gerard Boniseigne or Bartholomew son of Sir Rudolf
of the *società* of the Bardi of Florence, or their proctors,
acknowledging the receipt at Cawood on 3 Feb. 1339 of the
cardinals' letters, given in full and dated Atebati (*recte*
'Atrebate') *(Arras)* 20 Nov. 1338, under their seals. In these
they ask for payment of the procurations due to them for the
current year, beginning 23 July 1338. They order the letters to
be published within twenty days of receipt, and payment to be
made at London within three months, six days' grace being allowed
because of the state of the roads, on pain of suspension followed
after another six days by excommunication. The basic rate of
taxation was to be fourpence in the mark, with the right of
appeal, but houses of poor nuns, leper-hospitals and benefices
worth less than six marks were to be exempt. The archbishop was
to certify a reply containing full details under his seal. This
he does, enclosing a roll (not given) containing the names of
those who have and have not paid, and adding a note of a disputed
pension said to be payable to the chapter of York Minster from
the church of West Markham, and of a diminution by papal
authority of a hundred marks in the taxable capacity of the
church of Scarborough. Bishopthorpe 18 Apr. 1339.

Reverendissimis in Christo patribus dominis Petro titulo
Sancte Praxedis presbitero et Bertrando Sancte Marie in Aquiro
diacono cardinalibus, apostolice sedis nunciis, aut venerabili
patri domino .. Episcopo London', honorabili viro Magistro
Bernard Sistre Archidiacono Cantuar', Gerardo Boniseigne seu
Bartholomeo domini Rodulphi de societate Bardorum de Florencia,

vel substituto seu substitutis ab eis vel altero eorum,
procuratoribus eorundem cardinalium Willelmus etc. obediencie
debitum et quicquid poterit obsequii reverencie et honoris.
Litteris vestras apud Cawode tertio die mensis Februarii anno
domini millesimo CCC tricesimo octavo recepimus in hec verba:-
Miseratione divina Petrus titulo Sancte Praxedis presbiter et
Bertrandus Sancte Marie in Aquiro diaconus cardinales,
apostolice sedis nuncii pro magnis et arduis negotiis ad
regna Francie et Anglie destinati venerabili in Christo patri
domino .. Dei gracia archiepiscopo Ebor' vel ejus generali
vicario seu officiali aut locum tenenti vel vices gerenti
uni vel pluribus, et cuivis eorum qui sunt vel erunt pro
tempore administratores ejusdem archiepiscopatus ad quem vel ad
quos presentes littere pervenerint, salutem in domino. Pro et
super procurationibus nobis debitis pro anno proxime preterito
die XXIII Julii proxime lapei finito certos processus tenorem
litterarum apostolicarum nobis pro procurationibus hujusmodi
concessarum quas London' in multorum prelatorum presencia
fecimus publicari, ac oblationem de faciendo vobis originalia
litterarum ipsarum si velletis sunt et faciemus si noletis per
Magistrum Bernardum Sistre archidiaconum Cantuar' ostendi,
monitiones quoque sentencias et censuram ecclesiasticam
continentes quoque sentencias et censuram ecclesiasticam
continentes duximus faciendum.[1] Et quia eos seu contenta in
ipsis ad vos et vestram ac aliorum quorum intererat plenam
noticiam scivimus provenisse earundem litterarum tenorem non
duximus presentibus inferendum. Verum cum ampliora et grandia
onera expensarum in prosecutione negotiorum predictorum cui
insistimus oportuerit et oporteat nos subire, procurationes que
pro secundo presenti anno, qui dicta die XXIII Julii proxime
preteriti inchoavit nobis debentur juxta dictarum litterarum
apostolicarum tenore decrevimus fore petendas, exigendas,
recipiendas ac etiam et levandas. Ideoque auctoritate
apostolica nobis per litteras predictas concessa, vobis
et cuilibet vestrum de quorum discretione confidimus petendi,
levandi, exigendi et recipiendi per vos et quemcumque vestrum vel
er alium seu alios in vestris civitate et diocese ab omnibus
et singulis electis, abbatibus, prioribus, decanis, prepositis,
archidiaconis, archipresbiteris et aliis ecclesiarum prelatis,
et rectoribus ac ecclesiasticis personis religiosis et
secularibus, eorumque capitulis et conventibus, exemptis et
non exemptis, Cistercien', Cluniacen', Cartusien',
Premonstraten', Sanctorum Benedicti et Augustini Camaldulen',
Sancti Guillelmi et aliorum ordinum, necnon magistris,
prioribus preceptoribus et fratribus Sancti Johannis Jerusalem'
et aliorum quorumcumque hospitalium seu domorum, ceterisque
administratoribus ipsorum ordinum hospitalium et domorum in
dictis civitate et diocese infra regnum Anglie ecclesiasticos
fructus, redditus et proventus, habentibus pro nostris
procuratoribus secundi presentis anni ut predicitur inchoati
similes procurationes illis quas unus de cardinalibus sancte
Romane ecclesie legatus vel nuncius sedis apostolice in

1. Not clear.

dicto regno recipere consuevit, etiamque ad majorem summam
ostendere dinoscuntur, necnon per vos vel alium seu alios eosdem
electos,.. abbates .. priores .. decanos et ceteros supradictos
ad contribuendum in et pro hujusmodi procurationibus dicti
secundi anni in ipsis civitate et diocese nobis debitis prout
per dictas litteras nobis concessum est compellendi, ac libros
seu scripturas distributionum, taxationum, impositionum seu
indictionum et solutionum antiquarum et modernarum super
similibus procurationibus habiturum vobis exhibendi et per
copiam tradi faciendi, contradictores quoque et inobedientes
quoslibet per censuram ecclesiasticam appellatione postposita
compescendi, necnon absolvendi infra triginta dierum terminum
infrascriptum simpliciter et ad cautelam illos qui in dictarum
procurationum anni primi solutionibus defecerunt postquam
satisfecerunt juxta declarationem inferius annotatam, et
satisfactionem hujusmodi recipiendi, tenore presentium
committimus potestatem et in premissis et ea tangentibus plenarie
vices nostras, donec eas ad nos duxerimus revocandas. Et
nihilominus ipsos electos, .. abbates .. priores .. decanos et
alios superius designatos et eorum singulos, exemptos et non
exemptos, auctoritate predicta primo, secundo et tertio
peremptorie requirimus et monemus, ipsisque et eorum singulis in
virtute sancte obediencie et sub penis infrascriptis injungimus
districte precipiendo mandamus quatinus infra triginta dierum
spacium a noticia presentis processus nostri seu contentorum in
eo computandi, quod eis omnibus et singulis pro monitione
canonica et termino peremptorio necessitate urgente tenore
presentium assignamus vobis seu deputando vel deputandis vestro
periculo ad hoc a vobis solvant nomine nostro seu contribuant
absque omni difficultate pro dictis nostris procuratoribus et
ratione procurationum secundi presentis anni, quilibet
videlicet partem suam et eum contingentem ratione fructuum,
reddituum et proventuum eorundem. Preterea vos dominum
archiepiscopum, vicarium et alios antedictos et quemlibet vestrum
requirimus et monemus modo et forma premissis, vobisque et
vestrum cuilibet injungimus auctoritate predicta et districte
precipiendo mandamus quatinus a die receptionis presentium
litterarum infra viginti dies, quos vobis et cuilibet vestrum ex
causis predictis pro monitione canonica et termino peremptorio
assignamus, presentem nostrum processum seu contenta in eo ad
noticiam omnium et singulorum ipsarum civitatis et diocesis quos
presens negotium tangit deducere per vos vel alium seu alios
diligenter et solicite procuretis. Et proviso diligentius ne
per vos vel eos quos ad hoc deputabitis quicquam scienter ultra
quantitates debitas et moderatas expensas quas occasione
hujusmodi fieri contigerit exigatur contribuatis in ipsis
procurationibus et expensis (Fo.550v) ratione fructuum,
proventuum et obventionum vestrorum quantum similiter vos
contingit. Insuper totam pecuniam quam de et pro
procurationibus ipsis tam hujusmodi secundi quam restantibus[1]

1. There is an omission-mark at this point, but nothing
   has been inserted.

primi annorum per vos vel alium seu alios collegeritis et
receperitis una cum parte vos ut premittitur contingente
infra tres menses a presentatione seu notificatione
presentium vobis facta immediate sequentes, quos vobis pro
peremptorio termino et monitione canonica assignamus, ad
civitatem London' vestris expensis et periculo
transmittatis, ipsamque pecuniam infra eundem terminum
ibidem medietatem videlicet venerabili patri domino
Episcopo London' vel ejus substituto seu substitutis
nostri Petri, et aliam medietatem honorabili viro Magistro
Bernardo Sistre Archidiacono Cantuar' aut Gerardo
Bonnisegne *(sic)* seu Bartholomeo domini Rodulphi de societate
Bardorum de Florencia vel substituto seu substitutis ab eis
vel altero eorum nostri Bertrandi *(sic)* cardinalium
predictorum procuratoribus nomine nostro solvere et
assignare curetis, certificando tunc per vestras patentes
litteras seu per publicum instrumentum nos vel dictos
procuratores nostros seu substitutum vel substitutos ab
eis de die receptionis presentium litterarum et de hiis que
super premissis et aliis que vobis committimus et mandamus
duxeritis faciendum specialiter de modo et quantitiatibus
distributionum et solutionum, et de solventibus et non
solventibus et de contumaciis et excusationibus eorum, per
rotulos seu quaternos sub archiepiscopali vel curie
archiepiscopalis seu vestro sigillo inclusione. Copiam
scripturarum antiquarum super hujusmodi procurationibus
distributione seu receptione confectarum, ad quas respectum
habueritis, modo consimili transmittentes. Alioquin quia
premissorum mora vel culpa etiam ob difficultatem viarum
posset arduam prosecutionem negotiorum hujusmodi retardare,
vobis domino archiepiscopo, cui ob reverenciam pontificalis
dignitatis deferimus, si in premissis vel aliquo premissorum
contradictorum inobediens seu culpabilis fueritis vel rebellis,
spacio sex dierum ad purgandum moram seu culpam in singulis
vobis supra et infra injunctis indulto et pro monitione
canonica premisso si nihilominus perstiteritis in culpa seu
mora ingressum ecclesie interdicimus in hiis scriptis. Et si
per sex dies immediate sequentes, quos vobis pro monitione
canonica assignamus interdictum hujusmodi sustinueritis vos in
hiis scriptis suspendimus a divinis. Et si per alios sex dies
extunc proxime subsequentes, quos similiter vobis pro
monitione canonica assignamus, suspensionem hujusmodi
contempseritis, quod absit, animo indurato, vos in hiis
scripturis excommunicationis sentencia innodamus, in capitula
vero et conventus qui seu que premissis nostris monitionibus non
pervenerint cum effectu suspensions a divinis. Et in ..
abbates .. priores .. decanos et ceteras singulares personas
superius designatas que inobedientes fuerint seu rebelles in
predictis vel aliquo predictorum, necnon in contradictores
quoslibet et rebelles ac impedientes seu impedientibus
prestantes auxilium, consilium vel favorem quominus omnia et
singula supra et infra injuncta effectum debitum consequantur,
cujuscumque dignitatis, conditionis aut status existant,

excommunicationis sentencias spacio sex dierum ad purgandum
moram inobedienciam seu culpam in singulis eis indulto et pro
canonica monitione premisso proferimus in hiis scriptis,
absolutionem omnium et singulorum qui sentencias ipsas
incurrerint nobis vel superiori nostro imposterum reservantes,
mandantes nobis (*sic, probably for* 'vobis') quod illos et alios
qui sunt ligati sentenciis in supradictis aliis processibus
nostris contentis per vos vel alium seu alios tamdiu (de[1])
nuncietis vel denunciari faciatis ipsas nostras sentencias
incurrisse et a fidelibus evitari curetis ac agravetis censuram
ecclesiasticam contra eos donec satisfecerint et absolutionis
beneficium meruerint optinere. Volumus autem quod in moderatis
expensis faciendis per vos vel vestrum alterum aut deputandos a
vobis occasione hujusmodi contribuatur ab abbatibus, electis et
aliis supradictis. Ceterum solutionem et receptionem
procurationum hujusmodi fieri volumus et secundum tenorem et
formam ac de et pro fructibus et redditibus, obventionibus et
proventionibus qui et que in aliis nostris processibus et
commissionibus factis super prefatis nostris procurationibus
primi anni, processibus aliis supradictis adjunctis quos vobis
transmisimus continentur. Rursus harum serie declaramus quod
supradesignati si pro qualibet marca fructuum, reddituum,
proventuum et obventionum suorum, qui ad decimam sunt taxati
secundum taxationem que ad majorem summam ascendit, nisi nova
sit auctoritate apostolica facta vel ex certa sciencia
confirmata et si postquam novam auctoritate apostolica factam
vel ex certa sciencia confirmatam habuerint non solverint ad
antiquam, et de hospitalibus, domibus et locis ecclesiasticis
quibuscumque necnon vicariis et in certibus proventibus
archidiaconatuum et decanatuum non taxatis pro qualibet marca
veri valoris infra debitum terminum quatuor denarios
sterlingorum persolverint et pro procurationibus antedictis
solutionis tempore se nescient plus debere supradictis nostris
sentenciis non ligentur. Salvo quod quicquid pro procurationibus
ipsis nobis apparuerit plus deberi petere et super eo procedere
valeamus. Nostre tamen intentionis existit quod reverendi patres
domini cardinales sancte Romane ecclesie de beneficiis que in
predicto regno obtinent quantitatem aliquam ratione
procurationum hujusmodi solvere nullatenus tenantur neque
predictis sentenciis astringantur. Intendimus etiam quod de
monasteriis monialium a quibus ratione procurationum hujusmodi
aliquid minime exigi consuevit, ac de Dei et leprosorum domibus
et vicariis, beneficiis, domibus et locis quorum singula non
excedunt valorem annuum sex marcarum, dummodo ea optinentes
proventus alios ecclesiasticos non obtineant, pro procurationibus
ipsis nil penitus exigatur. Porro si aliqui se indebite gravari
in exatione hujusmodi procurationum nobis ostenderint,
proponimus ab eis penitus auferre gravamen. In quorum omnium
testimonium presentes litteras de quarum presentatione latori
earum nuncio nostro jurato plenam fidem adhibemus fieri, scribi
et registrari fecimus et sigillorum nostrorum appensione muniri.

1. 'de' is interlined.

Datum Atebati (*recte* 'Atrebati'') die XX Novembris anno
nativitatis domini M.CCC XXX VIII indictione VI, pontificatus
sanctissimi in Christo patris et domini nostri domini
Benedicti divina providencia pape XII anno quarto. – Quarum
auctoritate litterarum ipsas litteras vestras, processus,
penas et censuras in eis memoratas ubique per nostras civitatem
et diocesem Ebor' fecimus publicari et ad noticiam omnium et
singulorum quos hujusmodi tangebat negotium infra sex dierum
spacium a tempore receptionis earundem ut decebat deduci
quelibet (?sic[1]) publicata et ad plenam omnium et singulorum
ut premittitur noticiam[2] sufficienter deducta adjectis que
monitionibus, penis et censuris omnibus que in ipsis vestris
processibus memorantur, quampluries predictorum virorum
ecclesiasticorum infra terminum ad hoc in vestris litteris
prenotatum quatuor denarios sterlingorum de et pro marca
qualibet bonorum et beneficiorum suorum ecclesiasticorum juxta
taxationem ipsam que major esse dinoscitur nobis ut decuit
persolverunt, quam quidem quatuor (denarios[3]) sterlingorum pro
marca solutionem nomine (pro[2]) curationum vestrarum vobis
presenti secundo anno nominationis vestre debitarum duximus
admittendum, et quamquam nullas[2] antequas scripturas habeamus[2]
in[2] hac[2] parte,[2] fecimus a viris antiquoribus diligentius
explorari, notum invenire potuimus aliquem apostolice sedis
legatum vel nuncium ante adventum vestrum majorem summam quam
quatuor (denarios[3]) sterlingorum pro marca qualibet ut
premittitur exigisse seu etiam recepisse. Ceterum de beneficiis
que venerabiles patres domini sacrosancte Romane ecclesie
cardinales in nostris civitate et diocese optinent, nec de Dei
et leprosorum domibus sive de beneficiis exilibus ad decimam non
taxatis que in vestris litteris a prestatione hujusmodi sunt
exempta, sicuti in omnibus taxationibus, exactionibus et aliis
prestationibus quibuscumque hactenus fieri consuevit, quicquam
ad procurationes vestras premissas non recepimus nec duximus
exigendum. Preterea licet vos in vestris litteris et
processibus antedictis tam omnes illos quam aliquod de
procurationibus vestris primi anni die XX.[2] tertio mensis
Julii ultra preterito finiti quam ipsos qui de similibus
procurationibus secundi anni dicto die XX.[2] tertio inchoati
infra XXX dierum spacium in ipsis litteris vestris designatis
nullo modo satisfecerint sentencias vestras incurrisse
(publicari[3]) et a Christi fidelibus evitari censuramque
ecclesiasticam contra eosdem aggravari quousque
satisfactionem previam absolutionis beneficium optinere
meruerint duxeritis demandandum, scire velitis quod vobis de
procurationibus vestris dicti primi (Fo.551; N.F.688) anni,
videlicet de quatuor (denarios[3]) sterlingorum de et pro
qualibet marca omnium et singulorum beneficiorum et bonorum
ecclesiasticorum nostrarum civitatis et diocesis predictarum

1. Illegible.

2. Interlined.

3. Probable reading.

178

ad majorem taxam preterquam beneficiorum que venerabiles patres
domini sancte Romane ecclesie cardinales inibi optinent,
ipsorumque quorum fructus, redditus et proventus camere ipsius
domini nostri pape colliguntur, et cujusdam annue pensionis in
ecclesia de Westmarkham capitulo ecclesie nostre cathedralis
Beati Petri Ebor' intitulate, ac personarum de ipso capitulo
hujusmodi pensionem ad se non pertinere dicentium consciis
dimisse, necnon ecclesie parochialis de Scardburgh' que per
rescriptum apostolicum est de C marcis in taxatione diminuta,
litteris vestris acquetancie (*sic, recte* 'acquietancie') hoc
testantibus est plenarie satisfactum. Unde non existentibus
aliquibus viris ecclesiasticis in nostris civitate vel diocese
in arreragiis solutionis procurationum vestrarum primi anni
predicti nisi ut superius est jam dictum contra omnes et
singulos qui id quod in hiis procurationibus vestris anni primi
solvere debuerant infra tempus debitum non solverunt juxta modum
in dictis processibus annotatum procedemus et procedi in dies
faciemus. De nominibus quidem solventium et non solventium una
cum summis receptis de personis singulis et omnibus aliis que
requiruntur quomodolibet in hac parte per rotulos hiis annexos
et latorem presentium vos reddimus plenius certiores per
presentes sigilli nostri majoris appensione munitas. Valeant
vestre reverende paternitates diu et feliciter in prosperis ad
felix regimen ecclesie sancte Dei dum incremento continuo
celestium graciarum. Datum apud Thorp' juxta Ebor' XIIII
kalendas Maii anno domini M.CCC tricesimo nono, et pontificatus
nostri XXII.

293 (NO HEADING) The archbishop to King Edward III, acknowledging
the receipt, at Bishopthorpe on 5 April, of a royal writ, given
in full, witnessed by Prince Edward, and dated Byfleet 8 Feb.
1339. In this the King orders the archbishop to summon a
convocation of clergy to meet in York Minster for the purpose of
granting an aid, as the convocation of Canterbury had already
done. The archbishop replies that he has summoned a convocation
to meet at York Minster on 15 April, but that the clergy there
assembled, together with the vicar-general of the Bishop of
Durham, the dean and chapter of York, the abbots of York and
Selby and the priors of Bridlington and Bolton-in-Craven, had
pleaded poverty, and refused to give an aid beyond the triennial
tenth already levied, except upon certain conditions, a list of
which is enclosed. Cawood 22 Apr. 1339.

Excellentissimo principi et domino suo, domino Edwardo Dei
gracia Regi Anglie illustri etc., Willelmus etc. salutem in eo
cui servire perhenniter est regnare. Mandatum vestrum quinto die
mensis Aprilis ulteriter *(sic)* preterito apud (Thorp'[1]) juxta
Ebor' recepimus in hec verba:- Edwardus etc. W. etc. salutem.
Nuper tam vobis quam venerabili patri J. Cantuar' archiepiscopo
totius Anglie primati duximus demandandum quod idem
archiepiscopus Cantuar' prelatos et clerum sue provincie apud

1. Probable reading.

ecclesiam Sancti Pauli London' et vos vestre provincie
prelatos et clerum apud ecclesiam vestram Sancti Petri Ebor'
ad certos dies predictos convocari faceretis ad tractandum,
consiliendum et ordinandum super aliquibus deffensionem *(sic)*
et utilitatem Anglicane ecclesie et regni nostri contingentibus,
ac aliqua subventione nobis de vestris et suis bonis propterea
facienda, et licet prefatus archiepiscopus Cantuar' ac prelati
et clerus sue provincie quamdam decimam triennalem tam currentem
nobis de bonis suis concesserunt ecclesiasticis et terminos
solutionis secundi anni dicte triennalis decime anticipare in
(subsidium[1]) subportationis onerum que pro defensione ecclesie
et regni predictorum ac recuperatione jurium corone nostre nos
oporteret necessario sustinere, vos et prelati ac clerus dicte
vestre provincie nichilominus subsidium aliquod in
convocatione vestra predicta, quamquam vobis de concessione
per clerum Cantuar' provincie hujusmodi nobis sic facta tunc
constiterit evidenter de vestris et[2] suis bonis ecclesiasticis
tunc concedere remisistis, unde plurimum mirabamur, et quia
pericula ex hostili alienigenarum aggressu qui dictum regnum et
sanctam ejusdem ecclesiam invadere et pro viribus destruere
moliuntur multiplicare et habundare de diebus in dies
dinoscuntur, et ea de causa pro tuitione eorundem oportet
sumptus et expensas sicut novit vestra discretio necessario
adaugere, advertentes quod omnes ipsius regni ad salvationem
et defensionem ejusdem ac Anglicane ecclesie supradicte
cujuscumque conditionis fuerint sive status astringuntur tantis
eisdem regno et ecclesie imminentibus periculis subvenire,
vobis mandamus rogantes quod ad certum diem ad citius quo
poteritis per vos prefigendum apud ecclesiam vestram Sancti
Petri Ebor' clerum vestre provincie, videlicet tam episcopos
et religiosos exemptos et non exemptos quam alias personas
ecclesiasticas quos videritis convocandos convocari faciatis et
consideratis tanta ecclesie et regni eorundem arduitate
negotiorum et onerosis sumptibus quos ea de causa exponere
coartamur, ac etiam subventione per clerum dicte Cantuar'
provincie tam benivole nobis facta cum eisdem prelatis et clero
diligentius tractetis, eosdem nichilominus modis et[3] viis
quibus poteritis excitantes de tali subsidio nobis per vos et
ipsos de vestris et suis bonis ecclesiasticis concedendo quale
nobis prelati et clerus prefate Cantuar' provincie concesserunt
ut premittitur vel ulteriori imminens necessitas hoc exposcat,
scituri quod quanto in subventione hujusmodi modi vos et ipsi
ostenderitis promptiores, tanto exinde vobis et ipsis venturis
temporibus astringi volumus in agendis, quosdam autem fideles
et secretarios nostros ad diem predictum mittere ordinavimus ad
expondenda vobis aliqua premissa contingentia, et informandi vos
plenius de eisdem et ad reportandum nobis quod in hac parte
duxeritis faciendum, propter quorum absenciam si tunc non

1. Probable reading.

2. Interlined.

3. *Bis.*

venerint dictum negotium ulterius recordari (*sic*, probably for 'retardari') nolumus sunt deferri. Teste Edwardo Duce Cornubie et Comite Cestr' filio nostro carissimo custode Anglie apud Byflet' VIII die Februarii anno regni nostri tertiodecimo. - Cujus auctoritate mandati vestri reverendi, clerum nostre provincie, videlicet tam episcopos et religiosos exemptos quam alias personas ecclesiasticas quos vidimus convocandos fecimus convocari coram nobis in ecclesia nostra Beati Petri Ebor' ad diem Jovis proxime post dominicam qua cantatur officium *Misericordia Domini (the second Sunday after Easter)* proxime preteritam et expositis eis periculi (*sic, recte* 'periculis') regni et ecclesie Angligane (*sic, recte* 'Anglicane') et necessitatibus vestris imminentibus eos induximus et induci fecimus initiando diem convocationis hujusmodi per triduum continuando et aliis viis et modis quibus potuimus oportunis ut petitiones vestras superius expressas concederent et eisdem favorabilius consentirent, qui suum responsum in una cedula porrexerunt, cujus tenor sequitur in hec verba:- Gracia et reverencia domini nostri Regis Anglie illustris ac venerabilis in Christo patris et domini, domini Willelmi Die gracia Ebor' archiepiscopi Anglie primatis, semper salvis, pro clero vestre diocese Ebor' et ipsius nomine respondemus et dicimus nos ipsius cleri procuratores quod in ultima concessione decime triennalis dicto domino nostro Regi concessa petitum fuerat ex parte dicti cleri quod dicta decima currente alia a dicto clero nullatenus peteretur. Cui quidem petitioni annuebat consilium domini nostri Regis antedicti, ad hoc prefatus clerus et singulares ejusdem adeo verantur hiis diebus quod vix sua sufficere poterunt ad supportationem onerum eis incumbentium, ut est in partibus satis notum, unde, pater reverende, placeat paternitati vestre premissis attentis prefatum clerum quoad ulteriora onera penes vos et etiam dominum nostrum Regem quantum in vobis est reputare excusatos et habere. Coram vobis venerabili in Christo patre domino Willelmo Die gracia Ebor' archiepiscopo Anglie primati respondent procuratores cleri Dunolm' diocesis ad petitiones per vos clero provincie vestre ex parte domini nostri Regis expositas, et dicunt nomine dominorum suorum quod propter diversa onera que supportant in dies domini sui infra diocese Dunolm' tam in solutionibus procurationum dominorum cardinalium quam indictionibus laicorum necnon in solutione decime triennalis nuper domino nostro Regi concesse quam propter exilitatem beneficiorum suorum, propter subditum interitum pecorum parochianorum suorum quod non sufficiunt, licet vestris petitionibus libenter vellent annuere ad aliquam uberiorem subventionem domino nostro Regi faciendum in presenti quam fecerunt, nec volunt ipsa vice nec audent propter pericula in presenti et majora in futurum verisimiliter eminentia se domino nostro Regi ulterius obligare. Valeat vestra paternitas reverenda per tempora feliciter duratur. - Nec aliud responsum ab eisdem licet exactissimam diligenciam adhibuimus in hac parte optinere poterimus quoquomodo. Nos, vero, advertentes necessitates et pericula qui iminent in presenti iet qui timentur evenire verisimiliter in futuro, et ut dictum clerum nostrum

induceremus ad subventionem hujusmodi concedendum, vobis
concessimus pro vobismet ipsis unam decimam annualem solvendi
post decimam tricennalem *(sic)* jam currentem sub conditionibus
hiis annexis. Vicarius vero generali *(sic, recte* 'generalis')
Episcopi Dunolm' pro domino suo ad decanus et capitulum
ecclesie nostre cathedralis Ebor' pro seipsis (Fo.551v) et
abbates quoque monasteriorum Beate Marie Ebor' et de Selby ac
priores de Bridelington' et de Bolton' in Craven dumtaxat
sub eisdem modis et conditionibus et non aliter concesserunt
dum tamen hujusmodi conditionis per quas habeamus per vos
concessas et approbatas ac subgillo *(sic, recte* 'sub sigillo')
vestro magno signatas, quas si habuerimus clero nostro
hujusmodi ostendendas speramus eorum animos ad concessionem
subventionis hujusmodi attractare suas quidem litteras sic ut
premittitur sigillatas nobis velitis si libeat transmittere per
presentium portirem *(sic, recte* 'portitorem'), Ad salubre
regimen ecclesie et populi sui vos diu conservet in prosperis
Deitas increata. Datum apud Cawode X Kalendas Maii anno
domini millesimo CCC. tricesimo nono et pontificatus nostri
vicesimo secundo.

Conditiones infrascriptas. Petit clerus Ebor' et Dunolm'
diocesum sibi concedi si debeat nova decima quarti anni ultra
decimam triennalem nunc currentem ipsa vice concedi domino
nostro Regi, videlicet quod idem dominus noster Rex et dominus
Dux Cornubie litteras suas patentes dicto clero concedant in
quibus iidem domini inhibeant omnibus ministris suis ne loca
ecclesiastica ingrediantur nec bona ecclesiastica capiant sue
ad ea aliqualiter apponant invitis dominis seu custodibus
eorundem. Item quod nullis oneribus hobelariorum, peditum seu
hominum armatorum seu impositionibus tallagiis seu
exactionibus aut vexationibus quibuscumque aliis gravent,
impetant seu molestant.

Item si dicta decima domino nostro Regi concedi debeat de
beneficiis ecclesiasticis diocesum predictarum quod secundum
novam taxationem beneficiorum de novo taxatorum hujusmodi
decima exigatur et colligatur et non aliter.

Item petit dictus clerus quod dominus archiepiscopus seu aliis
ordinarius vel alii quicumque nullo modo ipsum clerum seu
aliquam personam ejusdem per censuras ecclesiasticas quascumque
coherceat seu coherceant aut ad solutionem dicti subsidii
compellat aut compellant nisi prius concessis et cum effectu
liberatis ipsi clero litteris Regis et dicti domini Ducis
superius memoratis. Ac idem clerus palam et publice
protestatur quod est intentionis sue aliquod subsidium dicto
domino nostro concedere, nec consentiunt quovismodo quod dictus
dominus archiepiscopus Anglie primas seu aliquis alius nomine
suo seu alii quicumque possit aut possint ipsum clerum seu
aliquam personam ejusdem per quascumque censuras de quibus
premittitur seu viis aut modis aliis ad solutionem dicte decime
petite in eo eventu quo illam concedi contigerit compellere seu

cohercere, nisi omnes et singule petitiones et conditiones premisse eidem clero ut premittitur concedantur et fideliter observentur.

Item quod finita decima triennali nunc currente dictus clerus hujusmodi petitam decimam quarti anni dumtaxat si forsan concedatur terminis consuetis extunc, videlicet, in festis Purificationis Beate Marie *(2 Feb.)* et Nativitatis Beati Johannis Baptiste *(24 June)* per equales portiones sub conditionibus premissis et non aliter nec prius persolvat nec solvere compellatur.

Item dictus clerus adicit conditionem subsequentem, videlicet quod si contingat dominum nostrum papam aliquam decimam seu aliquam cotam *(sic, for* 'quotam'*?)* aliam Regi concesse (penitus[1]) subducatur, et quod clerus ad hujusmodi prestationem nullatenus teneatur.

294 CERTIFICATIO DE BENEFICIIS ALIENIGENARUM. Writ of Edward III, given in full, witnessed by Prince Edward, and dated Westminster 28 Oct. 1339, requiring the archbishop to send to the chancery, by 13 Jan. 1340, a list of benefices held by aliens, or in the patronage of alien priories, which had fallen vacant since 6 July 1337.

Note that the return was made from the records of the dean and chapter and the official of the Court of York, taken from the bag for the year 1339. The returns for the archdeaconry of Nottingham and the spiritualities of Allertonshire were not forthcoming and would have to be followed up.

Edwardus etc. W. etc. salutem. Quia ob aliquas certas causas nos moventes certiorari volumus que dignitates, prebendas, ecclesias, hospitalia, capellas aut quecumque alia ecclesiastica beneficia alienigene cujuscumque fuerint status et conditionis infra·regnum nostrum ac etiam in partibus Wallie tenent et possident, et tam de nominibus dignitatum, prebendarum, ecclesiarum et aliorum beneficiorum predictorum quam ea tenentium, et possidentium singillatim, ac etiam de nominibus eorundem alienigenarum qui personaliter resident in beneficiis suis et de valore singularum dignitatum, prebendarum, ecclesiarum et aliorum beneficiorum eorundem quantum videlicet juxta verum valorem eorundem hiis diebus valeant ultra taxam et ob aliquas alias causas volumus insuper certiorari que et cujusmodi ecclesie, prebende, vicarie aut alia ecclesiastica beneficia quorum presentationes sive collationes ad religiosos alienigenas infra regnum nostrum quorum prioratus, terre et possessiones occasione guerre inter nos et ipsos de Francia mote capti sunt in manum nostram spectare dinoscuntur a sexto die Julii anno regni nostri undecimo per mortem, resingnationes *(sic, recte* 'resignationes'*)* aut quovis alio modo vacaverint et qui ad eadem beneficia quocumque nomine censeantur hactenus admissi fuerunt, et ad quorum presentationes sive collationes et qualiter

1. Probable reading, illeg.

et quomodo. Vobis mandamus firmiter injungentes quod scrutato registro vestro et habita etiam de premissis in diocese vestra modis et viis quibus melius expediri videritis pleniori et diligenti informatione nos in cancellaria nostra de eo quod inde inveneritis in eadem vestra diocese sub sigillo vestro distincte et aperte citra festum Sancti Hillarii *(13 Jan.)* proxime futurum absque aliqua ulteriori dilatione certificetis, hoc breve nobis remittentes. Consimilia enim mandata dirigimus singulis episcopis tam in Anglia quam in Wallia modo simili exequenda. Teste Edwardo duce Cornubie et Comite Cestr' filio nostro carissimo, custode Anglie, apud Westmonasterium XXVIII die Octobris anno regni nostri tertiodecimo. - Istud breve fuit indorsatum et remissum una cum certificatoriis quod habuimus de .. decano et capitulo Ebor' et de officiale Curie Ebor' quorum certificatoria sunt in baggo de anno domini M.CCC.XXXIX. Et memorandum quod non fuit de archidiaconatu Not' nec de spiritualitate de Alvertonschire, et ideo procedendum est contra officialem Not' et custodem de Alvertonschire super contemptum et inobedienciam.

295 Note of a licence granted to Boniface, *Corbaviensis episcopus* to confirm children and adults, dedicate churches and altars, reconcile churchyards and churches polluted by bloodshed, consecrate chalices and patens, bless vestments and church ornaments and confer the first tonsure on suitable persons of the diocese and others with letters dimissory. Unfinished. Cawood 28 Mar. 1340.

The section entitled *Diverse Littere* ends at this point, at the end of folio 551v.

INDEX OF PERSONS AND PLACES

Abbreviations used in the index

archbp. = archbishop v. = vicar   p.   = prior
bp.   = bishop   a. = abbot   M.   = Magister
r.   = rector   c. = convent   preb. = prebendary,
                                              prebend

Asserio, (Assericio),
Gerald de, p. of Peyrusse in the diocese of Rodez, 94
Rigaud de, papal nuncio, canon of Orleans, bp. of Winchester, 1, 6, 13-14, 25, 28-30, 43, 48, 59, 60-1, 86, 88-90, 92, 94
Aste, Rowland de, papal nuncio, 260-1
Athelstan, king, 138
Aton', M. John de, canon of Lincoln, 255
Attesee,
John, 290
Alice, widow of, 290
Audley, (Daudeleie), lady of, see Lacy
Aumâle
a. and c. of, 227
Stephen, count of, 227
William, son of, see Fortibus
Aurasicensis, see Orange
Autun (Altissiodorensis), canon of, see St Stephen in Coelio Monte
Avenel, M. Denis, official-principal of York, 105
Avientero, Richard de, proctor of the a. and c. of Aumâle, 131
Avignon, 2, 3, 6, 8-9, 19, 21-4, 33-4, 39, 40, 55-6, 60-1, 68, 96, 98, 105, 120, 124, 141, 143, 145, 152, 155, 162, 168, 179, 182-4, 187, 193, 207, 235-6, 239, 278, 283-4, 288
Avranches, (Abrincensis), John, bp. of, 215
Ayermine, Ayreminn', see Airmyn
Aykering', see Eakring
Aynderby, see Ainderby
Aynsty, see Ainsty

B

Baddington, (Badington'), John de, commissary of bp. of Lichfield, 187
Bainton, Yorks. E., (Baynton'), 192, 285
rs. of, see Brocklesby; Malo Lacu

Balaeto, William de, papal nuncio, archdeacon of Fréjus, 91
Baldock, Herts., (Baldok), 40
Baldouchie, Francesco, member of the società of the Bardi, 41
Barba, (Beard), John called, 105
Bardi, società of the, of Florence, 41, 150-1, 155, 163, 292
members of, see Ardinguelli; Baldouchie; Boniseigne; Brandon'; Forcecti; James; Nicholas; Philippi; Reyneri; Rudolf
Bardis, Bertrand de, preb. of Fenton and Osbaldwick, 227
Barmby Moor, Yorks. E., (Barneby), 208
Barnby, (Barneby), preb. of, 177
Barnby-in-the-Willows, Notts., (Barneby Super Wythum), 180, 285
Barnby, M. John de, alias John Thomas of Barnby-upon-Don, notary-public and archbp.'s scriba, 207, 225, 283
Robert de, r. of Kirkburton, 285
Thomas de, r. of Elton-on-the-Hill, 59
William de, 166
Barnsley, Yorks. W., (Barneslee), 227
Bartlow, Camb., (Berkelawe), 19
r. of, see Flete
Barton', William de, r. of Arncliffe, 285
Barton-in-Fabis, Notts., 227
Basford, Notts., (Baseforth), 59
vicar of, see Hugh
Baully, Roger de, 227
Bavaria, Lewis, duke of, 145
Baynton', see Bainton
Beaumont, Lewis de, bp. of Durham, 22, 231
Bedewyn', M. Walter, r. of North Ferriby, 285
Beeford, Yorks. E., (Beford'), 259
Beeston, Notts., (Beston'), 227
vicarage of, 227
Beford', see Beeford
Beltoft, William de, 259
Benedict XII, pope, 235-6, 239, 258, 260, 278, 283-4, 288

Bergthorp', *see* Bugthorpe
Berkelawe, *see* Bartlow
Berwick-upon-Tweed, Northumb.,
  (Berewicum super Twedam), 21,
  141, 259
  Franciscans of, guardian of,
    see Adam
Beston', *see* Beeston
Bevercotes, William de, r. of
  Tuxford, 59
Beverley, Yorks. E., (Beverlacus,
  Beverly), 1, 192, 204, 209,
  213, 285
  bailiff of the archbp. at, *see*
    Clayton
  Bedern of, 173
  rural dean of, 289
Beverley Minster (church of St
  John), 135, 137-8, 194, 253
  canons of, *see* Cardelhoco;
    Cropo; Feriby; 'Otringham;
    Pykering'
  chancellor of, *see* Cotom,
    Feriby
  prebs. of, *see* St Andrew;
    St Michael; St Peter
  provost of, 51, 72, 94, 209,
    255, 285
  provostship of, 181, 192, 285
  receiver of, *see* Sigelesthorn'
  sacrists of, *see* Hasilbecch',
    Hugat'
  sacristy of, 181, 285
Bicester, Oxon., p. of, 103
Biddlesden, Buck., (Bydelesden'),
  a. of, 103
  a. and c. of, 142
Bilbrough, Yorks. W., (Bylburgh'),
  131
Bilton, (Bylton'), preb. of, 192
Bingham, Nott., (Byngham), 126
  deanery of, 173, 285
Bintworth, Richard, bp. of London,
  292
Birstall', *see* Burstall
Birton', *see* Burton, Kirkburton
Bishopthorpe, Yorks. W., (Thorp'
  prope Ebor'), 22-5, 28-30, 32,
  35 -40, 46, 50-2, 67, 76-8,
  82-3, 88, 95, 98-101, 104,
  107-15, 123-4, 132-7, 142,
  144-5, 148-9, 159, 161, 163,

175, 181, 183-5, 192, 194-201,
  203-7, 223, 232, 241-2, 244-5,
  247-50, 252-3, 265, 273-5,
  292-3
Blida, *see* Blyth
Blitheburgh', *see* Blyborough
Blunsdon, (Bluntesdon'), Robert
  de, r. of Burton Joyce, 59
Blyborough, (Blitheburgh'),
  Geoffrey de, 70
Blyth, (Blida), p. and c. of, 227
Blyth, M. Adam de, preb. of
  Wilton, 285
Bokyngham, *see* Buckingham
Bole, preb. of, 192, 227, 285;
  see also Bonisvilla *alias*
  Bovisvilla; Podio Bonsacio
Bole on Bolham, (Bolum),
  M. Robert de, r. of Kneeton, 59
Bologna, Peter de, suffragan bp.
  'Corbaviensis', 21, 141
Bolton-by-Bowland, Yorks. W.,
  (Boulton' in Boghland',
  Bouland'), 192, 285
Bolton-in-Craven, Yorks. W., p.
  of, 293
Bolton, (Boulton'), William de,
  collector for St Leonard's
  Hospital, York, 223
Boneye, *see* Bunny
Boniface, 'Corbaviensis
  episcopus', 295
Boniface VIII, pope, 68, 76
Bonifacii, Peter, canon of
  Coutances, 141
Boniseigne, Gerard, of the
  societa of the Bardi, 292
Bonisvilla *or* Bovisvilla, Gaspard
  de, preb. of Bole, 227, 285;
  see also Podio Bonsacio
Bononia, Thomasinus de, papal
  messenger, 239
Bootle, Cumb., (Bothill', Botil'),
  192, 285
Borneslee, *see* Barnsley
Boteller, Walter le, 173
Botevant, (Butavant), preb. of,
  204, 285; *see also* Ellerker;
  Ripplingham
Bothill', Botil', *see* Bootle
Boulton', *see* Bolton
Bourne, (Bourn, Brunne), Henry de,
  r. of Clayworth, 59

Bovisvilla, *see* Bonisvilla

Brackley, Northants., (Brackele), rural dean of, 142

Bradfield, Yorks. W., (Bradefeld'), 227

Brafferton, Yorks. N., 225
r. of, *see* Popelton'

Braithwell, Yorks. W., (Brathwell'), Braythewell'), 131, 227

Brampton, Yorks. W., 76

Brandon' *alias* Grandon', Francesco, 150-1 and note

Brantingham, Yorks. E., 227

Brauncewell, William de, 67 and note

Brayton, Thomas de, r. of Campsall, 285

Bretton, Monk, Yorks. W., (Munkbretton'), 227

Brewes, M. Roger de, preb. of Sharrow, 285

Bridlington, Yorks. E., (Bridelington'), p. of, 46, 293

Bridlington, M. Robert de, r. of Kirk Ella and North Feriby, preb. of Nunwick, 285

Bristol, (Bristollia), John de, 53, 137, 174-5, 246, 253-4, 271, 276

Brocklesby, (Brokelsby), William de, r. of Bainton, 285

Brodsworth, Yorks. W., (Brodesworth', Broddesworth'), 180,285
vicars of, *see* Brotherton'; Welleton'

Brompton Patrick, Yorks. N., (Patrickbrumpton', Patrikbrompton'), 192, 285

Brotherton, John de, v. of Brodsworth, 285

Bruce, (Brus), Robert, 3, 21, 26, 39, 54-5, 57, 63-5, 113, 141, 230 and note

Brunne, *see* Bourne

Buckingham, (Bokyngham), 103
rural dean of, 142

Buckrose, (Bucros), deanery of, 169, 285

Bugthorpe, Yorks. E., (Bergthorp'), 192, 285
rs. of, *see* Jarum, Monketon'

Bull, Walter, 256

Bulmer, deanery of, 169-70, 285

Bunny, Notts., (Boneye) 59
r. of, *see* Wodehous

Burbage, (Burbache), John de, canon, later p., of Arbury, 172, 187

Burdon', John, r. of Warsop, 59

Burghdon', John de, 163; *see also* 'Burdon'

Burghersh, (Burghassch') Bartholomew de, 182-3
Henry, bp. of Lincoln, 147, 285

Burghwallis, Yorks. W., (Burghwaleys), 46

Burneby, *see* Barnby, preb. of

Burstall Garth, Yorks. E., (Birstall), 227

Burton, Bishop, Yorks. E., 4-5, 54, 57-9, 73, 122, 166, 182

Burton Cherry, Yorks. E., (Northburton'), 192, 285
rs. of, *see* Hugat; Ebor'

Burton Fleming, Yorks. E., (Burton' Flemyng'), 285
vs. of, *see* Fordon'; Jarwell'

Burton Joyce, Notts., (Birton' super Trentam), 59
r. of, *see* Bluntesdon'

Burton in Kendal, Westm., 192, 285

Burton, William de, v. of Kirkby Moorside, 191

Bury, Richard de, bp. of Durham, 217

Bussh', M. John, 107-8

Butavant, *see* Botevant

Bydelesden', *see* Biddlesden

Byfleet, Surr., (Byflet'), 127 and note, 293

Byland, a. of, 148

Bylburgh', *see* Bilbrough

Bylton', *see* Bilton

Byrton', *see* Kirkburton

Bywell, 79 and note

C

Calthorn', *see* Cawthorne

Campsall, Yorks. W., (Campsale), 192, 285
rs. of, *see* Brayton; Meldon

Candeler, Simon le, 66

Candida Casa, *see* Whithorn

Canterbury, 73
   archbps. of, 37, 47, 72, 96,
      117-18, 224, 243, 249, 293;
      see also Reynolds, Stratford
   archdeacon of, *see* Sistre
   cathedral, 243
   convocation of, 293
   Court of Arches, 288
   Cross of, 224-5, 243, 249
   hospital of St Thomas at the
      east bridge of, 273
   province of, 59, 105, 293
Cardelhoco, Bertrand de, preb. of
   St Andrew, Beverley, 227
Carleton', John de, 266
Carlisle, (Karliol'),
   bps. of, 39, 71, 112, 119, 149,
      168, 178, 186, 198, 236, 270,
      279
   diocese of, 125
Carlisle, Alexander de, guardian
   of the Franciscans at
   Newcastle, 64-5, 231
Cartmel, Lanc., (Kertimel,
   Kertmel), 250
   p. of, 158
'Cartueensis', diocese of, 141
Castleford, Yorks. W.,
   (Castelford'), 204, 285
   rs. of, *see* Pensay; Wambergh'
Catel, Henry son of Reginald, 40
Cave, Yorks. E., M. Richard de,
   r. of Rillington mediety and
   Welwick, 285
Cawood, Yorks. W., (Cawode),
   7, 11, 13-14, 17-18, 30-1,
      41-3, 45-6, 48-9, 59, 63,
      71-2, 79, 84-6, 89-90, 103,
      106, 125, 131, 146, 150, 154-7,
      167, 171, 179-80, 189, 192,
      216, 226, 233-5, 237-8, 240,
      251, 256-8 and note, 266-71,
      276, 281-3, 285-90, 293, 295
Cawthorne, Yorks. W., (Calthorn'),
   227
Cayton, Robert de, the archbp.'s
   bailiff at Beverley, 212
Cemoniavensis, *see* Le Mans
Certesey, *see* Chertsey
Chateroun, Robert de, 138 and
   note
Chaumpneys, John, v. of Wharram
   Percy, 285

Chen, Henry le, bp. of Aberdeen,
   56
Chertsey, Surr., (Certesey), 93
Chester, Chesh., (Cestria)
   canons of, *see* Chirden
   M. Richard de, canon of York
      Minster, preb. of Nunwick,
      105, 250, 262, 285, 288
Chesterfield, Derb.,
   (Cysterfeld'), 79 and note
Chevet, in Royston parish, Yorks.
   W., 227
Chirdon, (Chirden'), M. Alan de,
   canon of Chester, 158
Churchdown, Glouc., (Chircheden'),
   36, 90, 173, 272
   bailiff of, *see* Makerell'
Cîteaux, a. and c. of, 227,
   proctor of, *see* Sancto Lupo
Clairvaux, a. and c. of, 227
Clayworth, Notts., (Claworth'),
   59, 227
   r. of, *see* Brunne
Clement V, pope, 11, 115
Clement, called 'End de Depe', 66
Cleveland, (Clyveland'),
   archdeaconry of, 41, 129, 156,
      180-2, 185-6, 188, 192, 199,
      204, 221, 258-9 note, 281-2,
      285-6
   archdeacons of, 51, 146, 194,
      206, 238, 264, 289; *see also*
      Fieschi
   dean of, 72
   deanery of, 169
Cliff, William de, 138
Clifford, Roger de, 78
   William de, 68
Clifton, (Clyfton'),
   John son of Thomas de,
      86, 88
   Walter de, 46
Clophill, preb. of, 285
Clyfton', *see* Clifton
Clyveland', *see* Cleveland
Cockerham, Lanc., (Cokerham),
   priory of, 169-70
Coddington, (Codintone),
   Stephen de, 53
Colby, William de, dean of York
   Minster, 285
Coldon', *see* Cowden

Colwell, (Colewell), Robert de, 120

Concoreto, Itherius de, papal nuncio, canon of Salisbury, 171, 177, 179-81, 183-4, 186, 188, 193, 198-200, 206, 208

Conisborough, Yorks. W., (Coningesburgh', Conyngesburgh'), 131, 227

Conisborough, M. Alan de, preb. of Sharrow, the archbp.'s proctor at the papal curia, 150, 154-5, 178, 285

Convert, Walter the, *alias* Hagyn, 237

Corbavensis, suffragan bp., *see* Bologna; Boniface

Corbeil, (Corbolium), 141

Corbridge, Northumb., (Corbrigg'), M. Thomas de, 262

Coriscopicensis, *see* Quimper

Cornwall, (Cornubia),
earl of, *see* Eltham, John of
duke of, *see* Edward, Black Prince
Richard de, 45

Cortelingstok', Cortlingstak', *see* Costock

Corwell', Alan de, 262

Cosancia
Peter de, 192, 227, 285, *see also* Cusancia
William de, preb. of Thorpe, r. of Wakefield, 227, 285

Costock, Notts., (Cortelingstok', Cortlingstak'), 227

Costock, John de, r. of Willoughby-on-the-Wolds, 59

Cotes, M. Richard de, official of the bp. of Durham, 120

Cotgrave, Notts., (Cotegrave) 59, 204, 227 and note, 285
r. of the mediety of, *see* Hale

Cottam (Cotom), M. Alan de, chancellor of Beverley, r. of Halsham, 285

Cottingham, Yorks. E., (Cotingham), 131, 227
r. of, *see* Tretis, Troys

Coutances, canons of, *see* Bonifacii

Couton, *see* Cowton

Coventry, Warw.,
archdeacon of, 172
p. of, 36
and Lichfield, diocese of, *see* Lichfield

Coverham, a. of, 158
a. & c. of, 285

Cowden Parva, Yorks. E., (Parva Coldon'), 227

Cowton, Yorks. N., (Couton'), 76

Craven, deanery of, 285

Credonio, Peter de, preb. of Stillington, 285

Cresay, Hugh de, r. of Greasley, 59

Crok', M. Thomas, 272

Cromwell, (Crumbewell'), John de, 79; Idonea, wife of, 79

Cropo Sancti Petri, M. Geoffrey de, preb. of St Michael, Beverley, 227

Cropwell Secunda, (Crophill'), preb. of, 192

Crumbewell', *see* Cromwell

Cundall, (Cundale), Andrew de, 138, 245

'Cusancia', *see* Cosancia

Cysterfeld', *see* Chesterfield

D

Dadyngton', *see* Doddington

Dalderby
John, bp. of Lincoln, 102, 173
M. Peter de, canon of Lincoln, 251

Danby Wiske, Yorks. N., (Daneby), 221, 285

Darrington, Yorks. W., (Darryngton', Darthington'), 131, 227

Daudeley, Sir Hugh, 35; *see also* Audley

Derby, St Werburgh's, perpetual v. of, *see* Stoke

Despencers, elder and younger, 96

Dewsbury, Yorks. W., (Douesburi), 227

Dickering, deanery of, 285

Dinnington, Yorks. W., (Dynington', Dynyngton'), 192, 227, 285

Doddinghurst, Ess., (Doding-
hurst'), 19
r. of, *see* Denery
Doddington, (Dadyngton'), rural
dean of, 142
Dominicans, 238, 241
Doncaster, Yorks. W., (Donecastr')
deanery of, 285
Franciscan friars of, 242, 244
Doncaster, Richard de, 66;
Julian, wife of, 66
Donyngton', *see* Dunnington
Douesburi, *see* Dewsbury
Douglas, Sir James, 21, 141
Dover, Kent, 94
Doway, Roger de, collector for
St Leonard's Hospital, York,
223
Drax, Yorks. W., p. of, 72, 172,
187
Drax, William de, r. of Kirk
Smeaton, 285
Driffield, preb. of, 227; *see
also* SS Marcellinus and Peter
Duffield, (Duffeld')
Robert de, 138
Thomas de, r. of Rillington
mediety, 285
Dufton, Robert de, r. of
Scruton, 158
Dunkeld, bp. of, *see* Sinclair
Dunnington, Yorks. E.,
(Donyngton), 204
Durham (Dunolm'), 231
bp. of, 54, 57, 63, 68, 71,
104, 111, 119, 125, 149, 168,
178, 186, 198, 217, 231, 235,
260, 270, 279; *see also*
Beaumont, Graystones Bury
official of, 120; *see also*
Cotes
vicar-general of, 293; *see
also* Insula
diocese of, 84, 120, 293
p. of, 285
p. and c. of, 262, 266
Duroforti, Gaillard de, preb. of
Wetwang, 227
Dynington', Dynyngton', *see*
Dinnington
Dyrlaunde, Alice wife of John,
272

E

Eakring, Notts., (Aykering), 59
r. of the mediety of, *see*
Robert
Easby, Yorks. N., St Agatha's
Priory, p. of, 72
Easington, Yorks. E., (Esington'),
227
East Riding, archdeaconry of, 41,
43, 72, 129, 180-1, 184-6, 192,
199, 204, 206, 208-9, 221, 264,
281-2, 285-6
archdeacons of, 51, 146, 194,
238, 289
Eastrington, Yorks. E., 72
Eaton, (Eton'), preb. in Southwell
Minster, 181, 285
Ebor', William de, r. of Cherry
Burton, 285; *see also* York
Ecclesfield, Yorks. W.,
(Eclesfeld', Eklesfeld'),
131, 227
Edward I, king of England, 141
Edward II, king of England, 3,
11-12, 19-24, 26, 39, 41, 75-81,
90, 93, 94 note, 97, 101, 124,
127-31, 141, 148, 173, 227
Edward III, king of England, 149,
152-3, 156, 161, 163-4, 169,
182-3, 201-2, 205, 211, 217,
222, 225, 227-9, 236-7, 243,
247, 259, 263, 268-70, 277,
280-1, 284, 286, 291, 293-4
Edward, earl of Chester, duke of
Cornwall, the Black Prince, 281
and note, 291, 293-4
Edwinstowe, Notts., (Edenestowe),
59
v. of, *see* William
Egglescliffe, John de, bp. of
Glasgow, 52
Egmanton, Notts., 72
r. of, *see* Sancto Leonardo
Eklesfeld', *see* Ecclesfield
Eleanor of Woodstock, countess of
Guelderland, 281 and note
Elkesley, Notts., (Ewesby), 59,93
r. of, *see* Seagrave
claimants to the church of,
see Gernun; Lambok'
Elland, Yorks. W., (Eland'), 227

191

Ellerker, John de, preb. of
Botevant, 285
Eltham, John of, earl of Cornwall,
281 and note
Elton-on-the-Hill, Notts., 59,
227
r. of, see Barneby
Elveley, see Kirk Ella
Elvington, Yorks. E., 192, 285
Ely, Camb.
archdeacon of, see Gerard
bp. of, 39, 41; see also
Hotham
diocese of, 19
Embleton, (Emeldon'), Richard de,
mayor of Newcastle-upon-Tyne,
83
Epperstone, Notts., (Epreston'),
204, 285
Eresbury, see Arbury
Erghum, Sir William de, 234
Erium, M. Richard de, canon of
York, 250
Esington', see Easington
Est-, see East
Eton', see Eaton
Ewesby, see Elkesley
Exeter, Devon, (Exonia), bp. of,
173
Exeter, M. William de, preb. of
Riccall, 285
Eynsham, Oxon., (Eynesham), 220

F

Fabri, John, 141
Fakenham, William de, 283
Fangfoss, Yorks. E., (Fangfosse),
210
Fanham, see Farnham
Fargis, Raymond de, cardinal-
deacon of St Maria Nuova, r. of
Hornsea, 227
Farndale, Yorks. N., (Farnedale),
256
Farndon-cum-Balderton, (Fardon'
et Baldirton'), preb. of, 177,
227
Farnham, Yorks. W., (Fanham), 227
Faxfleet, Yorks. E., (Flaxflet'),
76

Felixkirk, Yorks. N., (ecclesia
Sancti Felicis, Felicekirk),
72, 169-70
Fenne, William de, 16, 46
Fenton, preb. of, 227; see also
Bardis
Ferriby, North, Yorks. E.,
(Feriby, Northferiby), 204,
285 and note
rs. of, see Bedewyn,
Bridlington
Ferriby
Richard de, preb. of St Peter,
Beverley, 285
William de, clerk of the
archbp., chancellor of
Beverley, r. of Huggate, 257,
285
Fieschi, (de Flisco)
Adrian de, archdeacon of
Cleveland, 227
John de, preb. of Fridaythorpe,
285
M. Manuel de, preb. of Ample-
forth, 177, 227
William de, preb. of Friday-
thorpe, 227, and of
Strensall, 285
Finchdale, Dur., (Fynkel), p. and
c. of, 285
Fishlake, Yorks. W., (Fisschelak',
Fisshelak'), 177, 192, 227, 285
r. of, see Guimaberti
Fishwick, Lanc., 179
r. of, see Vaurelli
Fitling, (Fitlying'), John de,
166
Flanshaw, Yorks. W., (Flanflour),
76
Flaxflet', see Faxfleet
Fleet, (Flete), John de, r. of
Bartlow, 19
Fledborough, co. Notts.,
(Fledburgh), 59, 74, 285
r. of, see Hugh
Flisco, see Fieschi
Floto, John, papal messenger, 239
Fountains, a. of, 47, 148
Forceti, Dino, member of the
società of the Bardi, 41
Fordon', John de, v. of Burton
Fleming, 285

Fortibus, William de, son of the
Count of Aumâle, 227
France, 281, 294
king of, 124, 127-8, 131,
268-70, 280
Fridaythorpe, preb. of, 192, 227,
285
prebs. of, see Ayreminn';
Fieschi
Frodingham, Yorks. E.,
(Frothingham, Frothyngham), 211
— , North, vs. of, see Kilnese;
Raventhorp
vicarage of, 285
Frodingham, John de, v. of Farton,
285
Fynkel, see Finchdale

G

Gaitani, John, cardinal-deacon
of St Theodore, preb. of
Laughton, 227
Garstang, Lanc., (Gayrstang',
Gayrestang'), 192, 285
Garthorpe, r. of, see Sottewell
Garton, Yorks. E., 285
vs. of, see Frothingham;
Kilnese
Gaucelin, bp. of Albi, see SS.
Marcellinus and Peter
Gayrestang', Gayrstang', see
Garstang
Geoffrey, p. of Lenton, 61
Gerard, M. Aymeric, archdeacon
of Ely, 21, 141
Gernun, Hugh, 93
Giggleswick, Yorks. W.,
(Gikkelessyk', Gycleswyk'), 181,
285
rs. of, see Allerton';
Lotrington'.
Gisburgh, see Guisborough
Glasgow, bp. of, 52; see also
Egglescliffe
Gloucester, 156, 272
county of, 165
Holy Trinity, 272
r. of, see Hamelyn
St Oswald's, p. of, 172, 187,
272

Gloucester, M. Richard de,
official of the bp. of
Winchester, 159
Godley, (Godelaye, Godeleye),
John de, preb. of Stillington,
177, 285
Godescraft', 122
Goldsborough, (Goldesburgh'),
M. Antony de, proctor of the
University of Oxford, 146
Gonalston, Notts., (Gonaldeston',
Gonaldston'), 192, 285
Goodmanham, Yorks. E.,
(Gothemunham, Guthmundham),
John de, clerk of the archbp.,
39, 68
Goxhill, Yorks. E., (Gousel),
192, 285
rs. of, see Lelay; Rudby
Graas
John, 117
William, r. of the mediety of
Laughton-en-le-Morthen, 117
Granby, Notts., (Graneby), 192,
285
Grandon, see Brandon
Graundon', Henry, 285
Graystones, Robert de, bp.-elect
of Durham, 217
Greasley, Notts., (Greseley), 59
r. of, see Cresay
Greenfield, William, archbp. of
York, 44, 227, 229
executors of, see Sancto Albano
'Gregory', pope, 196
Grendel, see Grindale
Grendon, Robert de, tailor, of
London, 187
Greseley, see Greasley
Grewelthorpe, Yorks. W.,
(Growelthorpe), 76
Grimsby, (Grymesby), John de, r.
of Wressel, 285
Grimston, (Grimeston', Grymeston'),
Richard de, 124, 177
Richard de, official collector
for St Leonard's Hospital
York, 223
Grindale, (Grendel'), William de,
r. of Wressel, 285
Growelthorpe, see Grewelthorpe
Gry-, see Gri-

Guelderland, countess of, *see*
  Eleanor
Guimaberti, Peter de, r. of
  Fishlake, 227
Guisborough, Yorks. N.,
  (Gisburgh'), 283
  r. of, *see* Neville
Guthmundham, *see* Goodmanham
Gycleswyk', *see* Giggleswick

H

Hagyn the Jew, *see* Convert,
  Walter the, 237
Hale, Westm., 192, 285
Hale, Henry de, r. of the mediety
  of Cotgrave, 59
Halifax, Yorks. W., (Halyfax),
  131, 227
Halsham, Yorks. E., 192, 285
  rs. of, *see* Cotom; Notle
Haltemprice, Yorks. E., p. and c.
  of, 170
Halton, Lanc., 285
Hamelyn, John, r. of Holy
  Trinity, Gloucester, 272
Hannibal, cardinal-priest of St
  Laurence in Lucina, archdeacon
  of Nottingham, 227
Harewood, Yorks. W., (Harwode),
  r. of, *see* Popelton'
Harlow, (Herlawe), M. John de,
  287
Harpham, Robert de, 54
Harpour, John called Le, 210
Harrington, Cumb., (Haverington'),
  192, 285
Harthill, Yorks. W., (Herthill),
  227
  dean of, rural, 132
  deanery of, 285
Hartlebury, Worc., (Hertlebur'),
  272
Harworth, Notts., 227
Haselbech', Hasilbecch', *see*
  Hazelbadge
Haverington', *see* Harrington
Hawton, Notts., (Houton'), 285
Hawton, John de, 192
Hazelbadge, (Haselbech',
  Hasilbecch'), M. Adam de,

clerk of the archbp., canon of
  Howden, sacrist of Beverley,
  123, 207, 225, 285
Hegh', 77-8 and note
Helburn', Richard Roberts de, 27
Helmesley, Yorks. N., 291
Helpeslawe, deanery of, 173
Hemingbrough, Yorks. E.,
  (Hemyngburgh'), 227
Henry III, king, 59
Henry,
  r. of Hickling, 59
  v. of St Mary's Nottingham, 59
Heptonstall, Yorks. W.,
  (Heptunstal'), 227
Hereford, Herefs., bp. of, 57,
  60-1, 63-4, 230; *see also*
  Orleton
Herthill', *see* Harthill
Hertlebur', *see* Hartlebury
Heslerton, (Heselarton',
  Heslarton'),
  John de, 285
  M. Robert de, r. of Lowthorpe,
  285
  Roger de, r. of Whixley and
  canon of Howden, 27
Hexham, Northumb., 32 and note,
  38, 129
  p. of, 114
Hickling, co. Notts.,
  (Hykeling'), 59
  r. of, *see* Henry
Hodesak', Robert de, r. of
  Warmsworth, 285
Holderness, (Holdrenes'),
  deanery of, 285
Holme, preb. of, 204, 285; *see
  also* Pickering; Sampson
Holtby, Yorks. N., 169-70
Hooton Pagnell, Yorks. W.,
  (Hotonpaynel'), 227
Horley, Oxon., (Hornle), 103
Hornsea, Yorks. E., 177, 227
  rs. of, *see* Fargis;
  Rapistagno
Horton, Buck., 103
Hospitallers, provincial p. of
  the, 44, 58, 75-81, 85, 115,
  216, 250, 257
Hotham, John, bp. of Ely, 41
Hoton', *see* Hutton

Hotonpaynel', *see* Hooton
Houghton, Walter called de, 120
Houton', *see* Hawton
Howden, Yorks. E., (Houden,
    Houeden'), 192, 204, 207, 227,
    285, 289
    canon of, *see* Haselbech'
    prebs. of, *see* Ousethorpe;
    Saltmarshe; Skelton; Skipwith
Howdenshire, 72, 192
    keeper of the spiritualities
    in, 51, 194, 289
Huggate, Yorks. E., (Hugate), 192,
    285
    rs. of, *see* Feriby; Stanes
Huggate
    M. Nicholas de, provost and
    sacrist of Beverley, 94, 177,
    208-9, 285
    William de, r. of Cherry Burton,
    285
Hugh
    r. of Fledborough, 59
    v. of Basford, 59
Hunmanby, Yorks. E., (Hundmanby),
    120
Husthwaite, (Hustewayt',
    Hustwayt'), preb. of, 117, 227;
    see also Morel
Hutton Wandesley, Yorks. W.,
    (Hoton' Wandesley), *alias* Long
    Marston, 181, 285
    rs. of, *see* Middelton'; Newby
Hykeling', *see* Hickling

I

Iafford, *see* Yafforth
Innocent IV, pope, 138, 176
Insula, John de, vicar-general of
    the bp. of Durham, 71, 227
Isabella, queen, wife of Edward
    II, 227
Islip, (Islep'), M. Simon de,
    canon of Lincoln, 251

J

James, member of the *società* of
    the Bardi, 150-1

Jarum, *see* Yarm
Jarwell', *see* Yarwell
Jay, Thomas, tawyer, of London,
    197
Jerusalem, Hospice of the Holy
    Sepulchre at, 232
Jervaulx, (Heroval')
    a. of, 277
    a. and c. of, 186, 199
John XXII, pope, 2-3, 8-9, 11, 17,
    19, 21-4, 26, 32-4, 38-40, 46,
    55, 68, 94 note, 96, 98, 105,
    115, 120, 124, 129, 141, 143,
    145, 149, 152, 154-5, 162,
    167-8, 176, 178-9, 182-4, 187,
    193, 196, 207, 217-18, 220, 230
    note, 235, 245, 258, 264, 283,
    285
Junctyn, John, member of the
    società of the Perugii, 260

K

Karleol', *see* Carlisle
Kayingham, *see* Keyingham
Kekfeld', Robert de, 70
Kelham, (Kelum), Robert de, r. of
    Kilvington, 59
Kelnse, *see* Kilnsea
Kerby, Henry de, 46
Kertimel, Kertmel, *see* Cartmel
Keswick (Kesewyk'), Richard de,
    46
Ketton, Dur., 224
Kettlewell, Yorks. W.,
    (Ketelwell', Ketilwell'), 192,
    285
    rs. of, *see* Aynho; More
Keyingham, Yorks. E., (Hayingham),
    227
Keynes, Kynes, Christina de, 105
Kilnhurst, (Kilnehirst'), M. John
    de, r. of Kirby Underdale, 285
Kilnsea, Yorks. E., (Kelnse,
    Kilnese, Kylnse), 131, 227
Kilnsea, Hugh de, v. of North
    Frodingham, formerly v. of
    Garton, 285
Kilnwick, (Killingwyk'), Richard
    de, 47

Marcham, M. John de, commissary
of the bp. of Lincoln, 195
Mare, William de la, canon and
treasurer of York Minster,
preb. of South Newbald, 54,
217, 219, 283, 285
Markham, Notts.,
East (Estmarkham), 227
West (Westmarkham), 227, 292
Marlborough, Wilts.,
(Marlebergh'), 165
Marnham, Notts., 59
v. of, see William
Marnham, High, 227
Marston, Long, Yorks. W., see
Hutton Wandesley
Marton, Yorks. N., p. of, 262
Marton-in-Craven, Yorks. W., 177
r. of, see William
Maryn, Robert, v. of Wharram
Percy, 285
Masham, preb. of, (Massam), 227;
see also Saluciis
Meaux, Yorks. E.
abbey of, 16
a. of, 148
Melchbourne, Beds., (Melchburn'),
John, chaplain of, 87
Meldon, Michael de, r. of
Campsall, 285
Melsonby, Yorks. N., (Melsamby),
192, 285
Melton, John son of Henry de,
kinsman of the archbp., 240
Richard de, clerk of the
archbp., 54, 123
Thomas son of Henry de, kinsman
of the archbp., 191, 240, 257
William, archbp. of York,
passim
Mema, Bernard de, 141
Merle, M. Hugh, 15, 92
Middleton, (Midelton',
Middelton'),
Adam de, r. of Hutton
Wandesley, 285
Peter de, 285
William de, 7, 46, 58
Middleton-in-Pickering, Yorks. N.,
180, 285
Millington, (Milington'),
William de, official collector

for St Leonard's Hospital, York,
203, 223
Miningsby, Linc., (Myningsby), 47
r. of, see Kilnwick
Mirymouth, M. Adam, 37
Misson, Notts., (Misne), 59
r. of, see Pickering
Mitton, Great, Yorks. W.,
(Muton'), 180, 285
Monkton, (Monketon', Munketon'),
John de, r. of Bugthorpe, 285
Monkton, Bishop, Yorks. W., 75,
117
Montacute, William de, 182-3
Monte Clero, M. John de, preb.
and sacristan of Southwell, 227
Monte Favencio, G. de, cardinal-
deacon of St Mary in Aquiro, 52
Monte Florum, M. Paul alias
Paulinus de, 227 and note
Montfort, Simon de, earl of
Leicester, 165
Moray (Moravia), David de, bp.
of, 56
More, Sir Roger de la, 285
Morel, John, preb. of Husthwaite,
177, 227
Montlake, Surr., 117
Montuomari, Peter de, cardinal-
priest of St Stephen in Coelio
Monte, treasurer of York
Minster and preb. of Riccall,
217-19, 227
Moubray, John de, 76
Munkbretton, see Bretton
Munketon', see Monkton
Muskham, South, preb. of, 227;
see also Pinibus
Muton', see Mitton
Myningsby, see Miningsby

N

N., J. de, 32
Nactley, Hugh de, chaplain of
Nuthill, 285
Nafferton, Notts., 180
vs. of, see Kirkeby; Norreis
Nassington, (Nassyngton)
John de, official of the arch-
deacon of Nottingham, r. of
Owston, 60-1, 146

Nassington *(cont'd)*
   John de, clerk of the archbp.,
      123
   M. Robert de, precentor of
      York Minster, 207, 285
   Roger son of Richard de,
      notary-public, 101, 123
Ness, (Nesse), William de, r. of
   Kirby Underdale, 285
Neu-, *see* New-
Neville
   Sir Ralph de, 163
   M. Thomas de, r. of
      Guisborough, 283, 291
Newark, deanery of, 59, 285
Newbald,
   North, (Neubald'), preb. of,
      45, 177, 192, 227, 285; *see
      also* Orsini
   South, Yorks. E., (Suthneu-
      bald'), 16
      preb. of, 204, 285; *see also*
      Mare, de la
Newby, (Neuby), Robert de, r. of
   Hutton Wandesley, 285
Newcastle-upon-Tyne, Northumb.,
   (Novum Castrum super Tynam),
   82-3, 120, 225, 231, 247
   mayor of, *see* Emeldon'
Newsam, Temple, Yorks. W.,
   (Neusam), 77, 81
Newstead-in-Sherwood, Notts.,
   (Novus Locus), p. of, 162
Nicholas IV, pope, taxation of,
   173
Nicholas, member of the *società*
   of the Bardi, 150-1
Nîmes, a. of, *see* Raymond
Normandy, France, 227
Normanton, Yorks. W., 117
Normanton-on-Trent, Notts., 285
Northallerton, Yorks. N.,
   (Alverton'), 192, 194, 285, 289
Northampton, Northants., 17, 161,
   163
Northburgh, Roger, bp. of
   Lichfield, 96
Northburton', *see* Burton, Cherry
Northumberland, archdeaconry of,
   120
Northwood, (Northwode), Sir John
   de, 177

Norton, Yorks. W., 227
Norton, John de, notary-
   public, 104
Norwell, preb. of, 177
Norwich
   bp. of, 63-5, 192; *see also*
      Ayermine; Salmon
   diocese of, 283
Norwich, William de, 11, 130, 229
Nostell, Yorks. W., St Oswald's
   Priory, 216
   p. of, 46
Notle, *see* Nuthill
Nottingham, (Notingham), 21, 26,
   93, 153, 180, 268-70
   archdeacon of, 51, 70, 72, 146,
      194, 233, 238, 264, 281-2,
      285, 289; *see also* Hannibal
      official of, *see* Nassington,
      John de
   archdeaconry of, 20, 41, 59,
      72, 157, 163, 186, 192, 199,
      204, 206, 227, 285, 294
   county of, 165
   dean of, 133, 222
   deanery of, 59, 285
   St Mary, church of, 59, 227,
      237
      v. of, *see* Henry
   St Nicholas, church of, 59
      r. of, *see* Ludham
   St Peter, church of, 227 and
      note
Nottingham
   Nicholas de, clerk of the
      archbp., 39
   R. de, 169
Novum Castrum, *see* Newcastle
Novus Locus, *see* Newstead
Nunthorpe, (Nunnethorp'), preb.
   of, 177
Nunwick, (Nunwyk'), preb. of,
   204, 285; *see also* Bridlington;
   Chester
Nuthall, Notts., (Nutehale), 59
   r. of, *see* Peter
Nuthill, Yorks. E., (Notle,
   Nutele, Nuttill)
   chapel of, 285 and note
   chaplains of, *see* Nactley,
      Nuthill, Hugh de; Wolfreton'

Nuthill, Hugh de, chaplain of
Nuthill, 285
Hugh de, r. of Halsham, 285

O

Omelyngton' in the deanery of
Bulmer, 169-70
Orange, (Aurasicensis), Hugh, bp.
of, 124
Ordebur', see Arbury
Orford, (Orfford'), John de, 288
Orleton, Adam, bp. of Hereford,
63-4, 230 note
Orsini, (Filii Ursi),
M. Francesco, son of Napoleon
de Urbe de, 177, 227 and note
Napoleon, cardinal-deacon of
St Adrian, preb. of South
Cave, and of Sutton-cum-
Buckingham, Lincoln diocese,
103, 142, 218, 227
Urso, son of Napoleon de Urbe
de, sub-dean of York Minster,
preb. of North Newbald, 177,
227
Osbaldwick, (Oswaldwick'), preb.
of, 227; see also Bardis
Otley, Yorks. W., 278-9
Ottobono, papal legate, 108
Ottringham, (Otringham), Richard
de, canon of Beverley, 54, 225
Ouseburn, Yorks. W., (Usburn',
Useburn'), 192, 285
Ousethorpe, (Thorp'), preb. of,
227; see also Arnald
Ouston', see Owston
Outehorn', Outhorn', see Owthorne
Overton, (?) Yorks. N., 202
Owston, Linc., (Ouston'), 146
r. of, see Nassington, John de
Owston, Yorks. W., 192, 221, 285
Owthorne, Yorks. E., (Outehorn',
Outhorn'), 131, 227
Oxford, University of, 71, 119,
146
Oxton, preb. of, 192, 285

P

Pagula, see Paull

Palestrina, see Praeneste
Patrickbrumpton', see Brompton
Patrick
Paston, Benedict de, 192
Paull, Yorks. E., (Pagula), 131,
227
Paull, Henry de, 44, 46
Pebels, see Peebles
Pedefer, William, 88
Peebles, (Pebels, Peples)
John de, 139
Roger de, 139
William de, 138
Penistone, Yorks. W., 192, 285
Pensay or Peusay, John de, r. of
Castleford, 285
Peover, Chesh., (Pevere), 288
Peples, see Peebles
Percy
Eleanor wife of Henry de, 75
Henry de, 285, 291
Sir William de, 288
Persone, William, notary-public,
141
Perth, (Sancto Johanne, villa de),
268
Perugii of Florence, società of
the, 260
member of, see Junctyn
Peter, r. of Nuthall, 59
Peusay, see Pensay
Pevere, see Peover
Peyreria, Peter de, canon of Le
Mans, 141
Philippa, queen, wife of Edward
III, 227, 285
Phillipi, Bono, member of the
società of the Bardi, 41
Pickering, (Pikering', Pykering')
M. Adam de, r. of Mission, 59
M. R(obert) de, dean of York
Minster and preb. of Holme,
208, 285
M. Robert de, preb. of St
Peter's Beverley, 285
Pinibus, M. John de, preb. of
South Muskham, 227
Pilsdon, (Pulesdon'),
David de, 100
Pocheto Dei, Bertrand de, bp. of
Ostia and Velletri, r. of
Leake, 227

Pocklington, Yorks. E.,
(Pokelington'), 203, 208-9, 223
Pocklington
M. John de, 177
Ralph de, 138
Podio Barzacio, (Bonsacio) Pons
de, preb. of Bole, 285
Pol, Richard del, *alias* de la
Pole, 163
Poncestr', Simon de, 139
Pont l'Evêque, Roger de, archbp.
of York, 160
Pontefract, Yorks. W., 131, 227
dean of, rural, 287
deanery of, 285
Dominicans of, 238
p. of, 131, 227
St Nicholas' chapel at, 227
Poppleton, Yorks. W., (Popelton',
Popilton'), 163
Poppleton, William de, r. of
Brafferton, 225
William de, r. of Harewood,
283
Potman, Ralph, 177
Poulton-le-Fylde, Lanc.,
(Pulton'), 170
Praeneste (Palestrina), Peter,
cardinal-bp. of, archdeacon of
York, preb. of Wistow, 99, 227
Psalmody, a. of, *see* Raymond
Pulton', *see* Poulton-le-Fylde

Q

Quimper (Corisopicensis), diocese
of, 141
Quixlay, *see* Whixley

R

Radcliffe-on-Trent, Notts.,
(Radeclyf, Radeclyve), 285
Radeclyf, Radeclyve, *see*
Radcliffe *and* Ratcliffe
Radford, Notts., 227
Ratcliffe-on-Soar, Notts.,
(Radeclyf, Radeclyve super
Sore), 59, 60-1, 192
rs. of, *see* Alminslond'; Sandale

Ravenson, Yorks. E., 290
Raventhorp', John de, r. of North
Frodingham, 285
Rawcliffe, (Rouclyf'), Henry de,
46
Rawmarsh, Yorks. W., (Roumersch',
Routmersh'), 192, 285
Raymond, a. of Mâcon, Nîmes and
Psalmody, 61
Redmire, (Redemere), M. Giles de,
canon of Lincoln, 74, 102
Rempstone, Notts., (Romeston'),
177, 227
Repistagno, Isarno de, r. of
Hornsea, 177, 277
Retford, deanery of, 59, 285 and
note
East, Notts,, (Estretforth'),
59
v. of, *see* Robert
Reyneri, (Raynery, Reynery),
Petro, 150-1, 155
Reynolds, Walter, archbp. of
Canterbury, 117-18
Riccall, (Richale, Rikhale,
Rychal'), preb. of, 204, 227,
285; *see also* Burghersh;
Exonia; Mortuomari; St Stephen
in Coelio Monte
Richard I, king, 227
Richmond, Yorks. N.
archdeacon of, 146, 158, 194,
206, 238, 264, 285, 289; *see*
also Talleyrand
archdeaconry of, 41, 48, 72, 98,
129, 158, 177, 180, 186, 188,
192, 199, 281-2, 285-6
Ridale, *see* Ryedale
Rievaulx, a. of, 148
Rikhale, *see* Riccall
Rillington, Yorks. E., 192, 285
rs. of the mediety of, *see* Cave;
Driffield
Ripon, Yorks. W., (Rypon'), 32,
38, 122, 129, 136, 139, 166,
177-8, 191, 194, 204, 277, 285
canons of, *see* Costancia;
Littestre
dean of, 289
Hospital of St Mary Magdalen at,
190
warden of, *see* Shireoaks

Ripon *(cont'd)*
  liberty of, 129, 158
  prebs. of, *see* Nunthorpe;
    Nunwick; Sharow; Thorpe
Ripplingham, (Riplingham,
  Rypplingham)
  M. Robert de, chancellor of York
    Minster, preb. of Botevant,
    121, 204, 285
Robert, r. of the mediety of
  Eakring, 59
  v. of East Retford, 59
Roche, Yorks. W., abbey of, 7
Roderham, *see* Rotherham
Rodez, (Ruthenensis), diocese of,
  207
Roger, r. of the mediety of
  Rotherham, 72
Rokaborc', *see* Roxburgh
Rome, *see* St Blaise in
  Cantusgunto, San Spirito in
  Saxia
Romeston', *see* Tempstone
Roreston', *see* Royston
Ros
  John de, 163
  William de, 291
Rossington, Yorks. W.,
  (Rosington'), 263
Roston, Ralph de, 44, 46, 58, 85,
  216
Rotherham, Yorks. W., (Roderham),
  72, 221, 227, 285
  r. of the mediety of, *see* Roger
Rotherham, Richard de, r. of
  Warmsworth, 285
Rotyngton', *see* Ruddington
Roumersch', Routmersh', *see*
  Rawmarsh
Roxburgh (Rokaborc'), 141 and note
Royston, Yorks. W., (Roreston'),
  227
Rudby, M. Robert de, r. of
  Goxhill, 285
Ruddington, Notts., (Rotyngton'),
  227
Rudolf, Bartholomew son of Sir, of
  the *società* of the Bardi, 292
Rufford, Rughford', a. of, 148,
  227
Ruthenensis, *see* Rodez
Rychal', *see* Riccall

Ryedale, (Ridale), deanery of,
  169, 285
Rypplingham, *see* Ripplingham

S

Sabell', *see* Savelli
Sackyngton', *see* Seckington
Saddington, (Sadyngton'), R. de,
  277
Sagiensis, *see* Sées
St Adrian, Napoleon, cardinal-
  deacon of, preb. of South Cave,
  and of Sutton-sum-Buckingham,
  see also Orsini, Napoleon
St Alban's, a. of, 169; *see also*
  Sancto Albano
St Andrew's, bp. of, *see*
  Lamberton
St Andrew's preb., preb. of
  Beverley, 227; *see* Cardelhoco
St Antony, *see* Vienne
St Blaise in Cantusgunto, Rome
  abbey of, 103
  a. of, 103
St Marcellus, Bertrand, cardinal-
  priest of, 60-1
SS Marcellinus and Peter,
  Gaucelin, cardinal-priest of,
  papal nuncio, bp. of Albi,
  preb. of Driffield, 3-5, 8-9,
  17-18, 21-4, 26, 141, 227
St Mary in Aquiro, Bertrand,
  cardinal-deacon of, papal
  nuncio, 227, 284, 292
St Michael's, preb. of Beverley,
  preb. of, *see* Cropo
St Paul's in Trastavere, Hugh,
  bp. of, 260
St Peter's, preb. of Beverley,
  204, 227, 285
  prebs. of, *see* Ferriby;
    Pickering
St Praxedis, Peter, cardinal-
  priest of, papal nuncio,
  283-4, 292
St Stephen in Coelio Monte,
  Peter, cardinal-priest of preb.
  of Riccall and canon of Autun,
  217-19, 285 and note
St Wandrille, abbey of, 227

Salisbury, diocese of, 212
Salmon, John, bp. of Norwich,
 chancellor to Edward II, 230
Saltmarshe, preb. of, 192
Salton, Yorks. N., 191
Sampson, M. Thomas, preb. of
 Holme, 285
Sancto Albano, M. Thomas de,
 executor of archbp.
 Greenfield, 229
Sancti Felicis ecclesia, see
 Felixkirk
Sancto Johanne, villa de, see
 Perth
Sancto Leonardo, M. Thomas de,
 r. of Egmanton, 72
Sancto Lupo, Hugh de, proctor of
 the a. and c. of Cîteaux, r.
 of Scarborough, 131
Sandal Magna, Yorks. W., (Magna
 Sandale), 181, 227, 285
Sandale, John, bp. of
 Winchester, formerly r. of
 Ratcliffe-on-Soar, 41, 59,
 129
Sandale, Magna, see Sandal
Sandale, Parva, see Sandall, Long
Sandall, Long, Yorks. W., (Parva
 Sandale), 227
San Spirito in Saxia, Rome,
 Hospital of, 53, 174-6, 254,
 271
 proctor of, see Urso
Sartrina, Alan de, 139 and note
Savelli, Sabell', Sir Pandulf, 45
Scalleby, John de, canon of
 Lincoln, 74
Scaleton', see Scawton
Scarborough, Yorks. N.
 (Scardeburgh'), 131, 227, 292
 r. of, see Sancto Lupo
Scarle, South, Notts., 192, 285
 preb. of, 192
Scawton, Yorks. N., (Scaleton'),
 181, 285
Scharhowe, see Sharow
Scheffeld', see Sheffield
Scot, Andrew, 138
Scotland, 21, 260
Scots, kings of, 268-70; see also
 Bruce, Robert; William the Lion
Scrayingham, Yorks. E., 169-70

Screkyngton', Robert de, 267
Screche, see Strech'
Scripton, Alan, 188
Scrooby, Notts., (Scroby), 264
Scrop', Sir Geoffrey le, 220
Scruton, Yorks. N., 158
 r. of, see Dufton
Seagrave, (Segrave)
 Nicholas de, 81
 Thomas de, r. of Elkesley, 59
Seckington, (Sackyngton'),
 Richard de, 267
Sees, (Segiensis), a. of, 227
Selby, Yorks. W., 121, 177
 abbey of, 40, 46
 a. of, 20, 46, 148, 285
 a. and c. of, 40, 41, 148, 285
Seton, Sir Alexander, 21, 141
Settrington, Yorks. E.
 (Setrington'), 170
Settrington, M. Alan de, notary-
 public, 123
Sharow (Scharhowe, Sharhou,
 Sharrowe), preb. of, 177, 181,
 285; see also Brewes; Conis-
 borough
Sheen, Surr., (Shene), 12, 78, 80
Sheffield, Yorks. W.,
 (Scheffeld'), 227
Shelford, Notts., p. of, 46, 187
Sherburn, (Shirburn), dean of,
 rural, 289
Sherburn
 John de, 177
 Robert de, 139
Shireoaks, (Shirokes), Henry de,
 warden of the Hospital of St
 Mary Magdalen, Ripon, 190
Sibthorpe, Notts., 267
Sibthorpe, John de, 267
Sigglesthorn, (Sigelesthorn'),
 Sir Nicholas de, receiver of
 Beverley, 213
Silkstone, Yorks. W.,
 (Silkeston', Sylkeston'), 131,
 227
Sinclair, William, bp. of
 Dunkeld, 56
Sinderby, (Synderby),
 William de, 139
Sistre, Bernard, papal nuncio,
 archdeacon of Canterbury, canon

Stretford', M. John de, arch-
deacon of Lincoln, 98-9, 102
Stratton, 70
Walter de, 27
Sty-, see Sti-
Sutham, see Sutton, John de
Suthcave, see Cave, South
Sutton-cum-Buckingham, preb. of,
103; see also Orsini
Sutton, Oxon., prebendal church
of, 103
Sutton near Retford, Notts., 192
Sutton on Trent, Notts., 285
Sutton, in diocese of Salisbury,
212
Sutton
John de, clerk of the archbp.,
39
John de, alias Sutham, canon,
later p., of Arbury, 172, 187
Oliver, bp. of Lincoln, 74
Suwell', see Southwell
Swanland, (Swanneslond), Simon
de, draper and citizen of
London, one of the archbp.'s
valetti, 171, 200
Sylkeston', see Silkstone
Synderby, see Sinderby

T

Tadcaster, Yorks. W.,
(Tadecastr'), 60-1
Taillour, Agnes daughter of
Ranulph, called le, 120
Talleyrand, Taylerandi, Elias,
archdeacon of Richmond, 131
Terrington, Yorks. N.,
(Tyverington'), 192, 285
Tewnyll', Michael de, rector of
Linby, 131
Thoresby, M. John de, notary-
public, 123, 177, 220
Thorne, Richard de, r. of
Kirkburton, 285
Thornton, Linc.,
a. of, see William
a. and c. of, 251, 285
Thornton
Alan de, 138
Walter son of Henry of, 251

Thornton Dale, Yorks. N., 169-70
Thornton in Lonsdale, Lanc.,
(Lounesdal'), 285
Thorp' prope Ebor', see
Bishopthorpe
Thorp', John de, official
collector for St Leonard's
Hospital, York, 203
Thorpe, preb. of, 227; see also
Costancia
Thorpe in the Glebe, Notts.,
(Thorp' in Gleb'), 227
Thurgarton, Notts., 164
p. of, 20, 41, 157, 162, 164
p. and c. of, 186, 199, 267,
277
Tickhill, Yorks. W., (Tikhill'),
castle of, 227
chapel of, 227
Tinwell, M. Thomas de, portionary
of Kirkburton, 285
Todwick, Yorks. W., (Tokwyk',
Tottewyk'), 221, 285
Toftes, Margery de, 288
Toge, Peter de, r. of Weston in
the Clay, 131
Tokwyk', see Todwick
Torksey, Linc., (Torkesey),
p. and c. of, 233
St Leonard's church at, 62, 70
Tottewyk, see Todwick
Towcester, Northants.,
(Toucestre), 222
Tretis, see Troys
Triple, John de, 147
Troys alias Tretis, Theobald de,
r. of Cottingham, 131, 227
Tuxford, Notts., (Tuxforth), 59
r. of, see Bevercotes
Tyverington', see Terrington

U

Ulleskelf, Yorks. W., (Ulskelf'),
Thomas de, 166
Urban, pope, 196
Ursi, filii, see Orsini
Urso, proctor of the Hospital of
San Spirito in Saxia, and
custodian of the church of All
Saints, Writtle, 174
Useburn', Usburn', see Ouseburn

York (cont'd)
Holy Trinity, p. of, 131, 156,
227
priory of, 205
Micklegate of, 205
Minster of, *see separate entry*
York Minster
parliament held at, 222
receiver of, 17-18; *see also*
Cave, Thomas of
St Andrew's, p. of, 262, 266,
288
St Crux, church, 192, 285
St Denys, church, 192, 285
St George in Fishergate,
church, 192
St Gregory, church, 285
St Leonard's Hospital, 203,
223
official collectors for, *see*
Bolton; Doway; Grimston;
Millington, Thorpe
St Mary's Abbey, 184
a. of, 14-15, 20, 25, 28-31,
41, 48-9, 68, 92, 129, 148,
157, 163, 169-70, 277, 282,
285-6, 293
a. and c. of, 179-83, 185-6,
192-3, 198-9, 204, 206,
258, 285
St Mary and the Holy Angels,
chapel of, 107, 221, 285
St William of, 249
York Minster, 3-4, 109, 120, 124,
133-4, 137, 142, 144, 182, 189,
192, 204, 227, 243, 245, 281,
285-6, 293
canons of, *see* Chester; Erium;
Mare, de la; Yarwell; *see*
also York Minster, prebs. of,
under their separate names

York Minster (cont'd)
chancellor of, 204, 285; *see*
also Alberwyk; Ripplingham
chapter of, 274, 285, 292
dean of, 204, 208, 285; *see*
also Colby; Pickering; Zouche
dean and chapter of, 23, 27,
42, 51, 62, 72, 89-90, 92,
95, 110-15, 148-9, 154-5,
160, 178, 194, 196, 206, 209,
269, 279, 281, 289, 292-4
fabric fund of, 175, 196
prebs. of, *see* Ampleforth;
Bilton; Bole; Botevant; Cave,
South; Driffield; Fenton;
Fridaythorpe; Holme; Husthwaite; Laughton; Masham;
Newbald, North; Newbald,
South; Osbaldwick; Riccall;
Stillington; Strensall;
Wetwang; Wilton; Wistow
precentor of, 156, 204, 207,
285; *see also* Alberwyk;
Nassington
St Mary Magdalen's altar in,
240
keeper of, *see* Yafforth
subdean of, *see* Orsini, Urso de
succentor of, 204, 285; *see*
also Nassington; Stonegrave
treasurer of, 169-70, 217, 219;
see also Mare, de la;
Mortuomari
Yspania, M. James de, canon of
St Paul's, London, 19

Z

Zouche, M. William de la, dean of
York, 285

INDEX OF SUBJECTS

A

Abbeys, *see* Aumâle; Biddlesden; Byland; Citeaux; Clairvaux; Coverham; Easby (St Agatha's); Fountains; Jervaulx; Lesnes; Louth Park; Macon; Meaux; Nîmes; Psalmody; Rievaulx; Roche; Rufford; St Blaise; St Wandrille; Sées; Selby; Thornton; Welbeck; Whalley (Stanlow); Whitby; York (St Mary's)

Absence for study, leave of, 117

Adultery, 272

Agreement (unexplained) made at Eynsham, 220

Aliens, mainly undesirable, 127-8, 131, 227-8, 294

Annals, 33-4

Appropriation of a church, *see* Licence

Archbishop's household, *see* Goodmanham (clerk); Hazlebadge (clerk); Mar (harbinger); Melton (clerk); Nassington (clerk); Nottingham (clerk); Snowshill (scriba); Sutton (clerk); Swanland (vallettus)

Archbishop's household, lodgings for, 82-3

Archbishop's servants, *see* Cayton (bailiff); Crok' (commissary in the peculiar of Churchdown); Makerell (bailiff)

Archives, of the archbishop, 259 *note*, 264; *see also* Cross of Canterbury
  Keeper of, *see* Registrar of the dean and chapter of York, 294

Augustinian canons, rule and customs of the, 106
  general chapter of, 106

B

Benefices, held by aliens, 227
  value of, 227-8
  impoverished, *see* Scottish War, impoverishment of the church as a result of
  reserved to the papacy, 177
  first-fruits of, 179; *see also* First-fruits
  vacant, 1, 13-15, 25, 28-33, 38, 43, 48-9, 59, 179-81, 192-3, 204, 206, 221, 285

Bishops, of the province of York, *see* Carlisle; Durham; Whithorn; *see also* Suffragan Bishops
  disputes with, 178
  obligatory visits from, 246

Bulls, letters and mandates, papal, 2, 3, 6, 8-9, 12, 17, 21-4, 32-4, 39, 40, 42, 45-6, 55-6, 60-1, 63-4, 68, 96, 115, 120, 124-6, 143-5, 152-3, 160, 162, 167-8, 179, 182-4, 193, 231, 235-6, 239, 245, 258, 264, 274-5, 278, 283-4; *see also Crescit facile in immensum; Execrabilis; Personam carissimi; Rex excelsus*
  prejudicial to the royal authority

C

Cardinals, *see* Coelio Monte; Monte Favencio; Ottobono; Palestrina; St Adrian; St Laurence in Lucina; Sts Marcellinus and Peter, St Marcellus; St Maria in Aquiro; St Maria Nova; St Maria in Via Lata; St Praxedis; St Theodore; Via St Eusta-chii

Carmelite friars, privileges of,
195
Chapels, private, 35; *see also*
Licence
Chaplains, private, 87; *see also*
Licence
Chastity, vow of, 290
Chests in churches, for the
storage of papal taxes, 264
Churches, appropriation of, *see*
Licence
disputes about, 40, 60, 93,
103, 162, 178
resignation of the living of,
212
Conspiracy, oaths of, 96
Convocations of the clergy,
protests against taxation made
by, 293
summons to, 109-16, 263, 281,
286, 293
Corn, customary dues of, 208-9
disputes about, 208-9
Corpus Christi, feast of, 95
Crescit facile in immensum,
papal bull, 21, 26
Cross of Canterbury, archives
dealing with, 224-5
disputes about 224-5, 243, 249
settlement of, 243
Crusade, 258, 274, 278

D

Debts, 37, 89, 130, 151, 171,
213, 229; *see also* Quit-
claims
Dimissory, letters, 256
Doctrines, erroneous and
perverse, 226
Draper, in the archbishop's
service, 171

E

Exchequer, the royal, 11, 20,
127, 129-30, 156-8, 163-4,
169, 229, 277
Excommunicated persons, arrest
of, 190, 201, 211
order to shun, 210

release of, 197
Excommunication, 45, 100, 103,
119, 143, 145, 278
absolution from sentence of,
100, 258 *note*
appeal against, 288
see also under Scottish Wars
general, publication of,
222, 289, 292
Excuses, sent to the pope in the
matter of precipitate action
over the see of Durham, 217-19
Execrabilis, papal bull, 2, 15,
32, 38, 43

F

Fabric-funds, 132, 134-6, 175,
196; *see also* Indulgences, for
contributions to worthy causes
First-fruits, 6, 15, 33-4, 179
Forfeiture, of the lands of
Simon de Montfort, 165
French, document written in, 280
French wars, 127, 280-1
preparations for, 291
taxes for, 281, 291, 293
Friaries, *see* Berwick-upon-Tweed
(Franciscan); Doncaster
(Franciscan); Lincoln, St
Mary's (Carmelite); Newcastle
(Franciscan); Pontefract
(Dominican); Stafford
(Franciscan); York
(Augustinian)
Friars, licensed to act as
confessors, 238, 241-2; *see
also* Licence

H

Hermits, 226, 252
Hospitallers, rights and
possessions of, 68, 75-81,
115, 117, 143
conservator of, 287
Hospitals, *see* Acre, St Thomas;
Altopascio; Canterbury, St
Thomas; Ripon, St Mary
Magdalen; San Spiritu in
Saxia; Vienne, St Antony;

210

Hospitals *(cont'd)*
  York, St Leonard

I

Indenture, 213˙
Indulgences, for contributions
  to worthy causes, 50, 53, 62,
  69-71, 84, 138-40, 166, 176,
  196, 273
    collectors of money for; *see*
    Pardoners
  for prayers for the dead, 148
  for prayers for the King, 149,
    152-3, 202, 247; *see also*
    Scottish wars
  for prayers for peace and
    preservation from error,
    168
Inspeximus, 74
Interdict, 143, 249, 258 *note*,
  278

J

Jews, Conversion of, 237
Judges-delegate, papal, 60-1,
  68, 103, 105, 120, 142, 162,
  172, 187, 288
Jurisdiction, matrimonial and
  probate, 12, 105, 120-1, 288;
  see also Adultery, Wills
  over cases of perjury, 194
  reserved to the royal courts,
    97

L

Lawsuits, vexations, 272
Legates, papal, *see* Orange,
  Bishop of; Ottobono; Sts
  Marcellinus and Peter; St
  Maria in Via Lata; Vienne,
  Archbishop of; *see also*
  Nuncios
Licence, for altars, etc., to be
  dedicated by someone other
  than the bishop of the diocese,
  245

for friars to act as con-
  fessors, 238, 241-2
for a private chapel, 35
for a private chaplain or
  confessor, 87, 234
to appropriate a church, 177
to collect alms, 232-3, 242,
  245, 252-4, 271, 276
to perform episcopal functions
  in another bishop's
  diocese, 214-5, 295
Liturgy, 168; *see also* Corpus
  Christi
Loans, 11, 19, 37, 151

M

Merchants, 122
Merchant Bankers, 41, 150-1,
  155, 292
Messenger, papal, 239
Monks, *see* Abbeys *and* Priories
  unsatisfactory, 40

N

Notarial Instruments, 19, 27,
  39, 107, 123, 141, 207, 225,
  283
Notaries Public, 19, 27 *and
  note*, 39, 86, 88, 101, 103,
  107-8, 123, 207, 225, 283
  deprivation of, 107-8
  investiture of, 101, 103, 123,
    207
  official marks of, 39, 207,
    225
  see also Barnby, Bussh,
    Clifton; Helburn; Loborsana;
    Nassington; Norton; Pedefer;
    Persone; Settrington;
    Slindon; Snowshill;
    Stretton; Thoresby; Wisbeach
Nuncios, papal, 1, 3-6, 13,
  17-19, 21-6, 28-9, 34, 43,
  48-9, 59, 89-91, 94, 171, 177,
  179-80, 183-4, 193, 198-9,
  200, 206, 208-9, 236, 260-1,
  278-9, 284-5, 292; *see
  also* Asserio; Aste;
  Balaeto; Concoreto;

Nuncios, papal *(cont'd)*
  Sts Marcellinus and Peter;
  St Maria in Via Lata; St
  Paul in Trastavere; Sistre;
  Vusenon
  Expenses of, *see*
    Procurations

P

Pardoners, 51, 53, 69-71, 132-8,
  140, 166-7, 175, 196, 203,
  223-4, 245, 273, 276
  unlicenced, 189
Parliaments, 97, 161, 222,
  268-70, 284
  tumultuous crowds prohibited
    from attending, 161
Patent, letters, 36, 60-1, 64-5,
  82, 94-5, 97, 103, 115, 142,
  151, 165, 172, 198, 203, 205,
  207, 257, 264, 278, 291
Pensions, 228, 257, 292; *see
  also* Templars
Personam Carissimi, papal bull,
  26
Peter's Pence, 89-92, 94, 171,
  200
Poor clerks, provision for, 248,
  250-1, 255, 266-7
Pope, coronation of, 235
Poverty, of religious houses,
  283; *see also* Scottish Wars,
  impoverishment of the church
Preaching, 134, 226
Present, sent by the archbishop
  to the pope, 155
Priories, *see* Arbury; Bicester;
  Blyth; Bolton-in-Craven;
  Bridlington; Cartmel; Cocker-
  ham; Coventry; Drax; Durham
  (Cathedral); Ecclesfield;
  Gloucester (St Oswald's);
  Haltemprice; Hexham; Kirkham;
  Lambley; Lancaster; Lenton;
  Lewes; Marton; Newstead-in-
  Sherwood; Nostell; Peyrusse;
  Pontefract; Shelford;
  Southwark (St Mary's);
  Tonksey; Thurgarton; Warter;
  Watton; Winchcomb; Worksop;

Priories *(cont'd)*
  Wroxton; York (Holy Trinity);
  York (St Andrew's)
  disputes in, 172, 187
Processions, 205, 249
Proctors, 36, 44, 90, 146, 150,
  154-5, 166, 174, 233, 245
  at the papal curia, *see*
    Conisborough
  of the university of Oxford,
    146
Procurations, 8-10, 17-18,
  124-6, 260-1, 292
Provisions, papal, 32, 217-18,
  227, 262; *see also* Poor Clerks

Q

Quit-claims, 89-91, 94, 125,
  130, 146, 150, 229, 240, 282

R

Registrar, the archbishop's, *see*
  Barnby; Hazlebadge; Snowshill
Relics, 134
Rex Excelsus, papal bull, 21

S

Safe-conducts, 54-7, 82, 230,
  236, 239, 246
Scottish church, as part of the
  province of York, 160
Scottish Wars, excommunication
  of Bruce and his supporters
  during, 21, 26, 113, 141
    summons to the papal curia
      to discuss, 54-7, 63-5,
      230
  excommunication of people
    unlawfully treating with the
    Scots, 39
  absolution of, 66-7
  expenses of, 41
  impoverishment of the church
    as a result of, 32 *and note*,
    38, 52, 84, 125, 129, 154,
    156-8, 169-70

212